AI
초혁신

기업의 판도를 흔드는

AI 초혁신

AI기술로 새롭게 설계되는 기업 생태계의 모든 것

장우경 지음

매일경제신문사

이 책은 디지털 초혁신이 단순한 기술 도입을 넘어 비즈니스 프로세스, 생태계, 조직 문화까지 근본적으로 재설계하는 과정임을 명확하게 제시합니다. 특히 AI가 잠재력을 실현하려면, AI를 사용하는 환경과 시스템 자체를 혁신적으로 재설계해야 한다는 저자의 통찰은 매우 시의적절합니다. 이는 기술 도입에 그치지 않고 비즈니스 전체의 역동성을 AI와 유기적으로 연결하는 전략적 로드맵을 제공하는 이 책의 핵심 메시지이기도 합니다.

저자는 다양한 디지털 혁신을 주도해온 현장 경험과 사례를 바탕으로, 기존 기업들이 어떻게 AI 기반의 초혁신을 구현할 수 있는지 실질적이고 구체적인 전략을 제시합니다. 이러한 접근은 AI와 비즈니스가 분리된 채 존재하는 것이 아니라, 지능형 자동화와 통합된 프로세스를 통해 실질적인 가치를 창출해야 함을 강조합니다.

특히, 제가 주목한 부분은 이 책에서 설명하는 생성형 AI의 역할입니다. 생성형 AI는 단순한 대화형 인터페이스를 넘어, 다양한 시스템과 AI를 연결하고 종합하는 허브 역할을 수행함으로써 조직의 효율성을 극대화합니다. 이는 AI와 비즈니스 프로세스 간의 지능형 자동화를 가능하게 하여 기업이 더 빠르고 유연하게 변화에 대응할 수 있는 기반을 제공합니다.

이 모든 초혁신의 여정에서 가장 중요한 것은 전략적 리더십입니다. 기존 시스템을 재설계하고 새로운 비즈니스 모델을 창출하기 위해서는 리더들이 변화의 필요성을 인식하고 이를 주도적으로 추진해야 합니다. 이 책은 그런 리더들에게 AI를 중심으로 한 디지털 초혁신의 비전을 명확하게 제시하며, 실행 가능한 로드맵을 제공합니다.

저는 이 책이 AI와 디지털 초혁신을 준비하는 모든 리더들에게 강력한 나침반이 될 것이라 확신합니다. 지능형 자동화의 가능성과 플랫폼 비즈니스로의 확장 전략을 고민하는 독자들이라면, 이 책에서 실질적인 인사이트를 얻게 될 것입니다. 생성형 AI가 허브 역할을 수행하는 미래를 향해 나아가는 여러분의 여정에 이 책이 든든한 동반자가 되기를 바랍니다.

박찬진 서울 AI 허브 센터장 | 서울대학교 AI연구원 산학협력센터 교수

AI 융복합이 시대의 대세가 되고 있는 요즘, 어떻게 AI를 비즈니스에 접목하고 디지털 혁신의 주도권을 잡을 수 있을지에 대한 예리한 통찰을 제공한다. 1,300만 명이 사용하는 앱을 중심으로, 미래지향적 고객 서비스에 AI가 실현되고 있는 스타벅스에 의미 있는 영감을 준 책, 혁신적 사고와 실천적 지침이 필요한 경영자와 실무자에게 일독을 권한다.

손정현 스타벅스코리아 사장

시중에 나와 있는 디지털 전환에 대한 책들은 생성형 AI를 포함하는 AI의 활용 측면에서 독자들의 궁금증을 풀어주지 못하는 아쉬움이 있고, AI 관련 책들은 대부분 생성형 AI의 모델과 기술의 기초적인 이야기나 관련 애플리케이션의 사용법의 설명에 그쳐 실제 기업의 현장에서 업무에 적용하는 도움을 받기에는 부족함이 있었다. 그러나 이 책은 디지털 혁신의 본질과 기반에 대한 개념에서 실제 경영 환경에서 적용한 저자의 다양한 경험까지, 개념 및 전략과 실행 방법의 균형을 잘 잡고 있다. 이 책은 미래를 준비하는 경영자들과 특히 AX 시대에 경쟁력을 강화하고 지속 가능한 성장을 이루기를 원하는 전통 기업의 리더들에게 반드시 필요한 지침서 역할을 할 것이다.

윤진수 前 KB금융지주 CITO 겸 KB국민은행 테크그룹 부행장

이 책은 디지털 혁신과 AI 중심의 초혁신을 고민하는 모든 이들에게 새로운 길을 제시한다. 저자는 복잡한 기술 개념을 실무적인 시각에서 풀어내, 독자들이 실제로 적용할 수 있는 전략적 방향을 제시한다. 특히, 전통 기업들이 어떻게 디지털 혁신 리그에서 경쟁력을 확보하고 AI를 통해 초혁신을 이끌어낼 수 있는지에 대한 깊이 있는 관점을 제시한다. 변화의 시대에 기업들이 살아남고 성장하기 위한 필수적인 전략과 인사이트를 찾는 이들에게 이 책은 많은 도움이 될 것이다.

경희대학교 이경전 교수

AI 디지털 초혁신의 미래

어릴 적 필자는 농구에 푹 빠져 있었습니다. 중고등학교 시절, 마이클 조던은 제 영웅이었고, 그의 경기 비디오테이프를 닳도록 반복해 보면서 그의 모든 움직임을 따라 하려고 노력했습니다. 《슬램덩크》와 같은 만화책을 읽으며 농구의 매력에 더욱 깊이 빠져들었고, 〈마지막 승부〉를 보며 대학 농구에 열광했던 기억이 생생합니다. 그 시절 농구는 단순한 취미를 넘어 제 삶의 중심에 있었습니다. 그러나 시간이 흐르면서 농구에 대한 열정은 점점 사그라들었고, 이제는 유튜브 알고리즘이 추천하는 옛 NBA 하이라이트 영상에서 가끔씩 마이클 조던을 만나며 추억을 되새기는 정도가 되었습니다.

그런데 얼마 전, 생성형 AI의 등장이 저의 농구 열정을 다시 불타오르게 만들었습니다. 오랜 시간 동안 필자는 금융과 IT 산업에서 AI, 블록체인, 클라우드, 데이터, 모바일 등의 기술을 활용한 혁신 프로젝트를 이끌어왔지만, 늘 뭔가가 부족하다는 느낌을 지울 수 없었습니다. 하지만 생성형 AI의 등장은 제가 처음 마이클 조던의 경기를 보았을 때처럼 충격적이었습니다. 조던이 기존의 지루한 경기 방식에 변화를 주도한 것처럼, 생성형 AI는 디지털 혁신의 무대에 혜성처럼 등장해 그 판도를 새롭게 재편하고 있습니다.

마이클 조던이 스카티 피펜, 데니스 로드맨과 함께 시카고 불스를 6번이나 우승으로 이끌었던 것처럼, 생성형 AI도 디지털 혁신 리그에서 새로운 혁신을 주도할 차세대 영웅이 될 잠재력을 지니고 있습니다. 하지만 생성형 AI가 그 잠재력을 발휘하려면 이를 뒷받침할 충분한 역량과 조건이 준비되어야 하며, 이 요소를 유기적으로 결합해 시너지를 창출할 수 있어야 합니다.

지난 15년간 전 세계의 많은 기업들은 디지털 혁신을 외쳐왔지만, 그중 상당수는 그 본질을 제대로 이해하지 못했습니다. 많은 기업들이 기술에 대한 전략적 접근을 시도했지만, 그 기술을 실질적인 혁신으로 연결하는 데 필요한 명확한 로드맵과 전략적 요소를 마련하지 못했습니다.

이 책은 디지털 혁신의 한계를 극복하고 AI를 효과적으로 활용하기 위해 전통 기업들이 무엇을 준비해야 하는지, 그리고 실질적인 적용 방안을 어떻게 마련할 수 있는지에 대해 중점적으로 다루고자 합니다. 특히, 디지털 혁신에 어려움을 겪고 있는 전통 기업들의 관점에서 AI가 어떤 기회와 도전을 제공하는지 명확히 설명하고, 이를 통해 성공적인 혁신을 이루기 위한 실행 방안을 제시하려 합니다.

나아가, AI가 비즈니스와 사회 전반에 미치는 영향, 그리고 그 활용 가능성과 의의에 대해서도 논의할 것입니다. 이를 통해 독자분들은 AI가 이끄는 미래는 과연 어떨지, 그리고 어떤 선택과 전략이 필요한지를 가늠할 수 있을 것입니다. 마이클 조던이 농구의 패러다임을 바꾸며 역사를 쓴 것처럼, 생성형 AI도 디지털 혁신 리그에서 새로운 역사를 이제 막 쓰기 시작했습니다.

이 책에서는 AI와 생성형 AI라는 용어를 종종 혼용하여 사용하게 될 것입니다. 최근 등장한 생성형 AI는 기술 혁신의 새로운 슈퍼스타로 기대를 모으며 많은 주목을 받고 있습니다. 그럼에도 불구하고, 이 책에서 다루는 전략적 논의에서는 AI라는 포괄적인 용어를 주로 사용하고자 합니다. 이는 AI가 생성형 AI를 포함한 더 넓은 기술적 범주를 아우르며, 기업의 디지털 초혁신을 이끄는 핵심 요소로서 역할을 하기 때문입니다. 생성형 AI가 중요한 역할을 하지만, 이 책에서는 전체 전략을 논의할 때 AI라는 용어를 사용해 더 큰 맥락을 다루고자 합니다.

또한, 디지털 혁신과 디지털 초혁신의 개념을 명확히 구분하는 것이 중요합니다. 디지털 혁신은 비트 기반의 고객 가치 제공을 의미하며, 디지털의 특성을 반영하여 고객에게 새로운 가치를 제공하고 기존 비즈니스 모델을 혁신하는 과정을 말합니다. 반면, 디지털 초혁신은 디지털 프로덕트, 고객 경험, 비즈니스 프로세스, 생태계, 그리고 조직 문화를 소프트웨어 기반으로 재설계하여 새로운 기술의 잠재력을 최대한 발휘할 수 있는 상태를 의미합니다. 이 과정은 기술이 기업의 모든 측면에서 완벽하게 통합되고 최적화되도록 하여, AI와 같은 첨단 기술을 바탕으로 새로운 비즈니스 모델을 창출하고 지속 가능한 성장을 이루는 것을 목표로 합니다.

이러한 개념적 구분을 바탕으로, 이 책에서는 AI를 중심으로 한 디지털 초혁신을 실현하기 위한 다양한 전략적 접근과 사례를 깊은 지식이 없더라도 누구나 쉽게 이해할 수 있도록 농구에 비유하여 다루고자 합니다.

이 책의 구성

1부 리그의 출범과 새로운 판도

디지털 혁신 리그의 출범은 단순한 기술적 진보 이상의 의미를 담고 있습니다. 2007년 아이폰의 등장과 함께 시작된 이 혁신의 물결은 모바일 컴퓨팅의 시대를 열며, 디지털 경제의 본격화를 알리는 신호탄이 되었습니다. 이로 인해 전통적인 방식은 점점 과거의 유물이 되어갔고, 디지털 네이티브 기업들이 주도하는 새로운 혁신 리그가 시작되었습니다. 이 리그에서 성공하려면, 단순히 기술을 도입하는 것만으로는 충분하지 않습니다. 디지털 혁신의 본질을 이해하고, 이를 바탕으로 전략을 수립하며, 변화를 주도하는 플레이 스타일이 필요합니다.

디지털 혁신 리그에서 두각을 나타낸 팀들은 모두 0과 1로 설계된 디지털 네이티브 기업들이었습니다. 아마존, 우버, 넷플릭스 등과 같은 기업들은 고객 지향적인 비즈니스 모델과 데이터 기반의 전략으로 리그의 판도를 흔들었습니다. 이들은 전통적인 산업의 경계를 허물고, 새로운 가치를 창출해내며 디지털 혁신 리그에서 선두를 달리게 되었습니다. 하지만 이 리그에서 살아남기 위해서는 디지털 혁신의 본질인 '비트 기반의 고객 가치 제공'에 충실한 플레이 스타일이 필수적입니다.

이 책의 1부에서는 디지털 혁신 리그의 출범 배경, 새로운 팀들이 어떻게 리그의 판도를 바꾸었는지, 그리고 리그 경쟁에서 살아남을 수 있는 전략적 요소들을 살펴봅니다. 디지털 혁신의 본질을 이해하고, 이를 바탕으로 디지털 초혁신의 체계를 수립하는 것이 리그에서 슈퍼 팀으로 거듭나는 열쇠임을 확인하게 될 것입니다.

2부 리그 경쟁력 확보와 초혁신 기반

디지털 혁신 리그에서 경쟁력을 확보하기 위해서는 뛰어난 기술뿐만 아니라, 이를 활용할 수 있는 전반적인 여건 조성이 필수적입니다. AI는 디지털 기술의 집합체이자 진화된 산물이기에, 디지털 혁신에 대한 깊은 이해가 필수적입니다. AI 중심의 초혁신을 이루기 위해서는 디지털 혁신의 핵심을 꿰뚫고 이를 바탕으로 한 강력한 초혁신 기반이 반드시 마련되어야 합니다. 시카고 불스가 완벽한 팀워크와 전략으로 우승을 거머쥔 것처럼, 생성형 AI도 성공하기 위해서는 그에 맞는 필수 조건들을 갖춰야 합니다.

2부에서는 AI가 비즈니스 혁신의 중심에서 역할을 다하기 위해 필요한 필수 조건들을 면밀히 분석합니다. 디지털 초혁신의 기반을 재구축하고 AI를 성공적으로 도입하기 위한 전략적 요소들을 살펴보며, 이를 통해 AI와 기존 시스템 간의 시너지를 극대화할 방법을 다룹니다. 또한, 전통 기업들이 AI를 활용해 초혁신을 이루기 위해 반드시 갖춰야 할 역량과 그 과정에서 직면할 수 있는 도전 과제들을 해결하는 방법에 대해 구체적으로 깊이 있게 다룰 것입니다.

전통 기업들이 AI 초혁신의 선두주자가 되기 위해서는 근본적인 변화를 수용해야 합니다. 최신 기술의 도입만으로는 충분하지 않으며, 디지털 초혁신의 핵심을 반영한 다섯 가지 필수 재설계가 요구됩니다.

첫째, 디지털 프로덕트의 재설계는 하드웨어 중심에서 벗어나 고객의 숨겨진 요구를 해결하는 소프트웨어로의 전환을 전제합니다. 둘째, 고객 경험의 재설계는 일관되고 개인화된 디지털 서비스를 제공함으로써 고객이 기대하는 가치를 뛰어넘는 경험을 창출하는 데 중점을 둡니다. 셋째, 비즈니스 프로세스의 재설계는 데이터와 워크플로우를 최적화하여 비트 흐름을 원활하게 하고, 변화하는 시장에 신속히 대응할 수 있도록 합니다. 넷째, 디지털 생태계의 재설계는 ABC(API, 블록체인Blockchain, 클라우드Cloud) 기술을 활용해 내부와 외부의 프로세스를 유기적으로 연결하여 혁신의 속도를 가속화합니다. 마지막으로, 소프트웨어 문화의 재설계는 혁신적이고 유연한 조직 문화를 구축하여 관성을 극복하고 지속적인 변화를 촉진하는 환경을 요구합니다.

고객 중심의 사고방식, 소프트웨어적 마인드셋, 그리고 내외부 프로세스의 유연성과 조직 문화는 AI를 활용한 초혁신의 성공을 이끄는 핵심입니다. 이러한 다섯 가지 요소의 재설계를 통해 전통 기업이 디지털 혁신의 본질에 맞는 AI 기반 초혁신을 어떻게 가능하게 하는지 상세히 살펴봅니다. 이를 통해 전통 기업이 디지털 시대에 경쟁력을 강화하고 지속 가능한 성장을 이룰 방안을 제시하고자 합니다.

3부 리그 슈퍼스타의 개인 역량과 진화

생성형 AI는 혁신적인 잠재력을 지닌 핵심 기술로 자리매김하고 있습니다. 3부에서는 AI가 어떻게 디지털 혁신 리그의 중심에 서게 되었는지, 그 배경과 발전 과정을 탐구합니다. 초기에는 가능성 있는 신인 정도로 여겨졌던 AI가 어떻게 여러 세대에 걸쳐 발전하며 오늘날의 생성형 AI로 진화했는지를 살펴봅니다.

디지털 혁신 리그에서 가장 주목받는 신예인 생성형 AI의 발전과 그 배경을 깊이 있게 조명하면서, 이제 생성형 AI가 디지털 초혁신의 중심에 서 있음을 확인하게 됩니다. 마이클 조던이 농구계에서 전설로 자리 잡았듯, 생성형 AI도 디지털 혁신 리그의 슈퍼스타로 부상하고 있습니다. 그러나 진정한 영웅으로 자리매김하기 위해서는 뛰어난 기술적 역량뿐만 아니라, 이를 뒷받침할 강력한 기반과 그 기반을 효과적으로 활용할 전략이 필수적입니다.

3부에서는 기호주의와 연결주의라는 두 가지 접근 방식이 AI의 기초를 어떻게 닦아왔는지, 그리고 이들이 어떻게 발전하여 오늘날의 생성형 AI로 이어졌는지를 깊이 있게 다룹니다. 이어서 생성형 AI가 디지털 초혁신의 중심에 설 수 있었던 배경으로 컴퓨팅 파워, 빅데이터, 최적화된 알고리즘, 그리고 다양한 애플리케이션 생태계가 어떻게 중요한 역할을 해왔는지를 살펴봅니다.

그동안 생성형 AI는 여러 도전과 극복의 과정을 거치며 지금의 위치에 올랐습니다. 앞으로는 이러한 기반을 어떻게 잘 활용하느냐가 그 잠재력을 최대한 발휘하는 열쇠가 될 것입니다.

이어지는 4부에서는 이러한 기반을 어떻게 활용하여 AI 초혁신을 이끌어낼 수 있는지, 그리고 이를 통해 AI가 전통 기업의 디지털 초혁신을 어떻게 지원하며, 궁극적으로 디지털 혁신 리그의 진정한 영웅으로 자리 잡을 수 있을지를 자세히 다룰 것입니다.

4부 리그를 넘어 레전드로

AI는 산업 전체를 혁신하고 게임의 룰을 바꿀 수 있는 강력한 힘을 지닌 동반자입니다. 4부에서는 AI가 어떻게 재설계된 구조 위에서 진정한 초혁신의 꽃을 피울 수 있는지, 그리고 새로운 비즈니스 모델을 창출하는 데 있어 어떤 역할을 할 수 있는지를 상세히 살펴볼 것입니다.

AI가 가져올 가장 큰 변화는 '연결되고 확장된 무대'입니다. 전통적인 비즈니스 모델은 일반적으로 제한된 자원과 고정된 시장에서 운영됩니다. 그러나 AI는 이 한계를 뛰어넘어, 다양한 데이터와 기술을 쉽고 빠르게 연결하여 전례 없는 확장성을 제공합니다. 이를 통해 기업은 새로운 시장 기회를 포착하고, 글로벌 시장에서 경쟁력을 강화할 방법을 모색할 수 있습니다. AI가 대화형 인터페이스와 지능형 알고리즘, 그리고 지능형 자동화라는 측면에서 비즈니스 가치 창출을 이끄는 핵심 엔진으로서 어떻게 작동하는지를 이해하게 될 것입니다.

AI는 기존 비즈니스 모델을 지원하는 것에 그치지 않고, 새로운 비즈니스 모델을 창출하는 데 기여할 수 있습니다. AI는 기업의 가치 생성, 전달 요소와 긴밀하게 연계되어 작동함으로써 전체적인 가치사슬을 재구성하고 강화하는 과정을 가능하게 합니다. 이를 통해 독자분들은 AI를 활용하여 새로운 시장 기회를 창출하고, 다양한 산업 간 협력을 통해 혁신적인 비즈니스 모델을 개발할 방법에 대해 이해하게 될 것입니다.

특히, 디지털 초혁신의 중심에 서 있는 AI는 플랫폼 비즈니스 모델을 진화시킬 가능성을 가지고 있습니다. 전통 기업들은 기존 고객 기반을 활용해 핵심 플랫폼을 구축하고, AI를 통해 다양한 서비스와 수익형 플랫폼을 확장하는 전략을 구사해볼 수 있습니다. 새로운 디지털 프로덕트나 플랫폼을 추가하지 않더라도, 생성형 AI가 다양한 애플리케이션을 연결하는 허브 역할을 수행하면서 비즈니스 모델을 확장할 수 있기 때문입니다. 이러한 접근은 전통 기업들이 다양한 서비스와 비즈니스 모델을 조합해 빠르게 실험하고, 새로운 기회를 창출할 수 있게 도와줄 것입니다. 이러한 차세대 플랫폼 비즈니스 모델은 AI를 통해 기존 모델의 한계를 극복하고 새로운 가능성을 열어줄 것입니다. 독자분들은 AI를 통해 기존의 플랫폼 비즈니스 모델을 어떻게 재구성하는지, 그리고 보다 유연하고 통합적인 비즈니스 모델은 어떻게 구축할 수 있는지를 이해하게 될 것입니다.

4부의 결론에서는 AI가 어떻게 디지털을 넘어 초혁신의 중심에 서게 되었는지와 AI를 활용하는 기업들이 새로운 시장에서 경쟁력을 유지하며 성장할 방법을 다룹니다. 이 과정에서 AI의 혁신적 가능성을 극대화하기 위해 필요한 전략적 리더십과 비전에 대해서도 이해하게 될 것입니다. 이를 통해 독자분들은 AI가 비즈니스 모델을 재설계하고 혁신을 주도할 수 있는 잠재력을 가지고 있음을 깊이 이해하게 될 것입니다.

그러나 AI 중심의 초혁신의 여정에서 그 잠재력을 완전히 실현하기 위해서는 몇 가지 역설을 극복해야 합니다. 가장 먼저 언급할 역설은 비용의 역설입니다. 생성형 AI의 파운데이션 모델인 대형언어모델LLM, Large Language Model의 개발과 유지에는 엄청난 비용이 들기 때문에, 일반적인 전통 기업이 이를 도입하는 것은 쉽지 않은 과제입니다. 대형언어모델은 막대한 데이터와 컴퓨팅 자원을 필요로 하며, 고도의 기술력과 자본을 요구합니다. 그러나 이러한 역설은 소형언어모델SML, Small Language Model과 대형언어모델의 하이브리드 접근을 통해 극복할 수 있습니다.

두 번째로 마주하는 역설은 필요의 역설입니다. AI를 가장 필요로 하는 기업들이 이를 제대로 활용할 준비가 되어 있지 않은 경우가 많습니다. 디지털 초혁신의 기반이 제대로 구축되지 않은 상황에서 AI를 도입하려는 시도는 성공하기 어렵습니다. 따라서 AI 혁신을 성공적으로 이루기 위해서는 디지털을 넘는 초혁신의 기본 요소들을 먼저 마련해야 하며, AI 도입을 위한 철저한 준비가 필요합니다.

그다음으로, 선택적 부주의의 역설입니다. 단순히 AI를 도입하는 것이 아니라, 그 뒤를 받쳐줄 일상적인 비즈니스 프로세스가 자동화되어야 진정한 초혁신이 가능하다는 점이 중요합니다. AI는 고객 경험을 증강시키고, 조직의 프로세스를 지능형 자동화할 수 있는 잠재력을 가지고 있습니다. 그러나 이를 효과적으로 활용하기 위해서는 비즈니스의 전반적인 프로세스가 AI와 잘 연계될 수 있도록 구성되어야 합니다.

이 세 가지 역설을 극복하는 것은 쉽지 않은 도전이지만, 대형언어모델과 소형언어모델의 혼용, 디지털 초혁신의 기반 재설계, 그리고 전사적인 지능형 자동화를 추진하는 것이 그 해결책이 될 수 있습니다. 이러한 현실적 접근은 전통 기업들이 AI를 효과적으로 활용하고, 변화하는 시장 환경에 신속하게 대응할 수 있는 능력을 갖추게 해줄 것입니다.

AI와 함께하는 디지털 초혁신의 미래

마이클 조던의 사례는 단순한 개인적인 영웅담이 아닙니다. 조던이 농구계에 가져온 혁신적인 변화는 기술이 우리 삶에 미치는 영향과 유사합니다. 생성형 AI 역시 초기에는 단순히 흥미로운 신기술로만 여겨졌지만, 이제는 비즈니스와 사회 전반을 재구성하는 강력한 힘으로 자리 잡았습니다.

다음 그림의 피라미드는 이 책의 핵심을 한눈에 보여줍니다. 이 피라미드는 AI 중심의 초혁신을 이루기 위해 필수적으로 알아야 할 단계를 요약하고 있습니다. 먼저, 초혁신을 성공적으로 이끌기 위해

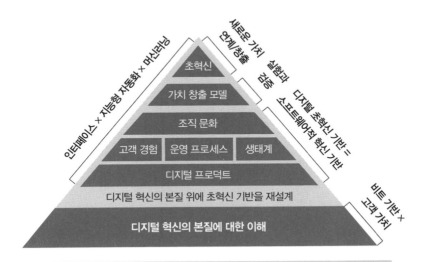

AI 초혁신 구성도
디지털 본질과 디지털 초혁신 기반, 그리고 AI 중심의 초혁신 관계 및 구성도

서는 그 본질을 깊이 이해하는 것이 가장 중요합니다. 디지털 혁신의 실패를 반복하지 않기 위해서는 과거의 오류를 되짚어보고, 그 근본을 제대로 파악해야 한다는 것입니다. 이러한 이해가 바탕이 되어야 기업은 디지털 초혁신의 구조를 제대로 설계할 수 있습니다.

디지털 초혁신 기반을 한마디로 요약하면, 디지털 프로덕트, 고객 경험, 생태계, 그리고 조직 문화를 포함한 전반적인 구조를 소프트웨어적으로 재설계하는 것입니다. 이 중에서도 특히 디지털 프로덕트는 디지털 혁신의 본질과 초혁신 구조를 연결하는 핵심적인 실행 포인트입니다. 무엇보다 디지털 프로덕트가 제대로 설계되어야 디지털을 뛰어넘는 초혁신이 원활하게 작동할 수 있습니다.

이런 재설계가 이루어진 후에는 AI의 인터페이스, 지능형 자동화와 지능형 알고리즘을 활용하여 디지털 초혁신 구조를 지렛대 삼아 새로운 가치 창출 모델을 실험하고 검증할 수 있습니다. 이러한 과정이 초혁신을 이루는 길이며, 기업이 미래를 향해 나아가는 데 필수적인 단계입니다. 이 책은 이러한 단계를 따라가며, 어떻게 AI와 디지털 초혁신 기반이 조화를 이루어 기업의 초혁신을 이끌어낼 수 있는지 흥미롭게 설명하고 있습니다.

AI는 오랜 시간 동안 피어나기를 기다려온 꽃과 같습니다. 그 꽃은 과거의 혁신 기술들이 쌓아 올린 단단한 토양 위에서 비로소 피어납니다. AI는 단순히 디지털 혁신의 마지막 퍼즐을 맞추는 것에 그치지 않고, 그 한계를 뛰어넘을 수 있는 무한한 잠재력을 지니고 있습니다. 이는 전통 기업들에게 디지털 혁신의 어려움을 극복하고 AI 중심의 새로운 혁신을 이루어낼 수 있는 전략적 기회가 될 수 있습니다.

다시 한번 강조하자면, 이러한 혁신이 성공하기 위해서는 먼저 디지털 혁신의 본질과 디지털 초혁신 기반을 깊이 이해해야 합니다. 그 위에서 AI를 상호 보완적으로 활용할 때, 비로소 AI 초혁신의 가능성은 현실이 됩니다. 이것이야말로 AI 혁신의 성공을 향한 가장 빠르고 확실한 길이며, 전통 기업이 미래를 향해 나아갈 때 반드시 가져야 할 가장 중요한 통찰이라는 게 필자의 일관된 주장입니다.

이 책은 디지털 혁신의 본질을 이해하고, AI 중심 초혁신을 명확한 방향성을 가지고 비용과 시간 면에서 효율적으로 리드해야 하는 전통 기업, 정부, 공공기관, 중소기업의 임원 및 리더, 이를 효과적으로 실천해야 하는 실무자, 디지털과 AI에 관심이 있는 직장인, 학생, 그리고 AI가 미래 기업에 미치는 영향에 대해 궁금해하는 독자분들을 위해 작성되었습니다. 이 책의 여정을 통해 독자분들은 AI가 어떻게 초혁신의 중심에 서게 되는지, 그리고 이를 통해 과거 상대적 약자였던 전통 기업들이 어떻게 성공적인 AI 중심의 초혁신을 이끌어갈 수 있는지에 대한 깊이 있는 인사이트를 얻게 될 것입니다. 이제 AI와 함께하는 초혁신의 여정을 시작해보겠습니다.

차례

PART 2   리그 경쟁력 확보와 초혁신 기반

역대급 신인, 생성형 AI

디지털 무대에 새로운 스타가 등장했다. 이 스타의 이름은 생성형 AI다. 디지털 혁신 리그에서 클라우드, 빅데이터, 모바일 등의 기술이 맹활약하며 명성을 쌓고 있었지만, 이번에 등장한 생성형 AI는 개인 역량 측면에서 그들과는 또 다른 차원의 스타성을 지니고 있는 듯하다. 마이클 조던이 NBA 데뷔 시절에 보여준 충격적인 퍼포먼스처럼, 생성형 AI는 개인 역량을 극대화하여 그 어떤 기술보다도 뛰어난 기술력과 무한한 잠재력으로 디지털 혁신 리그의 새로운 희망으로 떠오르고 있다. 2022년 11월 30일, 오픈AI가 출시한 챗GPT-3.5는 출시와 동시에 전 세계의 이목을 집중시키며 개인의 역량을 혁신적으로 확장시키면서 새로운 역사를 쓰기 시작했다.

마이클 조던의 충격적 데뷔

1984년 10월 26일, 등번호 23번의 시카고 불스 유니폼을 입고 나온 청년 마이클 조던이 코트에 등장했다. 그의 데뷔 경기는 단순한 시작이 아니라, NBA 역사에 길이 남을 순간이었다. 시카고 불스와 워싱턴 불리츠의 경기에서 조던은 16득점, 6리바운드, 7어시스트를 기록하며 단숨에 주목받았다. 그날의 경기 후, 언론은 그를 "차세대 농구의 황제"로 칭송했다. 코트 위에서 덩크슛을 내리꽂는 그의 모습은 팬들의 심장을 뛰게 했다. 그의 폭발적인 운동 능력과 승부욕은 그를 곧바로 NBA 리그의 슈퍼스타로 만들기에 충분했다.

조던은 데뷔 이후에도 끊임없이 발전하며 NBA를 지배했다. 1991년부터 1993년, 1996년부터 1998년까지 시카고 불스를 이끌고 여섯 차례 챔피언십을 차지하며, 그의 이름은 농구 역사에 길이 남을 전설로 새겨졌다. 그의 승부욕과 리더십은 팀을 승리로 이끌었고, 그는 스포츠계의 아이콘이 되었다.

조던의 플레이는 단순한 스포츠가 아니라 예술이었다. 그의 공중에서의 움직임, 상대를 압도하는 플레이는 팬들에게 잊을 수 없는 순간을 선사했다. 그는 MVP를 다섯 차례 수상하며 농구 역사상 가장 위대한 선수로 인정받았다. 또한, 그는 미국 역사상 가장 위대한 운동선수 1위에 뽑히기도 했다. 그는 빅맨 중심으로 운영되던 NBA의 패러다임을 바꾼 선수로, 슈팅가드 포지션의 혁신을 일으켰고 NBA의 핸드체킹 룰의 변화를 만들어낸 역사적인 인물이다.

역대급 신인의 등장

연예인이든 운동선수든, 데뷔 시즌에 뛰어난 퍼포먼스를 보여주며 많은 기대와 주목을 받은 인물로서 앞으로의 커리어에서도 성공을 이어나갈 가능성이 큰 인물을 '역대급 신인'이라 한다. 특히 운동선수는 뛰어난 데뷔 시즌 성적, 높은 잠재력, 주목받는 플레이, 수상 경력, 팀 기여도 등의 조건에 부합해야 한다. 이러한 의미에서 2022년 11월 30일, 오픈AI가 출시한 초거대 AI '챗GPT-3.5'는 그 어떤 기술보다도 충격적인 역대급 신인의 등장으로 평가된다.

이날 출시된 챗GPT-3.5는 광범위한 언론 보도와 함께 전 세계의 주목을 받았다. 그 뛰어난 성능과 가능성에 사람들은 열광했다. 챗GPT-3.5는 전작인 챗GPT-3보다 더 자연스럽고 인간다운 대화를 가능하게 하며 전 세계를 매료시켰다. 출시 일주일 만에 이용자가 100만 명을 돌파했고, "지금까지 등장한 챗봇 중 최고"라는 찬사가 끊이지 않았다. 2023년 새해가 되자마자, 마이크로소프트는 검색엔진 '빙'과의 협업을 논의하기 시작했고, 곧이어 오픈AI에 100억 달러를 투자하기로 발표했다. 챗GPT-3.5는 디지털 초혁신의 새로운 장을 여는 중요한 역할이 기대된다.

2020년 6월에 출시된 챗GPT-3은 1,750억 개의 매개변수를 가진 초거대 모델로, 그 당시 전 세계적으로 큰 화제를 모았었다. 연구자, 개발자, 언론 등 모든 분야에서 놀라운 성능에 주목을 받았으나, 제한된 접근성과 높은 비용 때문에 널리 이용되지는 못했다. 그러나 챗GPT-3.5는 달랐다. 자연어 이해와 생성 능력, 사용자 경험, 기술적 신뢰성이 대폭 개선되었고, 더욱 많은 이용자가 쉽게 접근할 수 있도록 설계되었다. 이로 인해 다양한 산업 분야에서 활용되며 효용성이 기대되고 있다. 그야말로 '역대급 괴물 신인'이 탄생한 것이다. 이는 AI 기술이 기나긴 겨울의 터널을 지나 본격적인 범용화 단계로 넘어가는 신호탄이자, 디지털 혁신을 넘어선 초혁신의 마지막 퍼즐이 맞춰지는 순간이었다.

더욱 놀라운 점은 챗GPT-3.5가 월간 활성 사용자 수MAU 1억 명을 돌파하는 데 단 두 달밖에 걸리지 않았다는 것이다. 인스타그램이 1억 MAU를 달성하는 데 30개월, 스포티파이가 55개월, 우버가 70개월이 걸린 것과 비교했을 때, 챗GPT-3.5의 보급 속도는 그야말로 경이적이었다. 이 놀라운 성과는 글로벌 테크 기업들이 연이어 초거대 AI를 공개하게 하는 도화선이 되었고, 다양한 산업에서의 응용 사례가 급증하면서 이용자 수는 기하급수적으로 증가했다. 또한, 여러 기업과의 파트너십을 통해 다양한 플랫폼과 서비스에 통합되면서 그 기반은 더욱 빠르게 확대되었다.

챗GPT-3.5는 고객 서비스, 의료 상담, 법률 자문, 창작 예술 등 다양한 분야에서 활용되면서 그 진가를 발휘했다. 사람들이 던진 질문에 마치 인간처럼 답변하는 언어 이해 능력은 그야말로 놀라움 그 자체였다. 소름 끼치도록 놀라운 이 기술이 우리의 일상생활을 어떻게 변화시킬지에 대한 기대와 우려가 공존했다. 사실, 위력은 단순히 정보를 찾아서 제공하는 수준을 넘어 글쓰기, 시나리오 작성, 음악 가사 창작 등 인간 고유 영역이라 불리는 창의성에서 상상 이상의 능력을 발휘했다는 데서 나타났다.

비 마이 아이즈
시각장애가 있는 사용자와 시각 자원봉사자를 연결하여 시각적 작업을 완수할 수 있도록 지원한다.
출처: 비 마이 아이즈 홈페이지

　이러한 성과는 챗GPT-3.5 출시 4개월 만에 '챗GPT-4'의 출시로 이어졌다. 챗GPT-4는 "더 안전하고 유용한 대응을 하는 진보한 시스템"을 표방하며, 텍스트뿐만 아니라 이미지 입력에도 대응하는 '멀티모달' 기능을 선보였다. 특히, 시각장애인을 돕는 '비 마이 아이즈' 서비스와 같은 혁신적인 응용 프로그램에서 그 잠재력을 입증했다. 지능 면에서도 챗GPT-3.5가 미국 사법시험 LSAT에서 하위 10%의 점수를 받았던 반면, 챗GPT-4는 상위 10%에 해당하는 점수를 받아 그 진보를 확실히 보여주었다.

　시간이 지날수록 챗GPT 모델들은 기하급수적으로 성능이 향상되었으며, AI 아바타가 사실적인 몸짓과 발음으로 말하는 엘라이Elai, 픽토리Pictory, 리프레이즈Rephrase와 같은 서비스들은 더 이상 공상과학이 아닌 현실이 되었다. 구글도 생성형 AI 제미나이와 음성 모델을 결합한 미래 AI 어시스턴트를 목표로 한 '프로젝트 아스트라'를 공개했다. 또한, 생성형 AI를 활용한 휴머노이드 로봇인 미국의 피규어 AI, 테슬라의 옵티머스 2.0은 공장 투입을 준비하는 상황이다.

챗GPT-4o의 출시는 인공지능 기술 발전의 정점을 상징한다. 인간과 유사한 시청각 기능을 탑재한 이 모델은 단순한 텍스트 생성 이상의 능력을 보여주었다. 이제 AI는 이미지와 음성을 처리하고, 이를 통해 사람과 더 자연스럽게 상호작용할 수 있는 단계에 이르렀다. 이러한 기술은 다양한 산업에서 혁신을 주도하며, 생산성 향상과 기업의 효율성 증대는 물론 경제적 효과에 이르기까지 큰 기대를 모으고 있다.

주목할 만한 서비스로는 신데시아Synthesia와 엘라이가 있다. 이

D-ID
생동감 있는 얼굴 애니메이션과 인터렉티브 영상을 제작하여 교육, 마케팅, 고객 지원에 활용되는 등 AI 아바타의 새로운 장을 열고 있다.
출처: D-ID 홈페이지

두 서비스는 이미 다양한 비즈니스와 개인의 일상 속에서 적극적으로 활용되고 있다. 신데시아는 AI 아바타가 사실적인 몸짓과 발음으로 텍스트를 말하게 하는 기술을 제공한다. 글로벌 기업들은 이 기술을 활용해 교육용 비디오나 마케팅 캠페인을 제작함으로써 전 세계의 다양한 언어와 문화에 맞춘 콘텐츠를 손쉽게 생산하고 있다. 이는 기업 내부 교육에서도 마찬가지로, 일관된 메시지를 직원들에게 전달하는 데 큰 도움을 주고 있다.

엘라이 역시 유사한 기능을 제공하지만, 다국어 지원과 사용자 친화적인 인터페이스로 더욱 주목받고 있다. 이 플랫폼은 다양한 AI 아바타가 텍스트를 읽어주는 영상을 생성하며, 사용자가 쉽게 접근할 수 있는 직관적인 인터페이스를 갖추고 있어, 비즈니스뿐만 아니라 일반 사용자들도 쉽게 활용할 수 있다. 엘라이는 특히 글로벌 시장을 겨냥한 콘텐츠 제작자들에게 강력한 도구로 자리 잡고 있으며, 언어 장벽을 허물고 다양한 문화권에 맞춘 콘텐츠 제작을 가능하게 한다.

한편, 미드저니Midjourney와 스테이블 디퓨전Stable Diffusion은 AI 기반 이미지 생성 서비스로, 예술과 디자인 분야에서 창의적인 작업을 지원하고 있다. 디자이너들은 이 도구를 사용해 맞춤형 비주얼 콘텐츠를 빠르게 생성할 수 있으며, 예술가들은 자신의 상상력을 그대로 시각화하는 작업을 단시간 내에 수행할 수 있다. 이미 많은 브랜드와 크리에이터들이 이 서비스를 통해 독창적인 비주얼 콘텐츠를 만들어내고 있으며, 이러한 이미지 생성 AI는 디지털 아트의 새로운 패러다임을 제시하고 있다.

미드저니가 생성한 이미지

커서Cursor는 개발자들이 코드 생성 및 수정을 자동화하는 데 도움을 주는 AI 도구로, 소프트웨어 개발의 효율성을 크게 높이고 있다. 개발자들은 이 도구를 통해 반복적인 코딩 작업을 줄이고, 창의적인 문제 해결에 더 많은 시간을 할애할 수 있게 되었다. 이는 소프트웨어 개발의 속도를 비약적으로 높이고, 빠르게 변화하는 IT 환경에 발맞춘 개발을 가능하게 하고 있다.

음악 분야에서도 AI가 활발히 사용되고 있다. 사운드로Soundraw는 사용자가 원하는 스타일과 분위기에 맞춰 AI가 음악을 생성해주는 서비스로, 음악 제작 과정을 혁신적으로 간소화시킨다. 이 서비스는 이미 다양한 산업에서 사용되고 있으며, 영상 제작자들이 자신만의 배경음악을 빠르게 생성하는 데 활용되고 있다. 창작의 장벽을 낮추어 누구나 쉽게 음악을 만들 수 있게 해주는 사운드로는, 개인 창작자부터 대형 콘텐츠 제작사에 이르기까지 폭넓게 사용되고 있다.

이러한 혁신적인 서비스들은 챗GPT-4o와 같은 초거대 AI 모델의 발전과 결합하여, AI가 가져올 생산성 향상과 경제적 효과를 실현하는 데 중요한 역할을 하고 있다. AI 기술이 발전함에 따라, 이러한 서비스들은 앞으로도 더 많은 산업에서 변화를 일으키고, 새로운 기회를 창출할 것으로 기대된다. AI는 이제 더 이상 미래의 기술이 아닌, 이미 우리의 일상 속에서 그 가능성을 보여주고 있으며, 이는 앞으로 더욱 빠르게 확산될 것으로 기대된다.

더욱이 생성형 AI의 경제적 영향력은 막대하다. 맥킨지앤컴퍼니의 보고서에 따르면, 기존 산업에 생성형 AI가 응용되면서 생겨날 새로운 산업의 경제 규모는 2.6조에서 4.4조 달러에 이를 것으로 예상되며, 생산성 향상의 경제적 효과는 6.1조에서 7.9조 달러에 이를 것이라고 한다. 2023년 오픈AI 논문에 따르면, 미국 노동자의 80%가 AI의 영향을 받을 것이라고 예측되었다. 맥킨지의 보고서 〈The Economic Potential of Generative AI〉는 생성형 AI가 업무 시간의 60%에서 70%를 절약할 수 있을 것이라고 언급했다. 또한, 보스턴컨설팅그룹BCG의 연구에서는 챗GPT-4를 사용했을 경우 인간과 생성형 AI의 협업을 통해 업무 성과가 크게 향상될 수 있다는 결과가 도출되었다.

챗GPT가 일으킨 나비효과는 전 세계를 요동치게 했다. 그 여파는 지금도 AI의 발전을 가속화하며 새로운 혁신의 길을 열고 있다. 챗GPT-4o와 같은 초거대 AI는 디지털 혁신의 한계를 넘어 새로운 가능성을 제시하고 있으며, 생성형 AI는 우리가 생각하는 것 이상으로 다양한 분야에 깊이 침투해 있다. 기업의 생산성 향상과 신사업 창출은 물론 의료, 교육, 예술 등 다양한 영역에서 변화를 주도하며, 인류의 미래를 더욱 풍요롭고 혁신적으로 만들어갈 잠재력을 지니고 있다.

교통수단의 발달이 시간의 제약을 넘었고 인터넷 등 정보통신의 발달이 시간과 공간의 제약을 넘었다면, 챗GPT는 인간과 기계의 경계를 허물고 시간과 공간과 상상의 제약을 넘었다고 말할 수 있을 정도다. 정말 하루가 다르게 생성형 AI를 다루는 기사들이 쏟아져 나오고 있는 상황에서 디지털 혁신의 해법조차 찾지 못한 기업들은 어디서부터 무엇을 어떻게 해야 할지 고민이 깊어질 수밖에 없는 상황이다.

생성형 AI는 이전의 혁신 기술들이 쌓아 올린 견고한 토양 위에서 피어났으며, 그 경계를 초월할 수 있는 무한한 잠재력을 가지고 있다. 이는 전통적인 기업들에게 디지털 혁신의 장해물을 극복하고, AI 중심의 새로운 혁신을 이룰 수 있는 또 다른 기회가 될 수 있다.

PART 1

리그의 출범과
새로운 판도

새로운 혁신 리그의 출범

비트* 기반의 고객 가치 제공을 최우선으로 하는 새로운 혁신 리그가 출범하였다. 코트 위에서 변혁이 시작되었다. 2007년 아이폰이 등장하면서 새로운 국면에 접어들었다. 과거 물질 기반의 가치 흐름은 더 이상 의미가 없다. 비트 기반의 디지털 프로덕트와 프로세스가 중요한 시대가 되었다. 모바일 컴퓨팅 시대가 열렸고 제대로 된 디지털 플레이를 하는 선수와 팀의 등장으로 언론과 팬들은 흥분을 감추지 못했다. 새롭게 도입된 모바일 기술은 다양한 선수와 팀에 깊숙하게 스며들어 디지털 혁신 리그의 발전을 가속화하였다.

---

* 비트는 'Binary Digit'의 약자로 0과 1로 이루어져 있다. 컴퓨터가 사용하는 기본 데이터 단위로 이는 데이터 처리, 저장의 기본 단위가 된다. 디지털의 기본 구성요소이자 언어로써 데이터를 표현하고 조작하는 핵심 단위이자 매개이다.

아이폰의 등장은 그야말로 디지털 혁신 리그의 변곡점인 동시에 생성형 AI가 성장할 기회를 제공하였다.

새로운 경기 방식

2007년은 IT 산업에서 가장 중요한 두 가지 사건이 일어난 해이다. 애플의 아이폰이 탄생했고 아마존이 '아마존 웹 서비스AWS'를 도입하여 클라우드 컴퓨팅이 시작되었다. 스마트폰과 클라우드의 만남으로 디지털 혁신의 시대가 열리면서 사람들은 언제 어느 곳에서나 컴퓨팅 파워에 연결되는, 디지털이 삶의 일부가 되는 경험을 하게 되었다.

미국의 경제학자로 MIT 슬론 경영대 교수인 에릭 브리뇰프손은 디지털 기술과 혁신의 경제적 효과에 대한 전문가이다. 그는 《Wired for Innovation》에서 특히 모바일 기술과 데이터 분석의 발전을 강조하면서 2007년을 정보 기술이 경제 전반에 걸쳐 생산성을 크게 향상시키기 시작한 시점으로 보고 있다.

또한, 크리스 앤더슨은 《FREE: The Future of a Radical Price》에서 디지털 경제에서 무료 모델이 본격적으로 주목받기 시작한 시점으로 2007년을 언급했다. 그는 이 시기에 유튜브, 구글, 페이스북 등이 무료 서비스를 통해 사용자 기반을 구축했다고 설명하면서, 이들이 글로벌 경제와 사회에 영향을 미치는 차원을 넘어 디지털 기술이 중심이 된 새로운 시대의 서막을 열었다고 평가했다.

특정 기업이나 소수 전문가만이 향유하던 첨단 디지털 기술을 디지털 기기를 보유하고 있는 개인들이 언제 어디서나 사용할 수 있는 혁신의 시대가 본격적으로 열린 것이다. 2007년은 디지털 범용화가 본격화된 시기이기도 하다. 디지털 혁신은 이제 IT 산업을 넘어 제조업과 금융업, 서비스업 등 다른 모든 산업의 새로운 가치 창출을 가속화하고 있다. 모바일과 클라우드의 만남으로 시작된 초연결 시대가 도래하면서 사물인터넷IoT, 블록체인, 빅데이터, 인공지능 등 디지털 기술의 범용화가 논의되기 시작했다.

이러한 배경에는 50년간 축적된 디지털 관련 기술의 발전이 있었다. 1970년대는 개인용 컴퓨터가 등장하고 PC 보유 가구가 기하급수적으로 늘어나는 시기였다. 마이크로소프트가 개인용 PC의 운영체제인 윈도를 공급하면서 성장했으며, 음악 시장에서는 CD가 보급되기 시작했다. SAP 및 오라클의 소프트웨어 도입으로 아날로그 기록들이 하나둘씩 디지털로 전환되기 시작한 것도 이때다. 정보의 디지털화Digitization가 진행되었던 시기였다.

1990년대 초반부터 인터넷 기술이 보급되었는데, 아마존이 설립되어 전자상거래 기반을 마련했다. 구글은 검색 시장을 점령했고 디지털카메라도 등장했다. 한마디로 디지털이 광범위하게 적용된 Digitalization 시기였다.

2000년대는 디지털이 대중화된 시기로 이른바 디지털 혁신 기업들이 파괴적 혁신을 이끌었다. 2005년 유튜브의 탄생, 무엇보다 2007년 애플의 아이폰 출시는 디지털 혁명의 변곡점이 되었다. 이후 디지털 혁신 기업들이 등장하여 큰 성공을 거두면서 살아남기 위해 디지털 혁신을 하는 것이 전통 기업들에게는 피할 수 없는 숙명이 되었다.

본격적 혁신의 서막

2007년 1월 9일, 캘리포니아 샌프란시스코에서 열린 맥월드 2007에서 스티브 잡스는 한 손에 작은 기기를 들고 무대에 올랐다. 단순한 휴대폰 기기를 소개한 것이 아니라 우리 생활 방식을 근본적으로 혁신할 도구를 선보였다. 전화, 음악 플레이어, 인터넷 브라우저, 디지털카메라를 한 손에 쥘 수 있게 만든 휴대 기기였다. 3.5인치에 키패드도 없는 심플한 휴대폰을 들고 나왔다. 터치로 모든 조작이 가능하고 새로운 기능의 추가도 몇 번의 클릭으로 가능했다.

지금 돌이켜보면, 아이폰의 등장은 기술로만 보아도 혁신 그 자체였다. 멀티터치와 인터넷 검색, GPS 내비게이션을 도입했으며 아이팟을 그대로 이식한 음악 재생을 통해 새로운 스마트폰 시대를 열었다. 기술의 우수성에 그친 것이 아니라, 인류의 생활양식을 송두리째 디지털로 바꿔놓을 혁신이 시작된 것이다. MP3 플레이어, PMP, 전자사전, PDA 등의 디지털 제품들을 빠르게 기능적으로 흡수하는 블랙홀 현상까지 발생했다.

애플의 아이폰은 출시 1년 만에 '앱스토어'를 론칭하면서 앱 생태계를 선보였다. 앱의 유통 구조를 단일화하고 유통과 수익 구조를 명확하게 했으며, 보안과 앱 검수도 철저하게 하여 소비자들이 안심하고 앱을 구입할 수 있도록 유도했다. 불법 소프트웨어 시장을 정리했고 작은 규모의 개발사나 개인 개발자가 유통에 신경 쓰지 않고 실력만으로 사업 기회를 얻을 수 있는 명실상부한 플랫폼이 생겼다.

애플이 제시한 생태계는 디지털 경제에도 큰 영향을 미쳤고, 디지털 프로덕트 중심의 디지털 혁신 기업의 탄생을 촉발했다. 스마트폰과 앱 생태계의 등장으로 고객은 스마트폰을 통해 무형의 비트를 고객 가치로 직접 경험할 수 있었고, 기업의 내외부 프로세스를 소프트웨어 관점으로 혁신할 기회가 제공되었다. 디지털 경제와 플랫폼 비즈니스의 핵심 요소인 생태계의 중요성이 드러났다. 다양한 참여자와의 상호작용과 협력을 통해 전체 시스템의 가치를 극대화할 가능성을 보여주었다. 아이폰은 디지털 혁신의 촉매제로서, 기술 사용 방식을 근본적으로 바꾸어 기업의 비즈니스 운영 방식, 시스템과 비즈니스 모델을 혁신적으로 변화시켰다.

디지털 혁신 리그의 도약

아이폰은 디지털 혁신의 수단을 제공하기도 했지만, 기업들의 가치 창출 방식, 즉 비즈니스 모델도 완전히 바꾸어놓았다. 컨베이어 벨트를 기반으로 한 산업 고도화기는 다양한 경영학 기법이 도입되고, 기업 관점에서 생산성과 효율성이 급격히 향상되었던 시기로, 컨베이어 시스템과 포디즘으로 대표되는 시기였다. 오랜 시간 동안 '경쟁우위'라는 용어로 전통 산업계에 영향력을 끼쳤던 마이클 포터 교수는 물리적 생산공정을 전제로 1985년에 가치사슬 분석 기법을 제안했는데, 가치사슬 분석은 물리적 제품이 컨베이어벨트 위를 거치며 가치가 생성·전달되는 과정을 전략적 요소로 나누어 분석하는 기법으로 공급자, 내외부 프로세스를 거쳐 소비자로 흘러가는 일방향적 가치 흐름을 전제로 하고 있다.

전통적인 물질세계의 가치사슬은 기업 관점에서 원료가 공급·제작되어 생산 및 판매되는 일련의 컨베이어벨트식 동선을 따른다. 이 과정에서 기능적으로 나뉘어 있는 부서들이 경쟁우위 확보를 위해 지원하는 구조를 가정하고 있다. 기업의 고객 제공 가치와 방식은 시대에 따라, 기술에 따라 변해왔는데, 전통적 산업에서의 가치 흐름은 푸시Push 형으로 공급자에서 소비자로 일방향적이었다. 제품이 최종으로 제조되어가는 공급자 중심의 흐름으로 고객은 최종적으로 제품을 제공받는 수동적인 존재였다.

그러나 0과 1의 비트의 세계에서는 고객이 직접 체험하는 차별화된 디지털 가치가 중요하기 때문에, 고객 요구가 빠르게 반영될 수 있는 소프트웨어적 프로세스로 가치 흐름이 재설계되어야 한다. 이러한 고객 중심의 소프트웨어적 가치 생산·전달은 가치사슬을 디지털 프로덕트를 중심으로 한 가치 전달 형태로 변형시켰다.

2007년 이후 일상 속의 디지털 프로덕트는 비트 기반의 무형 가치를 유형적으로 전환하여 직접 체감하게 하는 중요한 매체였다. 고객의 피드백과 요구가 디지털 프로덕트에 즉각적으로 반영되기 시작하면서, 고객은 더 이상 수동적인 존재가 아니라 가치 창출 과정의 중심에 서게 되었고, 가치 생산과 전달의 방향은 양방향으로 바뀌었다. 고객 관점이 즉각 반영되는 디지털 프로덕트를 중심으로 프로세스 및 생태계를 재설계함으로써 디지털 고객 가치가 제공될 가능성을 연 것이다. 디지털 가치가 프로덕트에 반영되도록 하는 프로세스와 생태계의 재설계가 디지털 비즈니스 모델로 향하는 디지털 혁신의 성패를 가르게 된 것이다. 디지털 가치가 반영된 프로세스와 생태계의 재설계는 디지털 혁신과 이를 넘어선 초혁신의 필요조건이자 AI 기술을 활용한 초혁신의 핵심 근간이 된다.

디지털 혁신 리그는 아이폰의 등장으로 새로운 시대를 맞이하게 되었다. 과거의 물리적 가치 흐름은 사라지고 이제는 디지털 가치가 중심이 되는 시대로 접어들었다. 디지털 혁신 기업들은 고객 중심의

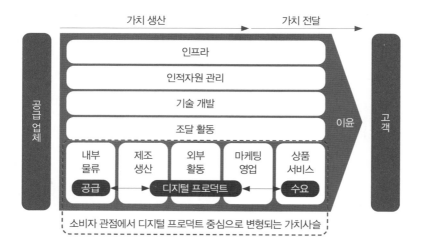

가치사슬의 변형
가치사슬 모델은 원자재가 소비자에게 전달되기까지의 전 과정에서 기업이 가치를 추가하는 활동들을 체계적으로 분석한 모델로, 기업 자신의 핵심역량을 파악하고 비효율적인 과정을 개선하여 가치를 제공한다. 아이폰 등장 이후, 디지털 프로덕트를 중심으로 양방향의 상호작용을 극대화시켜 주는 형태로 가치사슬이 변형되었다.

디지털 혁신을 통해 새로운 가치를 창출하고 있으며, 이는 산업 구조를 근본적으로 변화시키고 있다.

리그의 본질 = 비트 기반 × 고객 가치

디지털 기술만큼 다양하고 빠르게 응용된 기술도 없다. 그만큼 디지털은 전통 기업의 관점에서 매우 까다로운 존재일 수밖에 없다. 컴퓨터·인터넷·모바일 시대를 거치면서 형성된 복잡한 경쟁 관계와 다양하게 파생된 비즈니스 모델에 대응하기 위해 전통 기업들은 부단한 노력을 해왔다. 그렇지만 전통 기업은 디지털 혁신의 본질에 맞게 설계되어 있지 않았기 때문에, 디지털로 설계된 기업들과는 달리 디지털 혁신 리그의 근본적인 경기 방식에 대한 적응은 물론이고 AI를 활용한 혁신 기회를 놓칠 위험이 있다.

미래의 AI 초혁신 기회를 잡기 위해 전통 기업은 다시 한번 디지털 혁신의 본질에 대해 이해할 필요가 있다. 디지털 혁신에서 비트 기반의 디지털 본질과 혁신 본질인 고객 가치, 모두가 똑같이 중요하다. 디지털 혁신은 디지털과 혁신을 동시에 만족시켜야 하는 과제로 상호 의존성이 존재한다. 한쪽만 충족하면 실패하는 게임으로 디지털과 혁신의 속성을 본질적으로 이해하고 동시에 만족시켜야 한다. 이것이 디지털 혁신의 본질이자 디지털 혁신의 전략과 실행의 시작점이다. 즉, '디지털 혁신 = 디지털 × 혁신'으로 한쪽이 0이면 실패하는 게임이다.

먼저 디지털의 본질에 대해 살펴보자. 미국 MIT 미디어랩의 창립

디지털(비트 기반)		혁신(고객 가치 제공)
0과 1로 구성 자유로운 혼합, 분리, 이동	×	원료, 상품, 시장 창출 고객 중심 가치 창출

디지털 혁신 본질의 이해

자이자 디지털 기술의 선구자인 니콜라스 네그로폰테 교수는 《디지털이다》라는 책에서 디지털 시대를 이해하기 위해 비트와 원자의 차이를 강조했다. 원자는 물리적 세계의 구성요소로 책·신문·오디오 등 실체가 있는 매체이며, 비트는 디지털 세계의 기본 단위로 정보를 표현하는 0과 1의 조합이다. 물리적 형태가 없으며 빠르게 이동되고 복사되는 확장적 특성을 지니고 있다. 이러한 특성은 서비스가 확장될 때 한계비용이 거의 0에 수렴하게 되는 효과로 이해되기도 한다.

정보통신과 데이터에 기초한 디지털은 경제구조 변화, 생산성 향상, 지식의 생산 요소화 등 경제 전반에 영향을 끼쳤다. 디지털 세계에서는 0과 1을 통해 세상 대부분의 것을 재현할 수 있고 가상화된 정보로 재구성하여 정보통신을 이용해 멀리 떨어져서도 서로 소통할 수 있게 되었다. 과거 산업 시대에는 물질을 생산해 교환하는 것이 경제활동이었으나, 디지털 경제에서는 정보 단위인 비트가 생산·교환·분배 활동의 주요 대상이 되었다. 오디오나 비디오를 0과 1로 바꿈으로써 더 많은 정보를 손쉽게 디지털화하여 유통·소비할 수 있게 되었고, 과거에 당연시되어오던 전통적 제공 가치들은 빠르게 비트에 의해 대체되었다.

비트는 데이터의 최소 단위로서 색도 무게도 없다. 심지어 빛의 속도를 지니고 있어 여기저기 이동하며 동시에 존재할 수도 있다. 그저 0과 1 중 하나의 상태로 존재한다. 비트는 새로운 가치를 만들어낼 수 있는 독특한 성질을 가지는데, 정보 단위로서 서로 혼합하거나 쪼개거나 정보들 사이에 덧붙일 수 있다. 다양한 형태의 재조합이 가능하고 다양한 형태의 프로덕트를 끊임없이 새롭게 만들어 부가가치를 창출할 수 있다. 이렇듯 디지털화는 새로운 창작물을 만들어낼 수 있는 무궁무진한 가능성을 내포하고 있다. 비트의 변주로 디지털 세계는 더욱 변화무쌍해졌는데, 비트의 변주가, 디지털의 변주가 인터넷, 전자상거래, 스마트폰, 앱, 플랫폼, 데이터, 클라우드, 블록체인, IoT, 인공지능으로 파생되어 새로운 비즈니스 모델의 핵심 기술로 나타나게 되었다.

디지털 세계에서는 누가 어떻게 그것을 사용하는가에 따라 가치가 결정된다. 디지털화의 진정한 가치는 실생활에 얼마나 밀접하게 느껴지는지에 달려 있다. 즉, 사용자의 상황에 따라 가치가 결정된다는 것인데, 새로운 형태의 고객 가치는 니즈가 반영된 비트의 혼합(디지털 프로덕트)을 통해 나타날 수 있음을 유추해볼 수 있다. 디지털의 본질이 비트를 기반으로 한다면, 혁신의 본질은 무엇일까?

조지프 슘페터는 혁신을 새로운 상품, 새로운 시장의 개척, 새로운 원료 공급원의 확보, 그리고 새로운 조직의 도입으로 정의했다. 클레이튼 크리스텐슨은 파괴적 혁신을 더 저렴하고 간편하며 새로운 시장을 창출하거나 기존 시장을 변혁시키는 제품과 서비스의 발전 과정으로 설명했다. 피터 드러커는 기업의 목적은 고객의 창조이며 혁신은 새로운 가치를 창출하기 위한 창의적이고 체계적인 접근이라고 정의했다. 특히 혁신은 기존 자원과 역량에 새로운 활용도를 부여하는 부가가치를 창출하는 과정이라고 말하면서 기업이 생존하고 성장하기 위해서는 지속적인 혁신이 필요하다고 주장했다.

특히, 드러커는 혁신을 단순히 새로운 제품이나 서비스를 만드는 것 이상으로, 기존 시장에서 더 나은 방법을 통해 새로운 가치를 창출하고, 이로 인해 고객을 새롭게 만들어내는 과정으로 보았다. 혁신은 무엇보다 고객 관점에서 새로운 가치를 창출해내는 것이 우선이라고 강조하고 있다. 개리 피사노는 《혁신의 정석》에서 피상적으로 혁신을 하는 것은 전략적이지 않다고 이야기하면서, 어떻게 잠재적인 고객을 위한 가치를 창출할 것인가라는 본질적인 이유를 명확히 해야 한다고 강조했다. 혁신의 본질은 무엇보다 새로운 가치 창출에 있다는 것이다.

전략을 수행할 때 개념을 제대로 이해하고 있어야 성공 확률이 커진다. 기업이 단어를 얼마나 제대로 알고 통용하느냐가 그 기업의 전략적 사고의 크기이자 실행의 속도이자 역량이 되는 것은 당연하다. 왜냐하면 언어는 단순히 커뮤니케이션 수단을 넘어 사고의 폭과 깊이를 결정하는 매개체이기 때문이다. 사고의 크기, 판단의 크기, 상상력의 크기는 알고 있는 단어의 개념 크기에 비례한다. 특히, 남을 설득하거나 남의 행위를 이끌어내야 할 때 개념에 대한 상호 이해는 기본 전제다. 커뮤니케이션에서 경제성은 그 어느 것보다 중요하다. 얼마나 적은 단어와 시간으로 전달할 수 있느냐의 문제이다. 이러한 측면에서 개념에 대한 본질적인 이해를 명확하게 하는 것은 상호 소통에 경제성을 더해주면서 동시에 지속성을 담보한다.

리그에 최적화된 팀의 등장

디지털 혁신 리그는 지금 뜨거운 열기로 가득하다. 전통적인 플레이 스타일을 뒤엎고 새로운 전략으로 무장한 디지털 네이티브 팀들이 등장하면서 경기의 흐름은 완전히 달라졌다. 그 중심에는 0과 1로 훈련된(설계된) 팀, 아마존과 우버, 넷플릭스 등이 있다. 이러한 기업들은 디지털 혁신 리그의 주도권을 쥐고 리그의 판도를 뒤흔들었다. 고객 지향적인 비즈니스 모델과 프로세스를 도입하여 디지털 혁신 리그에 파란을 일으켰다. 이들은 데이터와 기술을 결합하여 경기의 모든 순간을 분석하고 실시간으로 전략을 수정하며 빠르고 유연하게 움직였다. 당분간 디지털 혁신 리그의 선도적인 팀들은 리그의 주도권을 놓지 않을 것으로 보인다. 이 경기는 전통적인 방식의 경기와는 완전히 다른 양상으로 전개되고 있다.

0과 1로 설계된 기업들

2007년, 디지털 혁신의 변곡점을 지나면서 디지털로 디자인된 (0과 1로 설계된) 디지털 혁신 기업이 하나둘씩 리그에 등장하기 시작했다. 디지털 혁신 기업들은 스마트폰과 모바일 기술 변화에 따라 연결되고 확장된 고객 경험을 새로운 가치로 제안했다. 변화되는 고객 니즈에 맞추어 고객의 문제를 해결하면서 새로운 가치를 그때그때 제공함으로써 디지털 혁신을 시도하였다. 산업 시대와는 달리 고객 중심의 디지털 프로덕트를 기반으로 비즈니스 프로세스를 디지털로 설계하였다.

특히, 2010년대에는 플랫폼으로 대변되는 모바일 기반의 혁신 기업들이 대거 등장했는데, 세계 최대 차량 호출 회사 우버, 세계 최대 숙박 공유 회사 에어비앤비, 세계 최대 커뮤니케이션 회사 위챗, 가장 대중적인 미디어 페이스북, 세계 최대 동영상 스트리밍 서비스 넷플릭스가 대표적인 기업이다.

0과 1의 비트 경제를 전제로 한 모바일 기술을 바탕으로 한 급진적이며 파괴적인 사업자들의 등장으로 산업 간 경계가 모호해지고 경쟁자도, 시장도, 고객도, 신규 사업자의 등장도 예측하기가 어려워졌다. 이들은 전통적인 공급자 중심의 사고방식에서 '고객 문제 해결' 중심의 사고방식, 고객 중심의 사업 설계를 선도했다. 고객 문제 해결을 기획하고 개발하여 제대로 제공하기 위해 다양한 데이터를 활용했다. 디지털 기술을 활용하여 고객, 비즈니스 프로세스, 생태계, 비즈니스 모델을 완벽하게 디지털로 설계할 수 있었다.

디지털 혁신 기업으로 잘 알려진 우버는 2009년 미국 캘리포니아주 샌프란시스코에서 시작된 운송 네트워크 회사로 공유 차량을 승객과 중계해 승객이 이용 요금을 내면 중간에 수수료 이익을 얻는 차량 공유 서비스를 제공했다. 우버는 택시 서비스가 지닌 문제를 고객 관점으로 해결하면서 새로운 가치를 성공적으로 제안했는데, 택시 도착 시각을 예측할 수 있어 기다릴 필요가 없고, 목적지를 지도 위에 지정하고 타기 때문에 기사에게 목적지를 설명하지 않아도 되었다. 고객의 문제에서부터 출발하여 디지털 기술로 고객에게 새로운 가치를 제공하는 데 멋지게 성공했다.

고객 집착의 대명사 아마존은 디지털로 디자인된 회사의 가장 좋은 예다. 1994년에 온라인 서점으로 창립되었던 아마존은 대다수 닷컴 시대의 기업들처럼 가치사슬의 일부만을 디지털로 전환하는 실수를 범하지 않았다. 오히려 신기술을 활용하여 가치사슬 전체를 고객 관점에서 재설계함으로써 새로운 가치 제안이 가능하도록 혁신했다.

대다수 기존 기업과 달리 아마존은 응용 가능한 디지털 기술을 프로세스를 혁신하는 데 본격 활용했다. 웹 브라우저가 활성화되자 이메일 기반의 주문에서 장바구니 형태의 주문으로 프로세스를 혁신했다. 그리고 모바일 기기 사용이 활발해지자 모바일 기반의 주문으로 전환했다. 로봇 기술을 활용하여 물건을 찾아서 가져다주는 방식으로 고객 주문 처리의 프로세스를 재설계하였다. 이러한 주문 처리 프로세스를 활용하여 새로운 고객 가치를 제안한 아마존 프라임을 제공하고 회사 수익을 증대시켰다. 엄밀히 말하면, 아마존의 핵심 경쟁력은 비즈니스 프로세스의 지능화·자동화에 있다고 할 수 있다.

아마존의 특별한 점은 단순히 디지털 기술만을 활용하여 새로운 가치 제안을 발전시키지 않았다는 것이다. 진화하는 가치를 제공하기 위해 고객 문제 해결과 관련된 모든 프로세스를 재설계함으로써 그들의 전략을 완벽하게 실행해왔다. 새로운 제품이나 서비스를 개발할 때, 먼저 고객의 필요와 요구사항을 이해하고 그에 맞춰 역방향으로 계획을 세워나가는 순서 파괴Working Backward는 가치사슬의 변형을 이해하고 있던 아마존의 영리한 접근법이었다.

아마존의 혁신 성공에는 디지털용으로 설계된 프로덕트, 그리고 새로운 제안에 대한 고객의 반응을 테스트하고 학습하고 제공하는 데 최적화된 소프트웨어 프로세스 및 생태계, 고객의 요구에 대한 상세하고 신뢰할 수 있는 데이터를 제공하는 기술, 새로운 제품과 서비스, 개념을 설계하고 출시할 수 있는 역량 등이 있다. 이러한 요소들을 능숙하게 구성하고 끊임없이 소프트웨어적으로 재설계함으로써 새로운 요구와 새로운 기술에 신속하게 대응할 수 있었다.

이렇게 디지털 기술은 제품과 서비스 판매를 지원해주는 역할을 넘어 고객의 요구와 문제를 적극적으로 해결할 수 있게 해주었다. 디지털 혁신 기업들은 소프트웨어와 데이터를 이용하는 디지털 프로덕트를 중심으로 디지털 경제에 맞는 고객 가치를 제공하는 혁신에 성공할 수 있었던 것이다. 모바일 기술을 활용한 직관적이고 편리하고 상호 연결이 가능한 디지털 프로덕트를 통해 고객 경험을 확장하고 새로운 고객 가치를 제공할 수 있도록 프로세스와 생태계를 총체적으로 재설계하는 데 성공했다. 가치 흐름의 중심에 비트와 고객이 있도록 설계했던 아마존은 가치 흐름의 변형에 성공할 수 있었을 뿐만 아니라, 모바일을 활용한 디지털 비즈니스에서도 경쟁력을 유지할 수 있었다.

반면, 전통 기업들은 아직도 디지털이 무엇인지, 혁신이 무엇인지에 대한 본질적인 이해가 부족한 채 디지털 혁신 리그에서 0과 1로 설계된 기업들과 경기에서 한동안 곤욕을 치렀고, 여전히 경기력을 회복하지 못하고 있다. 현재의 디지털 혁신 리그에 적응하지 못한 상황에서 생성형 AI의 등장은 전통 기업들을 더욱 혼란스럽게 하고 있다.

리그의 전통 강자들

디지털 혁신 리그에서 우승하기 위해서는 '비트 기반의 고객 가치 제공'이라는 리그 정신에 맞는 플레이 스타일이 필요하다. 하지만 여전히 많은 팀이 이 변화된 환경에 적응하지 못하고 있다. 이 리그의 새로운 규칙은 단순한 개선이 아닌 근본적인 플레이 방식의 전환을 요구한다. 기존 방식에 머무르지 않고, AI의 잠재력을 최대한 끌어내어 새로운 가치 창출을 할 수 있도록 디지털 초혁신 기반을 재설계해야 한다. 이를 위해 다섯 가지 핵심 기반을 재정비해야 한다. 먼저, 완벽한 경기를 위해 프로덕트를 재설계해야 한다. 다음으로, 팬 서비스 강화를 위해 고객 경험을 재설계하고, 완벽한 플레이를 위해 프로세스를 재설계해야 한다. 또한, 내부와 외부의 협력을 강화하는 생태계 재설계, 그리고 열정과 스피릿을 높이기 위한 조직 문화 재설계가 필수적이다. 이 다섯 가지 요소를 통합적으로 재구성하고, 최신 기술을 활용해 디지털 혁신의 본질을 실현할 때, 디지털 혁신 리그에서 진정한 성공을 거둘 수 있을 것이다.

성공적인 재설계와 선순환

디지털 혁신의 시대가 도래하면서 전통 기업 중 일부는 새로운 환경에 적응해 '상위팀'으로 거듭날 수 있었다. 이들이 디지털 혁신 리그에서 성공할 수 있었던 이유는 무엇일까? 디지털 혁신 리그에서 경쟁력을 확보한 대표적인 사례들을 통해 디지털 초혁신의 필요 기반을 가늠해보기로 하자.

전통적인 유통 기업 월마트는 1962년 창업 이래 저가 전략으로 꾸준히 성장해왔지만, 1990년대 후반 아마존의 급성장으로 큰 위기를 맞았다. 월마트는 이 위기를 극복하기 위해 2010년부터 디지털 전환을 본격적으로 추진하였다. 그 첫 번째 단계는 고객 관점에서 모바일 앱을 개편하고, 개인화된 쇼핑 경험과 검색, 가격 비교, 제품 추천, 결제 기능을 강화하는 것이었다. 월마트는 방대한 조직을 스타트업처럼 유연하게 운영할 수 있도록 업무 방식을 혁신하고, 제트닷컴 인수를 통해 MZ 세대와 프리미엄 고객을 확보하며, 고객 중심의 디지털 프로덕트를 통해 새로운 경쟁력을 확보하였다. 이러한 전략은 월마트가 디지털 혁신 리그에서 승리할 수 있는 강력한 발판이 되었다.

BBVA 역시 디지털 혁신의 성공 사례로 자주 언급된다. 2007년부터 '고객 서비스를 위한 기술 활용'을 목표로 디지털 트랜스포메이션을 추진한 BBVA는 2017년부터 본격적으로 다섯 가지 전략을 중심으로 혁신을 진행했다. 고객 맞춤형 솔루션을 제공하고, 모바일 기반 디지털 채널을 강화하며, 디지털 기술을 활용해 프로세스를 개선하는 등 BBVA는 고객의 요구를 최우선으로 고려해 새로운 고객 경험을 창출했다. 또한, 외부 스타트업과의 협력을 통해 새로운 아이디어를 발굴하고, 내부적으로 글로벌 인재를 확보하며 조직 문화를 혁신함으로써 디지털 혁신을 선순환 구조로 만들어냈다.

DBS는 디지털 혁신을 통해 금융의 새로운 지평을 열었다. "은행은 신경 쓰지 말고 일상생활을 즐기자"는 슬로건 아래, DBS는 고객이 복잡한 금융 절차에 신경 쓰지 않고도 편리하게 서비스를 이용할 수 있도록 디지털 기술을 적극 도입했다. 고객 경험을 중심으로 모든 비즈니스 프로세스를 재설계하고, 애자일Agile 방식을 도입해 조직의 유연성과 속도를 높였다. 이러한 전략은 DBS가 디지털 혁신 리그에서 성공할 수 있었던 중요한 요인이다.

스타벅스도 디지털 혁신의 대표적인 사례로, '디지털 플라이휠' 전략을 통해 고객 경험을 강화하고, 매출 증대라는 성과를 달성했다. 주문·결제·보상·개인화를 중심으로 한 디지털 플라이휠은 고객이 언제 어디서나 편리하게 서비스를 이용할 수 있도록 했으며, 인공지능 플랫폼 '딥 브루'를 도입해 매장 운영을 효율화하고 고객 경험을 개선했다. 또한, 스타트업에 대한 적극적인 투자로 새로운 기술을 확보하고, 이를 통해 디지털 생태계를 구축했다.

이들 사례는 공통적으로 디지털 프로덕트 중심의 전략, 고객 중심의 사고방식, 유연한 프로세스 혁신, 외부와의 협력, 그리고 조직 문화와 인재 육성에 집중해왔다. 이러한 기반은 조직 내에서 혁신 몰입도와 고객 중심 문화를 강화해 디지털 혁신 리그에서 디지털 네이티브 팀과 겨루며 생존할 수 있는 선순환 구조를 만들어냈다. 이 선순환은 디지털 프로덕트, 고객 경험, 비즈니스 프로세스, 생태계, 그리고 문화를 결합해 디지털 고객 가치를 창출하기에 이르렀다.

디지털 혁신 리그에 역대급 신인, 생성형 AI가 등장하면서, 이러한 요소들이 더욱 중요해지고 있다. 디지털 응용 기술인 AI는 클라우드, 빅데이터, 모바일 등 디지털 기반 기술을 바탕으로 그 잠재력을 발휘한다. 당연히 AI 기술만으로는 초혁신을 이끌 수 없다. 다양한 디지털 기술과의 통합적 접근은 필수이며, 성공적인 AI 중심의 초혁신을 이루기 위해서는 이러한 요소들을 전략적으로 활용하여 새로운 가치를 창출하는 것이 무엇보다 중요하다.

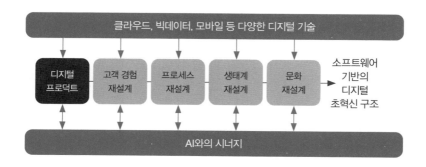

AI 중심의 초혁신 선순환
디지털 프로덕트를 중심으로 디지털 초혁신 기반을 재설계할 수 있어야 한다. 이것이 생성형 AI의 잠재력을 이끌어낼 수 있는 최소한의 요건이다.

초혁신은 절대 단일 기술로 이루어지지 않는다. AI와 다양한 디지털 기술을 엮어낼 수 있는 통합적 혁신 구조가 필요하며, 이러한 통합적 접근은 디지털 초혁신의 선순환을 이루고, 비트 기반 고객 가치 창출로 이어진다. 아무리 훌륭한 전략과 리더십, 혁신적인 프레임워크와 거버넌스를 갖추고 있다 해도, 디지털 시대의 새로운 게임 규칙을 이해하지 못한다면 그 혁신은 디지털 혁신 리그에서 통할 수 없다. 성공한 전통 기업들은 이 점을 빠르게 인식하고, 고객 문제 해결을 최우선 과제로 삼아 디지털 기술을 통해 이를 실현하려고 노력했다. 또 다른 디지털 기술인 AI가 빅데이터, 블록체인, 클라우드, 모바일, 블록체인 등 디지털 기반 기술 위에서 진정한 가치를 발휘하기 위해서는, 이러한 기술들이 제대로 활용될 수 있는 소프트웨어적 초혁신 구조가 반드시 뒷받침되어야 한다. 이런 제반 여건 없이 리그에서 경쟁력을 확보하기란 불가능하다.

PART 2

리그 경쟁력 확보와
초혁신 기반

완벽한 경기를 위한
프로덕트 재설계

　디지털 프로덕트는 비트 중심의 고객 가치 제공을 통해 디지털 혁신 리그에 성공적으로 진입하기 위한 최소한의 요건이다. 디지털 프로덕트의 재설계는 기존의 하드웨어 중심적 접근에서 벗어나, 디지털 기술을 활용한 소프트웨어적 재설계를 요구하며, 이는 무엇보다도 고객 요구를 중심에 두고 이루어져야 한다. 디지털 프로덕트를 재설계하는 것은 새로운 리그에 진입하기 위해 리그의 룰에 맞춰 훈련하는 것과 같다. 이는 디지털 혁신 리그 경쟁에서 살아남아, 리그를 지배하는 슈퍼 팀으로 성장하는 데 필요한 기초를 다지는 것이다. 기술은 단순한 도구가 아닌, 고객에게 실질적인 가치를 제공하는 필승 전략이 되어야 하며, 이 전략의 성공 여부는 고객 요구와 기술이 교차하는 지점에 달려 있다.

리그 정신 그 자체, 디지털 프로덕트

앞서 디지털 혁신은 디지털과 혁신의 합성어로서 각각의 본질을 동시에 만족시켜야 하는 디지털×혁신으로 어느 것도 0이 되어서는 안 되는 상호 목적형 게임임을 강조하였다. 비트가 가지고 있는 속성을 이해하고 고객에게 어떠한 가치를 제공할 수 있는가에 대해 끊임없이 고민해야 한다는 것이다. 디지털 혁신은 물질에서 비트로의 전환, 공급 중심에서 고객 중심의 새로운 가치 제공 중 하나라도 놓치면 디지털 혁신은 불가능하다.

디지털 프로덕트는 디지털 기술을 활용하여 고객이 항상 명확하게 설명하지 못했던 문제나 이슈에 대한 해답을 제공하는 것으로, 새로운 고객 가치를 제공하는 비트의 집합체이다. 디지털 기술과 고객이 원하는 것의 교차점으로 디지털 혁신의 본질을 고스란히 담고 있는 매개체이자 디지털 혁신의 출발점이다. 디지털 프로덕트는 고객 관점으로 변환된 소프트웨어 그 자체이다. "소프트웨어가 세상을 잡아먹는다"라는 마크 앤드리슨의 말은 "소프트웨어의 집합체인 디지털 프로덕트가 세상을 잡아먹는다"라는 말로 바꿔 이해해야 한다. 문제는 고객이 원하는 것과 디지털 기술이 제공할 수 있는 부분의 교차점을 찾는 것이 생각보다 쉽지 않다는 데 있다.

전통 기업들은 소프트웨어를 통해 고객의 문제를 해결해본 경험이 거의 없다. 디지털에 흩어져 있는 다양한 데이터, 연결, 이에 대한 처리를 어떻게 할 수 있는지 여전히 배우는 중이다. 고객 측면에서 요구사항을 파악하고 호응하는 수준을 넘어 숨겨진 니즈까지 적

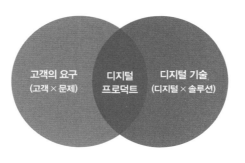

고객의 요구
(고객×문제)

디지털
프로덕트

디지털 기술
(디지털×솔루션)

디지털 프로덕트의 개념
디지털 프로덕트는 디지털 기술과 고객 요구의 교차점, 비트 기반과 고객 가치의 교차점에서 탄생한다.

극적으로 찾아내야 하지만 이는 쉬운 일이 아니다. 어렵지만 유일한 방법은 둘 간의 교집합을 찾기 위해 테스트와 학습을 반복하는 것이다. 디지털 프로덕트는 소프트웨어 집합체이기 때문에 신속한 테스트와 학습의 반복에 유리하다. 디지털 기술을 활용하여 고객의 요구를 충족시키기 위해서는 축적된 실험과 학습만이 유일한 대안이다. 디지털 시대는 빅뱅 접근법, 벼락치기가 불가능하다. 매일 공부하고 실험하고 테스트를 반복하는 성실성과 꾸준함이 경쟁력이다. 디지털 프로덕트는 이것을 가능하게 하는 디지털 혁신 본질, 그 자체이다.

디지털 혁신의 시대에서, 고객이 제품에 부여하는 가치는 끊임없이 변화해왔다. 1차 및 2차 산업혁명 시기에는 단순히 저렴하고 품질 좋은 제품을 제공하는 것만으로도 충분했지만, 디지털 시대에 들어서면서 고객의 기대는 훨씬 복잡하고 고도화되었다. 인터넷, 스마트폰, 인공지능의 발전은 개인화와 네트워크화를 주도하는 경제

주체로서 소비자의 역할을 확대시켰고, 이에 따라 전통 기업들은 고객 관점에서 새로운 가치를 창출하는 것이 무엇보다 시급해졌다.

다행히 디지털 프로덕트는 기업에게 고객에 대한 이해를 깊게 하고, 새로운 가치를 제공할 기회를 주었다. 디지털 프로덕트는 고객 문제를 해결하고 데이터를 모을 수 있는 채널이자 디지털 혁신의 핵심 도구이다. 이를 통해 변화하는 고객의 요구에 맞춘 디지털 가치를 제공할 수 있게 된 것이다. 디지털 혁신의 본질을 담은 디지털 프로덕트를 완벽하게 만들어내는 것은 여간 어려운 일이 아니다. 이는 고객의 요구에 맞춘 사용성을 제공하면서도 최첨단 기술을 구현해야 하는, 두 마리 토끼를 동시에 잡아야 하는 복잡한 과정이다. 단순히 제품을 만드는 것만이 아니라, 고객의 니즈와 첨단 기술이 만나는 교차점에서 혁신을 이루어야 하는 까다로운 작업이다.

이 복잡한 과정에서 핵심적인 역할을 하는 인물이 바로 애자일 방식에서 말하는 프로덕트 오너PO, Product Owner이다. 고객의 요구를 반영하고, 이를 최첨단 기술과 결합해 디지털 프로덕트를 만들어내

프로덕트 오너와 디지털 프로덕트

는 데 핵심적인 역할을 한다. UI/UX 기획, 디자인, 개발, 기술 역량을 통합하고 조화를 이루는 감독자로서, 프로덕트 오너의 역량은 디지털 프로덕트의 품질에 직접적인 영향을 미친다.

이번 장에서는 디지털 혁신의 출발점인 디지털 프로덕트 재설계를 위해 필요한 기획/디자인 역량과 기술/개발 역량에 대해 논의할 것이다. 또한, 이러한 요소들을 완벽하게 결합하는 역량에 대해서도 자세히 살펴보도록 한다. 두 요소를 완벽히 결합하는 능력은 단순히 제품 개발을 넘어 디지털 혁신, 나아가 초혁신의 성패를 가르는 중요한 분기점이 된다.

고객의 문제를 투시하는 디자인 씽킹

디지털 경제에서 기술의 변화 속도는 점점 빨라지고 경쟁은 지식 기반으로 급격히 옮아가고 있다. 고객의 문제를 해결하거나 정확히 정의하는 일이 과거보다 훨씬 복잡하고 어려워졌다. 전통적인 공급자 중심의 생산성 효율화 방식으로는 빠르게 변화하는 고도화된 고객 욕구를 충족시키고 차별적인 가치를 제공하는 것이 사실상 불가능해졌다.

고객의 요구사항을 찾아내는 데 익숙하지 않은 전통 기업에게 새로운 가능성을 제시한 방법론이 바로 디자인 씽킹이다. 디자인 씽킹은 단순히 소프트웨어 기반의 디지털 프로덕트를 만드는 것 외에, 고객의 니즈에서 출발해 반복적인 실험과 학습을 통해 해답을 찾아가는 체계적인 소프트웨어적 접근 방식을 제공한다. 이는 다양한 전문가들과 협업하여 디지털 프로덕트를 기획하고 디자인하는 강력한 도구이며, 고객이 체감할 수 있는 형태로 디지털 프로덕트의 가치를 변환하는 중요한 작업이다. 고객 입장에서 세상을 바라보고, 그들의 필요를 이해하며, 이를 해결하기 위한 창의적이고 직관적인 방법을 통해 디지털 프로덕트를 설계한다.

디자인 씽킹은 1990년대 세계적인 디자인 기업 IDEO에 의해 대중화되었다. IDEO CEO인 팀 브라운은 디자인 씽킹을 "사람의 요구, 기술의 가능성, 비즈니스 성공 요건을 통합하여 고객 가치와 시장 기회를 창출하는 인간 중심 접근법"이라고 설명했다. 즉, 디자인 씽킹은 관찰과 공감을 통해 고객 중심적 관점에서 문제를 해결하고 최적의 효과를 창출하는 사용자 중심의 사고방식이다. '고객 문제의 해결' 과정에서 고객과 문제에 대해 순차적으로 모두 깊이 살펴봐야 하는 것을 꼭 기억하자. 디자인 씽킹의 강조점은 고객, 문제, 해결이다.

디자인 씽킹의 핵심은 기획과 실행이 자연스럽게 융합된 최초의 프로세스라는 점이다. 이 방법론은 초반의 빠른 기획 단계를 후반부의 실행 단계에서 보완하는 시스템을 갖추고 있다. 하지만 현실적으로 많은 디자인 씽킹 프로젝트가 초반과 후반의 협력이 원활하게 이루어지지 않는 경우가 많았다. 디자인 씽킹의 진가는 후반부의 테스트와 리프로토타이핑을 무한히 반복하는 것에 있는데도 말이다. 초기 기획에서 부족했던 부분을 기술적으로 보완하고 개선하기 위해 후반부의 반복적 실행에서 나오는 데이터를 활용하는 구조이기 때문에 후반부가 매우 중요하다. 사용자 중심의 특징은 전반부

보다는 오히려 후반부 단계에서 더 두드러진다. 따라서 디자인 씽킹을 효과적으로 전파하고 활용하려면 프로토타이핑과 테스트의 반복 과정의 중요성을 제대로 인식하고 철저히 실행해야 한다.

디자인 씽킹은 고객의 요구를 깊이 이해하고 창의적인 해결책을 찾는 데 중점을 두는 접근법으로, 문제 정의와 아이디어 창출, 초기 프로토타입 테스트에 집중하며, 반복적으로 소프트웨어를 배포하여 고객 피드백을 즉시 반영하는 애자일과 유사점을 가진다. 디자인 씽킹과 애자일을 통합하여 활용하는 많은 조직은 초기 단계에서 디자인 씽킹을 통해 고객의 요구와 문제를 깊이 이해하고 창의적인 해결책을 찾은 후, 애자일 개발 방법론을 통해 이를 효율적으로 구현한다. 이러한 통합적 접근은 비트 기반의 고객 중심 제품과 서비스를 개발하는 데 큰 도움이 된다.

이러한 디자인 씽킹에도 한계는 있다. '공감-정의-아이디어 도출' 과정에서 불완전한 고객 데이터와 관찰자의 주관이 잘못 투영될 수 있다는 점이다. 또한, 개별 고객 특성과 라이프스타일을 분석하는 데 많은 시간과 리소스가 소요된다. 이러한 한계를 보완하기 위해 최근 데이터 드리븐 디자인 씽킹이 등장했다. 정성적 조사 기법뿐만 아니라 정량적 통계 자료를 활용하여 고객의 맥락을 파악하고 문제를 찾아내며, 다양한 페르소나들이 중요하게 생각하는 맥락을 이해해 새로운 가치를 입체적으로 설계하는 것이다. 데이터 드리븐 디자인 씽킹은 사실에 기반한 데이터 분석과 과학적 예측을 가능하게 하며, 다양한 페르소나를 분석할 수 있다.

비록 디자인 씽킹에는 이러한 한계가 존재하지만, 여전히 전통 기업이 고객 요구를 신속하게 파악하고 디지털 프로덕트를 프로토타이핑하는 데 있어 강력한 도구인 것만큼은 사실이다. 공급자 중심의 사고에서 벗어나 고객 중심의 접근 방식을 채택하도록 돕기 때문에, 전통적인 방법론에 비해 빠르고 쉽게 적용할 수 있는 장점도 있다. 마틴 파울러가 말한 것처럼, "소프트웨어에서의 모든 노력은 디자인적이어야 한다"는 점을 상기하면, 디자인 씽킹의 가치는 더욱 분명해진다.

소프트웨어 마인드로 애자일하게

애자일Agile은 디지털을 넘어 초혁신에서도 필수 요건으로, 변화하는 환경에 빠르고 유연하게 대응할 수 있도록 돕는 방법론이다. 2001년, 소프트웨어 개발자들이 발표한 애자일 선언문을 통해 본격적으로 등장한 이 방법론은 고객과 개발자를 중심에 두고 개발 과정에서의 유연한 계획 변경과 빠른 반복을 가능하게 한다. 애자일은 프로젝트를 민첩하게 수행하는 속도에 중점을 둔다.

디자인 씽킹과 더불어 디지털 혁신의 중심 개념으로 자리 잡은 애자일은 고객 만족과 빠른 반복을 우선시하며, 변화하는 요구사항과 피드백에 신속하게 대응하고, 팀 구성원 간의 협력과 개방적인 의사소통을 강조한다. 애자일의 구체적 구현 방법 중 하나인 스크럼은 반복적인 개발 주기인 '스프린트'를 통해 빠른 피드백과 개선을 추구하며, 작은 단위로 작업을 관리해 효율성을 높인다. 디지털 혁신뿐만 아니라 초혁신에서도 중요한 모토는 끊임없는 실험과 빠른 반복이다. 애자일은 이러한 소프트웨어 개발 관점을 반영해 디지털 프로덕트 재설계의 근간이 되는 접근법을 제공한다. 산업 시대의 생산 키워드가 컨베이어벨트였다면, 디지털 초혁신을 대표하는 생산 키워드는 애자일이라 할 수 있다. 애자일은 프로세스 중심이 아니라 사람 중심이다. 산업화 시대에는 프로세스가 우선이라고 하지만, 애자일은 사람의 역할과 역량이 극대화될 수 있도록 한다. 애자일 방법론의 소프트웨어 개발은 지극히 디자인적이고 각각의 역량을 한곳에 쏟아부어 완벽한 합금을 만들어내는 용광로와 같다.

디지털 초혁신에서 중요한 요소인 끊임없는 실험과 빠른 반복은 또 다른 핵심 방법론인 데브옵스DevOps에서도 잘 나타난다. 데브옵스는 개발과 운영을 통합해 디지털 프로덕트의 전체 라이프사이클을 최적화하는 접근법이다. 요리사가 주방에서 음식을 준비하고, 웨이터가 그 음식을 손님에게 제공하는 과정을 완벽하게 통합하는 것과 같이, 데브옵스는 시스템 개발자와 운영 담당자가 긴밀히 협력하고, 자동화를 통해 비효율성을 줄이는 것을 목표로 한다. 지속적 통합Continuous Integration과 지속적 제공Continuous Delivery은 데브옵스의 핵심 개념으로, 코드 변경 사항을 신속하게 통합하고 배포해 개발 주기를 단축하고 품질을 유지한다.

애자일과 데브옵스는 현대 소프트웨어 개발에서 필수적인 두 접근법으로, 서로 다른 시각에서 디지털 프로덕트를 재설계하는 데 기여한다. 애자일은 유연성과 협력을 통해 더 나은 품질의 디지털 프로덕트를 만들고, 데브옵스는 개발과 운영을 통합해 자동화와 효율성을 극대화한다. 이 두 방법론이 결합된 애자일 데브옵스Agile

DevOps 접근법은 소프트웨어 배포 속도와 품질을 동시에 향상시켜 조직이 변화하는 시장 요구에 신속히 대응할 수 있게 한다.

애자일 데브옵스 접근법은 소프트웨어 배포 속도·효율성·품질을 동시에 향상시키며, 조직이 변화하는 시장 요구에 신속하게 대응할 수 있도록 돕는다. 민첩성이 극대화되고, 경쟁우위는 자연스럽게 확보된다. 소프트웨어 마인드로 애자일하게 일하고, 이러한 마인드를 확실하게 보급하기 위해서는 이처럼 두 기법의 공통점과 장점을 적절히 활용하는 것이 도움이 된다. 애자일 데브옵스는 개발팀과 운영팀 간의 협력을 촉진하고, 지속적 통합과 배포를 통해 프로젝트 전 과정에서 품질을 보장하는 문화를 만든다. 이를 통해 사일로를 없애고 원활한 의사소통과 공동 책임을 가능하게 한다.

디자인 씽킹과 함께 애자일 데브옵스는 소프트웨어적 실험과 학습 문화를 조직 내에 정착시키는 데 큰 역할을 한다. 디자인 씽킹이 고객의 니즈를 깊이 이해하고 해결하는 데 중점을 둔다면, 애자일 데브옵스는 그 아이디어를 실제 개발과 운영 단계에서 구현하는 강력한 도구이다. 애자일의 유연성과 협력은 더 나은 소프트웨어 개발을 가능하게 하고, 데브옵스의 자동화와 통합은 그 소프트웨어가 안정적이고 효율적으로 운영될 수 있도록 한다. 이 두 방법론이 결합될 때, 디지털 초혁신의 무대에서 더욱 완성도 높은 디지털 프로덕트를 설계할 수 있다.

소프트웨어를 빚어내는 프로덕트 오너

아이폰의 등장은 디지털 혁신의 새로운 시대를 열었다. 혁신적인 기업들은 디지털 기술을 활용해 고객의 문제를 해결하는 데 주력하며, 이를 통해 새로운 가치를 창출하는 데 집중했다. 이 과정에서 디자인 씽킹, 애자일, 데브옵스 같은 체계적인 소프트웨어 방법론이 등장했고, 이 방법론들을 효과적으로 활용해 디지털 프로덕트를 만들어내는 데 있어 중심 역할을 하는 인물이 바로 프로덕트 오너 PO이다.

프로덕트 오너는 복잡한 디지털 프로덕트 개발의 지휘자로서, 고객의 요구를 반영한 기능을 백로그에 정리하고, 이를 짧은 주기로 개발하며 제품을 점진적으로 개선해나간다. 이 과정에서 디지털 프

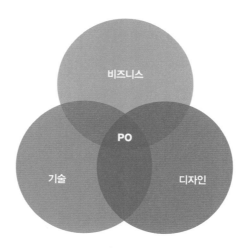

PO의 역량
PO는 기획/디자인/개발 프로세스를 관리하고 개발 주기를 조율하며 내외부 이해관계자와 소통하는 미니 CEO이다.

로덕트의 가치를 지속적으로 높이며 기획, 개발, 수정, 보완, 그리고 팀 간의 커뮤니케이션을 종합적으로 관리한다. 고객의 요구를 반영한 디지털 프로덕트를 만들어내는 것이 핵심 역할이다.

디지털 프로덕트는 소프트웨어의 특성을 가지며, 작업자의 지식과 경험이 직접적으로 반영된다. 따라서 프로덕트 오너의 역량은 디지털 프로덕트의 품질에 결정적인 영향을 미치며, 이는 곧 기업의 디지털 역량을 대변하기도 한다. 우수한 프로덕트 오너를 보유한 기업이 디지털 혁신에서 성공할 가능성이 큰 이유도 여기에 있다. 한국의 대표적인 핀테크 기업 토스는 프로덕트 오너의 중요성을 강조하며 빠르게 성장한 성공 사례로 꼽힌다.

프로덕트 오너들은 문제 해결 능력, 관계 구축, 오너십, 데이터 기반 의사결정, 고객 중심의 사고, 그리고 끈기와 집요함 같은 다양한 실무 역량을 갖추고 있다. 이들은 뛰어난 커뮤니케이터이자 리더로서, 모든 이해관계자가 같은 비즈니스 목표를 향해 협력하도록 이끈다. 토스의 빠른 성장과 디지털 역량 강화의 바탕에는 프로덕트 오너들이 있다.

디지털 초혁신을 성공하기 위해서는 프로덕트 오너의 역할을 제대로 이해하고, 실제로 그 역할을 효과적으로 수행하도록 돕는 것이 필수적이다. 프로덕트 오너는 단순한 제품 개발 관리자가 아니라, 디지털 초혁신의 최전선에서 새로운 가치를 창출하는 핵심 인물이다. 훌륭한 프로덕트 오너를 육성하고 유지하는 것은 회사의 디지털 초혁신을 지속적으로 추진하는 데 가장 중요한 요소임을 명심해야 한다. 필자는 직원들이 디지털 프로덕트 개발을 최소 3~4번 경험해보기를 권장한다. 이러한 경험은 입체적인 관점을 갖춘 프로덕트 오너로 성장할 기회를 제공하며, 회사의 디지털 역량을 지속적으로 강화하는 체계적인 기반이 된다. 디지털 초혁신의 첫걸음은 성공적인 디지털 프로덕트를 설계하는 데 있다. 이를 위해 디자인 씽킹과 애자일, 데브옵스 같은 소프트웨어적 접근이 필수적이며, 프로덕트 오너의 역할은 이 과정에서 결정적이다. 프로덕트 오너는 혁신의 불씨를 지피며 디지털 프로덕트를 통해 고객에게 새로운 가치를 제공한다.

기획과 디자인 역량은 고객의 요구를 시각적으로 표현하고 사용하기 쉽게 구현하는 능력이며, 개발 역량은 이를 실제로 작동하게 만드는 기술적 능력이다. 기술 활용 역량은 최신 기술을 적재적소에 활용해 디지털 프로덕트를 더욱 스마트하게 만드는 능력이다. 이 세 가지 역량이 결합될 때, 비로소 완벽한 디지털 프로덕트가 탄생한다. 향후 AI 중심 초혁신은 고객의 요구를 더 빠르게 이해하고, 이를 혁신적으로 해결하는 자연스러운 결합 과정에서 이루어질 것이므로 프로덕트 오너의 역할은 더욱 중요해질 것이다.

팬 서비스를 위한
고객 경험 재설계

디지털 혁신 리그에서도 팬 서비스의 질을 높이기 위해 디지털 프로덕트의 고객 경험을 재설계할 필요가 있다. 시카고 불스가 '게임 중 서프라이즈 이벤트'를 통해 팬들에게 경기가 끝날 때까지 기대감을 제공했던 것처럼, 디지털 환경에서도 고객의 요구를 분석하고 최적화된 타깃팅을 통해 일관된 고객 경험을 제공할 수 있도록 재설계해야 한다. 고객들이 원하는 것을 명확히 이해하고, 그들의 기대를 뛰어넘는 경험을 제공하는 것이야말로 디지털 혁신 리그에서 팬 서비스를 강화할 수 있는 비결이다. 더 나아가, 고객 경험 재설계는 변화하는 고객의 기대에 맞춰 지속적으로 진화해야 한다. 그래야만 디지털 혁신 리그에서 진정한 슈퍼 팀으로 거듭날 수 있다.

가치 혁신의 원천, 고객 경험

디지털 기술의 발전으로 고객 데이터의 수집·분석·저장이 훨씬 용이해졌고, 데이터가 효과적으로 활용되기 시작했다. 네트워크 속도와 스마트폰의 성능이 향상되면서, 고객들은 서비스의 속도뿐만 아니라 즉각적인 대응에 더욱 민감해졌다. 이로 인해 디지털 경제에서 개인의 영향력이 크게 증가했고, 고객들은 개인화된 제품과 서비스를 더욱 기대하게 되었다. 고객과의 상호작용 방식이 급격히 변화했으며, 고객들의 기대 수준도 빠르게 높아졌다. 디지털 시대에서 '고객 경험'이 기업의 생존에 중요한 문제로 대두되기 시작한 것이다. 더욱이 디지털 기술로 인해 개인화된 경험이 쉽게 공유되면서 고객 경험의 영향력은 더욱 커지게 되었다. 이러한 영향력은 서비스 간, 더 나아가 산업 간의 경계를 허물었고, 그 결과 고객 경험의 비교 기준이 특정 산업에 한정되지 않으면서 전통 기업들은 더 큰 어려움을 겪기 시작했다.

모바일 네트워크와 디지털 비즈니스의 발전은 고객 경험을 더 구체적이고 실질적인 개념으로 격상시켰다. 디지털로 연결된 세상에서는 고객 경험의 가치는 제품의 기능적 가치를 넘어서는 중요한 요소로 자리 잡았다. 개인 맞춤형 경험 제공이 가능해지면서 고객 경험의 혁신 경쟁이 가속화되었고, 모든 고객에게 새로운 가치를 제공할 수 있는 시대가 되었다.

기업들은 고객 요구를 중심으로 고객 경험을 재설계해야 한다는 필요성을 느끼기 시작하였다. 디지털 공간에서 일관된 메시지와 태도로 고객을 대하고, 상황에 맞는 진심 어린 서비스를 제공함으로써 최적의 고객 경험을 제공하려 노력했다. 이로써 고객의 자발적인 참여를 이끌어내고, 경쟁우위를 확보하기 위해 차별화된 가치를 제공하는 특별한 경험을 창출하는 데 집중하였다. 디지털 시대의 복합 경쟁에서 살아남기 위해 기업은 고객 경험을 단순한 제품과 서비스의 차별화 도구가 아닌, 그 자체로 가치 혁신의 원천으로 이해해야 한다.

전통 기업들은 고객 경험을 가치 창출의 핵심으로 삼아, 디지털 프로덕트의 고객 여정을 종합적인 디지털 마케팅 관점에서 바라볼 필요가 있다. 디지털 환경에서 고객 경험은 제품의 기능적 가치를 넘어 기업의 생존과 성공에 필수적인 역할을 하기 때문이다.

디지털 무대에서 기업과 고객의 상호작용은 긴밀하게 연결되어 있다. 기업은 고객 여정의 분석을 통해 그들이 느끼는 가치를 이해하고, 새로운 가치를 창출할 기회를 얻게 된다. 검색, 체류 시간, 체

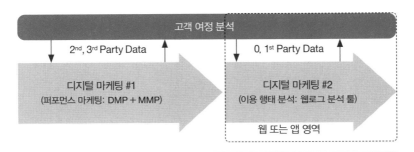

고객 경험의 재설계
디지털 프로덕트의 고객 경험을 재설계하기 위해서는 퍼포먼스 마케팅과 이용 행태 분석이 디지털 마케팅 관점에서 이루어져야 하며, 고객의 여정 전체를 분석하고 최적화할 수 있어야 한다.

류 패턴, 퍼널 분석, 실시간 거래 내역 등 고객 여정에서 수집되는 데이터를 토대로 고객을 세분화하여 디지털 마케팅을 강화할 수 있다. 모든 데이터는 고객을 세밀하게 분석하는 자료다. 이를 위해 퍼포먼스 마케팅과 이용 행태 분석이 함께 이루어져야 하며, 고객의 여정 전체를 분석하고 최적화할 수 있어야 한다. 디지털 프로덕트의 고객 여정에서 고객이 경험 가치를 느낄 수 있도록 리소스를 집중하는 것이 중요하다.

결국, 적시적소에 고객에게 필요한 디지털 서비스와 개인화된 커뮤니케이션을 제공하는 것이 고객 경험의 목표다. 이렇게 얻어진 통합적인 개인 데이터를 바탕으로 고객 경험을 전 여정에 걸쳐 개선할 수 있다면, 입체적이고 순환적인 고객 경험 재설계가 가능해진다. 이를 요약하면, '고객 경험 재설계 = 디지털 프로덕트의 고객 여정 재설계 = 퍼포먼스 마케팅 × 이용 행태 분석'으로 나타낼 수 있다. 디지털 혁신 리그에서 고객 경험 재설계를 위해서는 이 공식이 핵심이다.

최근 들어 더욱 강조되고 있는 '개인화' 마케팅은 궁극적으로 고객 경험을 극대화하여 기업과 브랜드에 대한 긍정적 이미지를 구축하기 위한 전략이다. '개인화'란 고객의 데이터를 분석해 그들의 필요를 파악하고 맞춤형 정보를 제공하는 것으로, 이를 잘 활용하는 대표적인 기업은 넷플릭스다. 넷플릭스는 처음 DVD 우편 배송 서비스로 시작해 2007년 인터넷 스트리밍 서비스를 도입했다. 이후 '시네매치Cinematch'라는 개인 맞춤형 영화 추천 시스템을 선보였는데, 고객의 취향에 맞는 영화를 추천해 편리한 선택을 도와주었다. 이 시스템은 넷플릭스 고객 만족도를 크게 높였고, 많은 다른 플랫폼이 추천 시스템을 도입하는 계기가 되었다.

디지털 시대의 고객 경험은 단순한 제품과 서비스의 차별화 도구가 아니라 가치 혁신의 원천이므로, 고객 여정의 모든 접점에서 진정성 있는 경험을 제공해야 한다. 이를 위해서는 퍼포먼스 마케팅과 이용 행태 분석, 그리고 모든 과정에서 얻어진 데이터를 기반으로 한 고객 경험 재설계가 필요하다. 넷플릭스처럼 말이다.

입체적 고객 여정 분석 = 이용 행태 분석 × 퍼포먼스 마케팅

고객 경험은 고객에게 새로운 가치를 제공하는 방향으로 재설계되어야 한다. 고객 여정은 고객이 디지털 프로덕트와 상호작용하며 경험을 쌓아가는 과정으로, 각 단계에서의 경험이 디지털 프로덕트의 가치를 결정짓는 중요한 요소가 된다. 고객이 기업과의 연결을 느끼고, 자신이 잘 이해받고 있다는 느낌을 받을 때 긍정적인 고객 경험이 형성되며, 이는 디지털 프로덕트의 가치를 높이는 데 중요한 역할을 한다.

마케팅의 대가 필립 코틀러는 "디지털 마케팅은 단순히 기술을 사용하는 것 이상의 의미를 갖는다. 이는 고객과의 연결을 재정의하고, 브랜드 경험을 풍부하게 하며, 비즈니스 성장을 가속화하는 전략적 도구이다"라고 강조한다. 디지털 비즈니스에서 고객 경험을 향상시키기 위해서는 고객 여정 분석이 핵심이다. 입체적 고객 여정 분석은 퍼포먼스 마케팅과 이용 행태 분석의 두 가지 접근을 통해 가능해진다.

퍼포먼스 마케팅은 광고와 프로모션을 통해 고객을 유치하는 역할을 한다. 이를 위해 정확한 데이터를 기반으로 가장 효과적인 광고 채널과 방법을 분석하고 최적화한다. 소셜미디어 광고, 검색엔진 광고, 이메일 마케팅 등이 퍼포먼스 마케팅의 주요 도구이다.

이와 동시에 이용 행태 분석은 고객의 행동을 추적하고 이해하는 과정이다. 고객이 어떤 페이지에 오래 머무는지, 어떤 기능을 자주 사용하는지, 어떤 경로로 제품을 구매하는지를 분석하여 고객이 무엇을 원하고 어떤 부분에서 불편함을 느끼는지 파악한다. 이를 통해 기업은 고객 경험을 개선할 방안을 마련하게 된다. 퍼포먼스 마케팅과 이용 행태 분석은 서로 보완적이며, 이 두 가지를 통해 기업은 디지털 마케팅의 효율성을 극대화하고 고객 경험을 혁신적으로 향상시킬 수 있다. 디지털 시대의 마케팅은 데이터를 바탕으로 고객과의 연결을 강화하고 브랜드 경험을 풍부하게 하며, 비즈니스 성장을 가속화하는 전략적 수단이다. 이를 통해 디지털 프로덕트의 여정을 더욱 흥미롭고 효과적으로 만드는 것이 중요하다.

디지털 프로덕트인 앱의 퍼포먼스 마케팅은 고객을 모바일 웹에서 기업의 디지털 공간인 앱으로 이동시키는 도전적인 과제를 안고 있다. 난이도는 높지만, 일단 고객이 앱으로 이동하면 데이터 기반의 지속적인 상호작용이 가능해진다는 점에서 유리한 면이 있다. 디지털 프로덕트는 광고를 통해 고객을 유입시켜 비즈니스 모델을 구축한다. 그러나 광고 성과가 아무리 좋아도, 웹사이트와 앱의 사용성이 떨어지면 고객 이탈이 발생할 수밖에 없다. 따라서 고객들이 방문하는 웹사이트와 앱의 데이터를 촘촘하게 추적할 필요가 있다.

디지털 프로덕트의 여정 분석에서 퍼포먼스 마케팅 데이터와 이용 행태 데이터가 중요하다. 퍼포먼스 마케팅 데이터는 광고 성과를 측정하는 데 사용되며, 이용 행태 데이터는 웹사이트와 앱에서의 고객 행동을 분석하여 사용성을 개선하는 데 활용된다.

퍼포먼스 데이터는 메타, 카카오, 네이버 광고 시스템 등 다양한 매체에서 얻을 수 있는 정보를 말한다. 광고 캠페인의 집행 금액, 노출 수, 클릭 수 등을 통해 성과를 분석하고 전략을 최적화할 수 있다. 고객의 경로를 파악하려면 각 단계 활동을 이벤트 코드로 정의하고 분석해야 한다. 또한, 마케팅 콘텐츠의 효과를 확인하려면 트래킹 링크를 삽입하여, 어떤 매체의 콘텐츠가 실제로 앱 유입에 기여했는지 분석할 수 있다. 이러한 분석을 위해 SDK Software Development Kit 연동, 이벤트 코드 삽입, 트래킹 링크 활용의 과정을 거친다. SDK는 환경 설정을, 이벤트 코드는 앱 내 분석을, 트래킹 링크는 유입 분석을 담당한다.

반면, 이용 행태 데이터는 유입된 고객의 행동을 분석하는 데 중점을 둔다. 고객이 웹사이트를 방문했을 때 어떤 경로로 들어왔는지, 어떤 버튼을 클릭했는지, 머문 시간은 얼마나 되는지 등의 데이터를 통해 웹사이트나 앱의 사용성을 개선할 수 있다. 이 데이터는 고객의 여정을 추적하는 데 중요한 역할을 하며, 더 나은 디지털 경험을 제공하고 고객 이탈을 방지하는 데 도움이 된다.

이용 행태 로그 분석에서 가장 중요한 개념은 '전환'이다. 제품 판매를 위해서는 사용자가 결제 완료 페이지에 도달해야 하며, 이를 '전환'이라고 한다. 전환율을 높이기 위해서는 고객 행동을 추적해

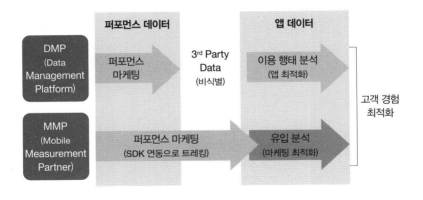

퍼포먼스 마케팅과 이용 행태 분석
MMP, DMP 등의 툴을 활용하여 퍼포먼스 마케팅 성과를 측정한다. 또한, 앱의 로그 분석을 통해 이용자의 상세 페이지에서의 특정 행동을 분석한다.

최적화해야 한다. 고객이 웹사이트나 앱에서 하게 되는 특정 행동을 '이벤트'라고 부르는데, 버튼 클릭, 스크롤, 영상 조회 등이 이에 해당한다. 이러한 이벤트들을 추적함으로써 고객의 행동 패턴을 이해하고, 그들이 결제 완료 페이지에 도달하기까지의 과정을 최적화할 수 있다. 이를 통해 전환율을 높이고, 궁극적으로 매출을 증가시킬 수 있다.

퍼포먼스 마케팅과 이용 행태 분석은 디지털 마케팅의 동전의 양면으로, 서로 깊게 연관되어 있다. 퍼포먼스 마케팅은 마케팅 최적화를, 이용 행태 분석은 앱 최적화를 통해 고객 경험을 보완적으로 최적화한다. 디지털 마케팅의 효과성을 높이기 위해서는 고객 여정의 통합적인 데이터 분석이 병행되어야 하며, 고객 경험을 개선하고 디지털 프로덕트의 가치를 극대화하는 통합적인 분석은 뒤에서 살펴볼 지능형 CDPCustomer Data Platform를 통해 가능하다.

훌륭한 플레이를 위한
비즈니스 프로세스 재설계

시카고 불스의 필 잭슨 감독이 도입한 트라이앵글 오펜스 시스템은 불스의 경기력을 한층 더 강화했다. 트라이앵글 오펜스는 공의 흐름과 선수들의 위치를 유기적으로 조율해 상대 수비를 효과적으로 무너뜨리며 경기 속도를 높이는 데 중요한 역할을 했다. 디지털 혁신 리그에서 슈퍼 팀이 되기 위해서는 경기 흐름을 제어하면서도 빠르게 높이는 것이 필수적이다. 이를 위해 소프트웨어 기반의 비즈니스 프로세스를 재설계해야 한다. 트라이앵글 오펜스가 팀의 공격력을 극대화한 것처럼, 워크플로우와 데이터플로우의 재설계는 디지털 리그에 맞는 비트 흐름에 최적화된, 비트 다이내믹한 슈퍼 팀으로 진화시킬 것이다. 이러한 재설계는 변화하는 시장 환경에서 민첩하게 움직일 수 있도록 돕고, 디지털 혁신 리그에서 진정한 승자로 자리매김할 수 있는 기틀을 마련해줄 것이다.

소프트웨어 마인드로 프로세싱 해킹

디지털 혁신의 핵심은 비트 기반의 고객 가치를 제공하는 것이다. 이를 위해서는 비트가 자유롭게 흐를 수 있는 비즈니스 프로세스를 재설계하는 것이 필수적이다. AI 기반 초혁신도 이 비트의 흐름이 원활히 이루어질 때 비로소 가능해진다. 만약 비즈니스 프로세스에 이러한 비트의 흐름이 반영되지 않으면, 기업은 빠르게 변화하는 고객 요구에 신속하게 대응할 수 없을 것이다. AI로 인해 더 빠르게 변화하게 될 고객 요구에 속수무책이 될 것이다. 디지털로 설계된 기업들은 이러한 비트의 흐름을 비즈니스 프로세스에 명확하게 반영했기 때문에 파괴적 혁신을 이룰 수 있었다. 반면, 전통 기업들은 디지털 혁신의 필요성을 인식하면서도 피상적으로 디지털 프로덕트나 고객 경험만 재설계하는 데 그쳐, 비즈니스 프로세스를 근본적으로 변화시키지 못했음을 상기하자.

디지털 프로덕트가 제공하는 비트의 가치를 비즈니스 프로세스에 제대로 반영할 때, 기업은 고객의 요구에 신속하게 대응할 수 있다. 디지털 기업들은 비트를 중심으로 데이터를 가공하여 새로운 가치를 창출해야 하며, 이 과정에서는 단순히 데이터를 수집하는 데 그치지 않고 그것을 유연하게 활용하여 실질적인 고객 가치를 창출하는 것이 중요하다. 디지털 초혁신은 이와 같은 유연한 비트의 흐름을 통해 가능해진다.

기업 운영이 포터의 가치사슬처럼 정해진 순서대로 이루어지지는 않지만, 이 이론은 기업 활동이 어떻게 고객에게 부가가치를 창출하는지 이해하는 데 큰 도움이 된다. 그러나 오늘날과 같이 빠르게 변화하는 고객의 요구를 반영하기 위해서는 전통적인 공급자 중심의 일방향 가치사슬이 아닌, 디지털 프로덕트를 소비자 관점에서 재해석한 변형된 프로세스가 필요하다. 비즈니스 프로세스를 효율적으로 재설계하는 것은 기존 프로세스를 소프트웨어 마인드로 '해킹'하여 디지털 프로덕트가 디지털 혁신의 본질을 극대화할 수 있도록 프로세스를 분석하고 변형하는 것을 의미한다. 디지털 혁신을 이해하는 기업들은 디지털 프로덕트를 통해 고객 가치 혁신을 추구하며, 이를 위해 비즈니스 프로세스를 비트의 흐름에 맞게 재구축한다. 반면, 전통 기업들은 디지털 혁신의 필요성을 인식하면서도 비즈니스 프로세스에 소프트웨어적 특성을 제대로 반영하지 못해 피상적인 개선에 그친다. 결과적으로, 이들은 물질 기반의 생산 프로세스에 머물러 있으며, 비트 기반의 고객 가치 창출로의 전환에 어려움을 겪을 수밖에 없다.

기어리 러믈러와 앨런 브라키는 "비즈니스 프로세스의 비효율성은 주로 수직적 사일로 조직 사이에서 발생한다"고 지적했다. 이러한 사일로 조직 체계는 원래 컨베이어 시스템과 분업을 통한 생산성 향상에 기반했지만, 디지털 시대의 요구에 부합하지 않는다. 디지털 기업들과 경쟁하기 위해서는 비즈니스 프로세스를 고객 중심으로 재설계하고, 비트의 흐름을 원활하게 반영하는 것이 중요하다. 비즈니스 프로세스 재설계는 단순한 자동화를 넘어, 고객 가치를 증대시키고 새로운 가치를 창출하는 것을 목표로 해야 한다. 소프트웨어적 관점을 반영한 이러한 프로세스 재설계는 디지털 초혁신의 기초가 되며, 향후 AI 중심의 초혁신에서도 중요한 역할을 한다.

비트의 흐름에 최적화된 워크플로우 만들기

디지털 초혁신을 가속화하려면 전통 기업들이 비즈니스 프로세스의 효율성을 극대화하고, 변화하는 시장 환경에 신속하게 대응할 수 있어야 한다. 이를 위해서는 고객에게 새로운 가치를 제공할 수 있는 비트 기반의 다이내믹한 비즈니스 프로세스로 재설계하는 것이 필수적이다. 이러한 재설계는 크게 두 가지로 나누어 생각해볼 수 있다. 업무의 흐름을 자동화하는 워크플로우 재설계와 데이터 흐름을 전체적으로 제어할 수 있는 데이터플로우 재설계다. 즉, '비즈니스 프로세스 재설계 = 워크플로우 재설계 × 데이터플로우 재설계'로 간단히 표현할 수 있다.

앞서 말한 대로, 전통 기업들은 산업 시대에 형성된 조직 구조와 프로세스로 인해 각 부서가 독립적으로 운영되는 사일로 구조를 취하고 있다. 이로 인해 정보가 부서 간에 공유되지 않아 조직 전체의 효율성이 저하되고, 의사결정의 신속성과 정확성이 떨어진다. 이러한 문제를 해결하고 워크플로우를 재설계하기 위해서는 프로세스 마이닝, 비즈니스 프로세스 관리BPM, Business Process Management,, 로보틱 프로세스 자동화RPA, Robotic Process Automation 등의 기술을 통합적으로 활용하는 것이 이상적이다.

과거에는 복잡한 프로세스를 분석하기 위해 많은 시간과 노력이 필요했으나, 이제는 데이터를 기반으로 실시간 분석을 하고 이를 바탕으로 프로세스를 개선하는 일이 훨씬 쉬워졌다. 데이터를 활용해 시장과 고객의 변화에 신속히 대응하고, 고객 경험 개선과 내부 업무 효율화를 동시에 이루어낼 수 있다. 이로써 비트 다이내믹한 비즈니스 프로세스를 어느 정도 실현할 수 있는 상황이 되었다.

프로세스 재설계의 출발점은 현재의 프로세스를 정확히 파악하는 것이다. 프로세스 마이닝을 통해 실시간으로 업무 흐름을 시각화하고, 병목 현상이나 비효율성을 파악해 개선점을 도출할 수 있다. 이러한 분석은 조직의 운영 방식을 시각적으로 이해하고, 실제 운영과의 차이를 발견하며, 디지털 프로덕트를 통해 고객 가치를 높이는 워크플로우를 자동화할 수 있는 근거를 제공한다. 비록 초기 단계에서는 모든 프로세스가 데이터화되지 않을 수 있지만, 데이터로 파악이 가능한 프로세스부터 시작해 점차 범위를 확장하여 노하우를 쌓는 것이 중요하다. 프로세스 마이닝을 통해 디지털 프로덕트의 프로세스를 매핑하고, 이를 자동화하며, 데이터를 분석하여 지속적인 개선을 이끌어낼 수 있다.

프로세스 마이닝은 추출된 데이터를 분석해 실제 업무 흐름을 시각화하고, 문제의 원인이 되는 병목 현상이나 지연 시간을 파악한다. 이는 비즈니스 프로세스를 엑스레이 촬영하는 것과 같아, 문제 해결과 실시간 데이터 기반 의사결정에 있어 객관적인 접근 방식을 제공한다. 이 기술은 관리자들이 문제를 해결하고 실시간 데이터에 기반한 의사결정을 내리는 데 도움이 되는 객관적인 데이터 중심 접근 방식을 제공한다.

반면, 비즈니스 프로세스 관리BPM는 조직의 비즈니스 프로세스를 체계적으로 관리하고 지속적으로 개선하여 효율성을 높이는 데 기여한다. 비즈니스 프로세스 관리는 프로세스를 설계·실행·모니터링·개선하는 전반적인 프로세스 라이프사이클을 관리하며, 프로세스 마이닝 도구와 함께 사용할 경우 비즈니스 프로세스를 통합적으로 관리하고 데이터 기반의 의사결정을 지원할 수 있다.

최근 들어 프로세스 마이닝이 비즈니스 프로세스 관리를 대체하거나 보완하는 도구로 많이 활용되고 있다. 프로세스 마이닝은 실제 데이터를 기반으로 프로세스의 현황을 분석하고, 이를 바탕으로 프로세스를 개선할 수 있는 강력한 도구다. 이를 사용하면 프로세스 모델링, 시뮬레이션, 모니터링, 분석 등을 통합적으로 수행할 수 있어, 데이터 기반의 의사결정을 지원하고 비즈니스 프로세스의 효율성을 극대화하는 데 도움을 준다. 이로 인해 프로세스 마이닝을 통한 통합적 관리가 대안으로 널리 사용되고 있다.

로보틱 프로세스 자동화RPA는 소프트웨어 로봇을 사용해 인간이 반복적이고 규칙 기반으로 수행하는 작업을 자동화하는 기술이다. RPA는 데이터 입력, 추출, 보고서 생성 등 일상적인 업무를 자동으로 처리하여 직원들이 더 복잡하고 창의적인 업무에 집중할 수 있도록 돕는다. RPA는 기존 시스템과 애플리케이션에 영향을 주지 않고 인터페이스를 통해 상호작용하며, 데이터 수집, 변환, 입력 등의 작업을 자동화한다. 이를 통해 기업은 업무 효율성을 높이고, 인적자원을 더 전략적인 업무에 활용할 수 있다.

결국, 디지털 기술을 통해 디지털 가치를 제공하기 위해서는 현재의 프로세스를 명확히 이해하고 새로운 프로세스로 전환하는 과정이 필수적이다. 프로세스 마이닝을 활용하여 실시간 분석을 하고, 파악된 프로세스를 비트 관점에서 재해석하여 재설계하는 것이 중요하다. 이는 디지털 초혁신을 가속화하고, 뒤에 설명하게 될 AI를 활용한 지능형 자동화로 나아가는 핵심 뼈대가 된다.

저항 없이 흐르는 데이터플로우 만들기

전통 기업들은 지난 10여 년간 데이터의 중요성을 인식하고, 빅데이터 분석 플랫폼 구축, 데이터 거버넌스 구축, 데이터 레이크 도입 등 다양한 프로젝트에 많은 시간과 노력을 기울여왔다. 그러나 여전히 산업 시대의 파이프라인 비즈니스 모델에 기초한 전통 기업들은 업무와 데이터의 사일로를 극복하는 데 어려움을 겪고 있다. 데이터가 중복 저장되거나 일관성이 떨어지며, 필요한 데이터를 찾고 접근하는 데 시간이 많이 걸리는 문제가 발생하고 있다. 이 문제를 해결하기 위해서는 데이터를 자연스럽게 흘러 다니게 하는 '데이터 다이내믹'한 체계로 전환하는 것이 필요하다.

데이터 사일로 문제를 해결하려면 데이터 거버넌스와 통합 관리가 중요하다. 데이터 거버넌스는 조직 내 모든 데이터 자산을 체계적으로 관리해 일관성과 신뢰성을 확보하는 과정이다. 이를 위해 메타 데이터, 즉 데이터의 출처, 구조, 의미 등을 명확히 정의해 데이터를 쉽게 탐색하고 활용할 수 있도록 해야 한다. 다양한 데이터를 통합해 일관된 데이터 뷰를 제공하고, 부서별 요구에 맞춘 데이터 분석을 시각화하여 비즈니스 의사결정을 지원하는 체계를 구축하는 것이 중요하다. 이로써 데이터 사일로 문제를 해결하고 조직의 데이터 활용도를 극대화할 수 있다.

그러기 위해서는 무엇보다도 현재 상황을 제대로 이해하고 분석하는 것이 중요하다. 데이터플로우 재설계의 출발점으로 데이터 카탈로그를 활용할 수 있다. 데이터 카탈로그는 데이터 자산을 중앙에서 모니터링하고, 메타 데이터를 체계적으로 관리하여 데이터 거버넌스를 강화한다. 이를 통해 사용자들이 필요한 데이터를 쉽게 찾고 접근할 수 있는 환경을 조성하고, 데이터의 투명성을 보장할 수 있다.

특히, 메타 데이터는 데이터의 목적과 의미를 충분히 전달하기 위해 관리되어야 한다. IT 메타 데이터는 시스템 운영을 위해 제공되는 정보로, 구조와 유효성을 확인하는 데 사용된다. 비즈니스 메타 데이터는 비즈니스 부서의 사용자와 의사결정자를 위해 제공되는 정보로, 데이터 활용의 적합성과 접근성을 확인하는 데 사용된다.

데이터 레이크를 진흙탕으로 만들지 않으려면 다양한 데이터 소스의 통합적 관리가 필수적인데, 운영 DB, 정보 DB, 분석 DB가 조화롭게 연계되어 통합 관리되어야 한다. 각 부서에 맞춤형 데이터를 제공하기 위해서는 데이터 웨어하우스나 운영 시스템에서 데이터를 직접 가져와 데이터 마트를 구축해야 한다. 운영 시스템의 로Raw 데이터를 구조화된 데이터로 변환하여 데이터 마트에 제공하고, 이 데이터를 대시보드나 애널리틱스 툴로 이동시키는 것이 이상적이다.

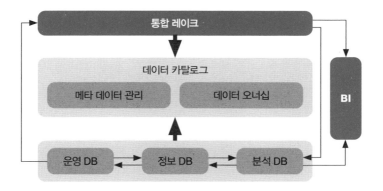

통합적 데이터 관리
데이터 카탈로그는 메타 데이터를 체계적으로 정리, 데이터 거버넌스를 강화한다.
다양한 데이터를 통합적으로 관리, 실시간 모니터링과 인사이트 도출을 지원한다.

다이내믹한 데이터플로우를 실현하려면, 데이터 카탈로그와 통합된 데이터를 비즈니스 인텔리전스BI, Business Intelligence 도구로 가져와 대시보드와 보고서를 통해 실시간으로 모니터링하고 인사이트를 도출할 수 있어야 한다. 그러나 데이터가 중복되어 저장되는 이중 구조는 데이터 탐색을 어렵게 만드는 요인 중 하나이다. 이 문제를 해결하려면, 어떤 데이터를 통합할 것인지, 데이터 마트에 어떤 데이터를 제공할 것인지를 명확하게 구분하고 정의해야 한다. 또한, 데이터의 자유로운 유통을 위해 접근 권한을 철저히 관리할 필요가 있다. 대부분의 데이터는 민감한 정보이기 때문에, 같은 회사 내에서도 부서 간 데이터 접근이 제한될 수 있다. 이러한 제한이 데이터 사일로를 발생시키는 주요 원인 중 하나이다.

데이터 보안 등급 설정과 관리도 절대 소홀히 해서는 안 된다. 권한 관리는 데이터 사일로를 줄이고, 데이터 거버넌스를 확립하는 데 핵심적이다. 데이터는 각 부서와 시스템에서 명확한 역할을 가지고, 통합된 전략 아래에서 관리되어야 한다. 이렇게 하면 데이터 레이크는 깨끗하고 효율적인 정보 흐름을 제공하는 신뢰할 수 있는 자원이 될 수 있다. 데이터 카탈로그를 통해 데이터에 대한 책임을 명확히 하고, 메타 데이터 작성 및 유지, 데이터 권한 승인, 데이터 품질 관리 등을 체계적으로 수행할 수 있어야 한다.

데이터 거버넌스는 단순히 통제나 정책 수립에 그치는 것이 아니라, 실제 사용자들이 데이터를 효과적으로 활용할 수 있도록 지원하는 데 중점을 두어야 한다. 효과적인 데이터 거버넌스는 데이터 활용의 효율성을 크게 높여준다. 중복된 데이터와 시스템을 통합하면 관리 대상이 줄어들어 비용을 절감할 수 있다. 동시에 데이터의 신뢰도와 활용도를 높여 직원들의 만족도와 데이터 활용 능력을 향상시킬 수 있다.

이 과정을 조금 더 일상적인 비유로 설명하자면, 데이터 거버넌스는 정원을 가꾸는 것과 비슷하다. 정원을 잘 가꾸기 위해서는 적절한 물과 영양분을 공급하고, 잡초를 제거하며, 식물들의 배치를 잘 계획해야 한다. 데이터를 잘 활용하려면 데이터의 흐름을 관리하고, 중복된 데이터를 제거하며, 사용자가 필요로 하는 데이터 구조와 분석 도구를 제공해야 한다. 이렇게 하면 기업은 AI 활용을 위해 가장 중요한 탄탄한 데이터 활용 기반을 갖출 수 있게 된다. 데이터가 물처럼 자유롭게 흐르는 데이터플로우 자동화는 워크플로우 자동화와 마찬가지로 소프트웨어 기반 문화를 확산시키는 데 중요한 역할을 한다.

다양한 리소스 활용이 가능한 생태계 재설계

시카고 불스가 1990년대에 리그를 지배할 수 있었던 것은 전략적 트레이드 및 영입, 체계적인 선수 관리 및 지원 시스템, 강력한 프런트 오피스 등 전격적인 구단의 지원이 있었기 때문이다. 이처럼 디지털 리그에서 슈퍼 팀으로 거듭나기 위해서는 ABC(API, 블록체인 Blockchain, 클라우드Cloud) 기술을 활용해 내부와 외부 프로세스를 유기적으로 연결하고 최적화할 수 있어야 한다. 특히, 개방적 생태계를 전제로 한 기능적 연계를 통해 대응력을 높이는 것이 중요하다. 시카고 불스가 구단의 전략적 지원을 통해 팀의 협력과 조화를 이끌어냈듯이, ABC 기술은 서로의 강점을 발휘하고 보완하여 강력한 디지털 생태계로 재설계되는 데 결정적인 역할을 할 것이다. 이렇게 생태계를 재설계함으로써 기업은 변화하는 시장 환경에 민첩하게 대응하며 디지털 혁신 리그에서 슈퍼 팀의 경쟁력을 확보하게 될 것이다.

비트로 연결된 디지털 생태계 만들기

앞서 디지털 환경의 빠른 변화에 대응하기 위해 디지털 프로덕트의 고객 경험과 내부 비즈니스 프로세스를 재설계해야 한다고 강조하였다. 이 과정에서 새로운 고객 가치를 빠르고 원활하게 제공하기 위해 내부와 외부 프로세스를 연계하는 것이 중요하다. 외부 프로세스 재설계는 비즈니스 모델과 운영 방식을 더 유연하고 협력적인 디지털 생태계로 확장하는 것을 의미하며, 재설계된 워크플로우와 데이터플로우를 외부 디지털 생태계와 연계하면 효과가 극대화될 수 있다.

ABC 기술은 내외부 프로세스를 연결하고 외부의 아이디어와 기술을 활용해 내부 실행 속도를 높이는 도구다. 특히, ABC 기술은 소프트웨어 기능적 협업을 가능하게 하여 생태계 재설계를 촉진한다. 이러한 생태계 재설계를 성공적으로 추진하려면, 오픈 이노베이션과 ABC 기술을 효과적으로 활용해야 한다. 오픈 이노베이션은 외부와의 협업을 통해 혁신을 이루는 방법이며, ABC는 이를 소프트웨어적으로 구현하고 연결하는 기술이다. 디지털 경제에서는 생태계의 리소스를 적극적으로 활용하고, 통합적인 서비스를 제공하는 것이 중요하다. 이를 위해 내부와 외부의 프로세스를 소프트웨어 기반으로 재설계하고, ABC 기술을 활용하여 생태계를 개방적이고 협력적으로 만들어야 한다. 이렇게 하면 기업은 더 빠르게 고객에게 더 나은 가치를 제공할 수 있다. 또한, 기존 비즈니스의 경쟁력 강화와 새로운 비즈니스 모델을 수립하는 데 중요한 역할을 하게된다.

오픈 이노베이션은 2003년 하버드 경영대학원의 헨리 체스브로 교수가 처음 소개한 개념으로, 기업이 내부와 외부의 아이디어와 자원을 결합해 혁신을 촉진하는 접근법이다. 내부에서 모든 것을 개발하는 대신, 외부의 지식과 기술을 도입해 혁신의 속도와 효율성을 높이는 것이다. 이 방식은 빠르게 변화하는 시장 환경에서 전통 기업들이 새로운 산업 분야에 진입하거나, 스타트업의 혁신적 아이디어와 기술을 활용해 내부 혁신을 촉진하는 데 효과적이다. P&G의 '커넥트 플러스 디벨럽Connect + Develop' 프로그램, IBM의 '이노베이션 잼InnovationJam', 그리고 셸의 '게임 체인저' 웹사이트 등은 오픈 이노베이션의 성공적인 사례로, 외부의 혁신 자원과 내부의 역량을 결합해 제품 개발을 가속화하고, 혁신적인 아이디어를 실현한 사례들이다. 이러한 프로그램을 통해 전통 기업들은 내부의 폐쇄적인 개발로는 달성하기 어려운 혁신을 이루고 있다.

오픈 이노베이션은 전통 기업과 스타트업이 서로의 강점을 극대화하는 접근법이다. 전통 기업은 스타트업의 혁신적인 아이디어와 기술을 통해 시장에 신속하게 대응하고, 스타트업은 전통 기업의 자원을 활용해 더 큰 성과를 낼 수 있다. 이 협력은 상호 유기적인 가치사슬을 형성하며, 지속 가능한 성장을 가능하게 한다. 그러나 전통 기업들은 오픈 이노베이션과 내부 혁신을 추진해오면서도 소프트웨어 기반 외부 프로세스와의 연계를 제대로 활용하지 못한 경우가 많았다. 생태계를 성공적으로 재설계하려면 API, 블록체인, 클라우드 같은 연계 기술을 통해 내외부 프로세스를 통합하고, 이를 바탕으로 디지털 초혁신을 가속화할 수 있어야 한다.

이러한 기술들을 활용하면 비용과 시간을 효율적으로 절감할 수 있으며, 기업의 내외부 프로세스를 소프트웨어적으로 비교적 빠르게 확장하고 연계할 수 있다. 이는 혁신 체계 위에서 AI를 활용하여 새로운 비즈니스 모델을 실험하고, 실패를 최소화하며, 통합과 협업을 원활하게 한다. 빠르게 변화하는 시장에서 경쟁력을 유지하고 새로운 기회를 창출하는 데 중요한 역할을 한다.

디지털 생태계 연결 접착제, API

디지털 시대가 도래하면서, 기능과 서비스의 확장은 기술적 연계를 통해 이루어지고 있다. 이러한 기술적 연계는 다양한 시스템을 연결하고 데이터를 교환하여 사용자가 더 편리하고 혁신적인 서비스를 경험할 수 있게 한다. 이러한 디지털 생태계를 연결하는 대표적인 기술이 바로 API_{Application Programming Interface}다.

USB를 예로 들어보자. USB는 다양한 기기를 쉽게 연결하고 데이터를 주고받을 수 있는 표준 인터페이스다. 새로운 기기를 연결할 때 별도의 설정 없이 자동으로 인식하고 사용할 수 있게 해주어, 컴퓨터와 주변 장치의 활용성을 크게 높인다. 마찬가지로 API는 소프트웨어 간의 연결을 통해 다양한 시스템과 응용 프로그램을 통합하여 디지털 생태계의 기능을 확장하고 더욱 원활하게 만든다. 이를 통해 기업은 복잡한 작업을 간단하게 처리하고, 고객에게 더 나은 맞춤형 서비스를 제공하며, 혁신적인 디지털 환경을 구축할 수 있다.

API는 소프트웨어 애플리케이션 간에 소통하고 상호작용하기 위해 정의된 규약이나 프로토콜로 웹 서비스, 운영체제, 라이브러리 등 다양한 형태로 존재한다. 이를 통해 프로그램 간에 데이터를 쉽게 공유하고 처리할 수 있다.

API를 사용하면 애플리케이션이 다른 애플리케이션의 기능을 호출하여 복잡한 작업을 간편하게 수행할 수 있다. 결제가 필요한 애플리케이션은 카카오페이, 네이버페이, 또는 PGPayment Gateway 사의 결제 서비스 API를 활용해 결제 시스템을 쉽게 구축할 수 있다. 또한, 개발자는 다양한 웹 서비스나 클라우드 서비스에 접근해 애플리케이션의 기능을 확장하고 성능을 개선할 수 있다. 특히, 클라우드 서비스는 API를 통해 그 기능을 극대화할 수 있다. 아마존 웹 서비스AWS는 다양한 서비스를 API로 제공해, 개발자가 애플리케이션 서버의 성능을 조절하거나 데이터 분석 솔루션을 쉽게 적용할 수 있도록 돕는다. 또한, 클라우드 서버 API를 사용하면 특정 기간이나 시간에 따라 서버 사양을 조절해 과부하를 방지하고, 경제적으로 운영할 수 있다.

이외에도 API는 서비스의 성능을 자동으로 조정하거나 다양한 비즈니스 도구를 활용하는 등 여러 방법으로 서비스 경쟁력을 확보하는 데 중요한 역할을 한다. 기업은 외부 서비스에 자사의 기능을 통합하거나 데이터를 공유하는 API를 제공함으로써 서비스 생태계를 확장하고, 데이터 분석 및 새로운 비즈니스 모델 확장에 기여할 수 있다.

API를 통해 기업은 개발 및 유지보수 비용을 절감하고, 핵심 서비스에 집중할 수 있으며, 외부 API를 통해 비핵심 기능을 쉽게 처리할 수 있다. 지도 API를 사용하면 지도 기능을 자체 개발할 필요 없이 빠르게 구현할 수 있고, AWS API를 통해 애플리케이션 서버의 성능을 관리할 수 있다. API는 클라우드 컴퓨팅과 디지털 생태계의 핵심 기술로, 기업이 혁신적이고 경제적으로 운영할 수 있도록 돕는다. 우리가 사용하는 많은 앱은 사실상 API의 집합체라 할 수 있다. 스마트폰에서 다양한 모바일 서비스를 활성화하기 위해 API가 사용되며, 서버와의 통신, 외부 서비스 연동 등 모든 것이 API를 통해 이루어진다. 기업은 API를 활용해 서비스 경쟁력을 높이고, 새로운 기능을 구현하며, 고객의 요구를 충족시킬 수 있다.

'마이데이터' 서비스는 또 다른 대표적인 API 활용 사례이다. 이 서비스는 금융, 의료, 통신 등 다양한 분야에서 개인 데이터를 안전하게 관리하고 활용할 수 있도록 돕는다. 금융 마이데이터 서비스는 여러 금융기관에 분산된 정보를 하나의 플랫폼에서 통합 관리하여 사용자가 재무 계획을 세우는 데 도움을 준다. API를 통해 다양한 서비스가 구현되고 있으며, 이러한 기술을 어떻게 활용하느냐에 따라 기업의 경쟁력이 결정된다.

API는 기업이 혁신적인 서비스를 제공하고, 고객의 요구를 빠르게 충족시킬 수 있는 중요한 도구다. 기업은 API를 통해 서비스 생

API를 활용한 H카드 해외 송금 서비스

프로젝트의 시작: 핀테크와의 만남

API를 활용해 기능적 협업을 했던 대표적인 사례가 H카드 해외 송금 서비스이다. H카드 해외 송금 서비스의 이야기를 하려면, 그 시작은 2010년까지 거슬러 올라가야 한다. 당시 필자는 MBA 과정을 밟고 있었고, 핀테크라는 새로운 금융 혁신 영역에 깊은 관심을 가지고 있었다. 미국에서 경험한 페이팔_{PayPal} 서비스는 나에게 큰 영감을 주었다. 온라인 결제의 편리함과 국제 송금의 간소화라는 개념은 한국에서도 충분히 적용할 수 있을 것이라는 생각이 들었다. 한국으로 돌아온 후, 필자는 이 아이디어를 실현하고자 하는 열망에 사로잡혔다.

직구 열풍과 새로운 기회

2012년, 한국에서는 직구 열풍이 불기 시작했다. 사람들은 해외 온라인 쇼핑몰에서 직접 물건을 구매하는 데 익숙해졌고, 이에 따라 저렴하고 간편한 해외 송금 및 해외 결제에 대한 수요가 급격히 증가했다. 그러나 당시 국내 금융 서비스는 이러한 새로운 트렌드에 발맞추기엔 다소 뒤처져 있었다. 소비자들은 해외 송금의 높은 수수료와 복잡한 절차로 인해 많은 불편을 겪고 있었다. 필자는 이 틈새를 공략하여 디지털 기술 솔루션과 소비자들의 요구를 결합해 새로운 금융 서비스를 제공할 수 있다는 확신이 있었다.

글로벌 페이의 탄생: 새로운 시도

이런 배경 속에서 필자는 2013년 5월 국내 최초로 해외 핀테크 기업 페이팔과 API

연계를 통해 H은행 글로벌 페이Global Pay를 출시했다. 이 서비스는 해외 송금을 기존 금융기관이 아닌, 비금융기관인 페이팔의 API를 활용해 진행했다는 점에서 큰 의미가 있었다. 전통적인 금융 영역으로 간주되던 해외 송금을 비금융사와의 협력을 통해 실현한 것이었다. 그러나 새로운 기술과 콘셉트로 해외 송금 서비스를 론칭하는 과정은 결코 쉽지 않았다. 금융 당국과의 끊임없는 커뮤니케이션과 설득이 필요했고, 규제의 범위 내에서 가능한 수준의 서비스를 오픈하기 위해 많은 노력을 기울여야 했다.

당시 해외 송금 규제에 대한 유권해석을 통해 규제의 제약을 최소화하면서도 법적 테두리 안에서 서비스를 구현하는 데 집중했다. 비록 여러 규제 요건으로 인해 서비스의 특성이 제한되었지만, 글로벌 페이는 나름대로 성공적인 오픈을 이뤄냈다. 이 프로젝트를 통해 필자는 기술이 기존 금융 시스템의 한계를 어떻게 뛰어넘을 수 있는지, 그리고 이를 통해 소비자들에게 얼마나 더 나은 가치를 제공할 수 있는지를 직접 깨닫게 되었다.

글로벌 페이의 성공은 금융 당국에게도 큰 인사이트를 제공했다. 핀테크 서비스로서 해외 송금 시장의 가능성을 인식하고, 소액 외화 이체업이라는 새로운 라이선스를 통해 해외 송금 서비스의 다양화를 추진하게 되었다. 필자는 비금융기관의 API를 통한 서비스 오픈 경험 덕분에, 운 좋게도 소액 외화 이체업 시행령 개정에 일부 참여할 수 있었다. 이는 금융 규제의 변화와 새로운 서비스의 가능성을 직접 체험하는 계기가 되었다.

H카드의 도전: 해외 송금 서비스의 시작

H카드 재직 당시 필자는 변화의 흐름 속에서 과감한 결정을 내렸다. 아직 제도가 명확히 마련되지 않은 상황이었지만, 해외 송금 서비스의 상업화를 목표로 프로젝트를 추진하기로 한 것이다. 필자는 금융 당국과의 지속적인 커뮤니케이션을 통해 규제와 서비스 기획, 시스템 개발, 참여사들과의 협력을 동시에 조율하며 점차로 프로젝트를 구체화해나갔다.

마침내 2018년 4월, H카드는 소액 외화 이체업자로서 해외 송금 서비스를 정식으로 오픈하게 된다. 이 프로젝트는 다양한 파트너들과의 협력을 통해 이뤄졌는데, 특히 송금 정보 처리를 담당한 영국계 핀테크 업체인 커런시 클라우드Currency Cloud, 자금 전달을 위한 S은행과 바클레이즈Barclays와의 협력이 주요했다. H카드는 송금 정보와 자금 흐름을 효율적으로 관리하기 위해 API를 활용해 이들 업체와 긴밀하게 연동했다.

서비스의 구조: 간편하지만 강력한 프로세스

H카드 해외 송금 서비스의 프로세스를 자세히 들여다보면, 고객이 해외 송금 앱에서 송금을 신청하면 H카드는 당일 신청된 송금 건을 취합해 배치 형태로 송금 정보를 커런시 클라우드에 전달한다. 커런시 클라우드는 이 정보를 지역 은행Region Bank에 전달하는 역할을 맡고, S은행은 스위프트 망SWIFT Network을 통해 송금 금액을 바클레이즈에 전달한다. 바클레이즈 은행은 송금 정보를 현지 은행Local Bank에 매칭하여 전달하고, 수취인은 현지 은행을 통해 송금된 금액을 인출하게 된다. 이 복잡한 과정을 간소화하고 효율화하는 데에 API의 역할이 매우 컸다. 당시에는 미국 달러USD, 영국 파운드GBP, 유로화EUR 등 주요 통화를 우선 오픈하여 서비스를 시작했던 기억이 있다.

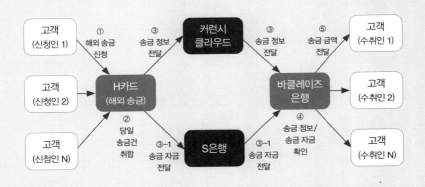

H카드 해외 송금 프로세스

혁신의 의미: 금융의 새로운 지평을 열다

이 서비스의 가장 큰 특징은 계좌 취급 기관이 아닌 카드사가 소액 외화 이체업 라이선스를 기반으로 API를 활용해 계좌 기반 송금 서비스를 구축했다는 점이다. 기존의 금융 규제와 틀을 넘어, 새로운 방식으로 송금 서비스를 구현한 이 시도는 국내 최초였다.

특히 커런시 클라우드는 국가 간 결제 및 송금을 위해 표준화된 API를 제공했다. 이 API는 금융기관과 핀테크 기업이 송금 정보를 원활하게 주고받을 수 있도록 해주었고, 자금 세탁 방지AML, Anti-Money Laundering 확인과 같은 기능도 지원했다. 표준화된 API 덕분에 업체 간 연동 개발이 수월하게 이루어졌고, 향후 다른 업체와의 확장도 쉽게 진행될 수 있었다. 만약 이러한 표준화된 API가 없었다면, H카드의 해외 송금 서비스는 탄생할 수 없었을 것이다.

이 프로젝트는 기술과 금융이 만나 새로운 가치를 창출할 수 있는 좋은 예시가 되었다. H카드는 이를 통해 고객 중심의 서비스를 제공하는 데 한 걸음 더 나아갔고, 동시에 금융의 디지털 전환을 선도할 수 있는 발판을 마련했다.

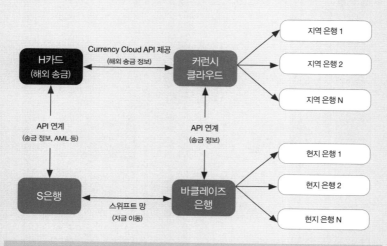

H카드 해외 송금 서비스 흐름도

태계를 확장하고, 기술 및 브랜드 가치를 높일 수 있다. 또한, 핵심 서비스에 집중하면서도 다양한 기능을 외부 API로 처리할 수 있어 개발 및 유지보수 비용을 절감할 수 있다.

API는 디지털 시대의 필수적인 기술로, 하드웨어와 소프트웨어의 연결성을 강화하여 사용자에게 더 나은 경험을 제공한다. 이를 통해 기업은 새로운 비즈니스 기회를 창출하고, 경쟁력을 유지하며 성장할 수 있다. API는 디지털 생태계를 연결하는 중요한 접착제이며, 초혁신을 촉진하는 도구다.

안전한 데이터 연결고리, 블록체인

블록체인Blockchain은 API와 함께 디지털 생태계를 연결하고 정보를 안전하게 공유하는 핵심 기술 중 하나이다. 블록체인은 데이터를 연쇄적으로 연결된 블록에 저장하며, 네트워크의 합의 없이는 데이터를 수정하거나 삭제할 수 없기 때문에 데이터의 일관성과 신뢰성이 유지된다. 이를 통해 블록체인은 주문, 결제, 계정 관리 등 다양한 거래를 추적하는 데 사용되는 불변 원장을 생성할 수 있다. 이 시스템은 무단 거래를 방지하고, 모든 거래를 투명하게 공유하는 메커니즘을 제공한다.

블록체인은 비트코인, 이더리움, NFT와 같은 디지털 자산의 기초 기술로 잘 알려져 있다. 비트코인은 통화로, 이더리움은 분산 컴퓨팅 플랫폼으로, NFT는 디지털 자산의 소유권 증명으로 사용된다. 블록체인은 이러한 디지털 자산 외에도 다양한 산업에서 투명성과 보안성을 제공하여 디지털 생태계를 안전하게 연결하는 중요한 고리 역할을 한다. 비유하자면, 블록체인은 누구나 신뢰할 수 있는 철저히 보안된 거대한 장부라 할 수 있다.

블록체인의 주요 구성요소는 다음과 같다. 첫째, 분산 원장은 모든 참여자가 거래를 저장할 수 있는 공유 데이터베이스로, 기록된 항목을 삭제할 수 없는 엄격한 규칙을 따른다. 둘째, 스마트 계약은 미리 정해진 조건이 충족되면 자동으로 실행되는 프로그램으로, 제3자 없이도 비즈니스 계약을 관리할 수 있게 한다. 셋째, 퍼블릭 키 암호화는 블록체인 네트워크 참여자를 고유하게 식별하는 보안 기능으로, 네트워크 구성원마다 고유한 키를 생성해 데이터를 보호한다.

이러한 블록체인 기술은 자산 거래를 관리하는 데 많은 이점을 제공한다. B2B 거래에서는 규정 준수와 제3자 규제로 인해 운영상의 병목 현상이 발생할 수 있지만, 블록체인은 투명성과 스마트 계약을 통해 이러한 거래를 더 빠르고 효율적으로 만든다. 기업은 블록체인을 통해 전자 거래를 안전하게 생성·교환·보존할 수 있다. 거래 기록은 시간 순서대로 정렬되어 변경할 수 없다. 이로 인해 감사 처리도 훨씬 빨라진다. 블록체인은 기존 데이터베이스와 달리 데이터를 신뢰성 있게 유지하면서도 제어를 분산시킨다. 여러 회사가 참여하는 거래에서 전체 데이터베이스를 공유할 수 없을 때, 블록체인 네트워크에서는 각 회사가 원장 사본을 보유하며, 시스템이 자동으로 이 원장들이 일치하도록 유지한다.

또한, 클라우드 서비스와 결합한 블록체인은 더욱 강력한 기능을 제공한다. 퍼블릭 블록체인 네트워크에 참여하려면 원장 사본을 저장할 하드웨어 리소스가 필요하며, 이때 클라우드 서버를 활용할 수 있다. 일부 클라우드 공급자는 완전한 서비스형 블록체인BaaS, Block Chain as a Service을 제공해, 사용자가 블록체인 애플리케이션과 디지털 서비스를 개발할 수 있도록 돕는다. 이로써 블록체인은 클라우드와 결합해 더욱 유연하고 확장 가능한 디지털 생태계를 구축할 수 있다.

블록체인은 의료, 금융, 공급망 관리 등 다양한 산업 분야에서 혁신을 일으키고 있다. 신원 확인을 위한 블록체인 시스템은 은행뿐만 아니라 공공 분야에서도 중요한 역할을 하고 있다. 또한, '팜 투 포크Farm-to-fork' 운동에서처럼, 대형 식품 소매업자들이 식품 공급망의 추적 가능성을 강화하기 위해 블록체인을 도입하고 있다. 교육과 예술 분야에서도 블록체인이 활용되어 학위 증명서 관리나 예술 작품의 소유권 관리 등에서 투명성과 신뢰성을 제공하고 있다.

그중 금융 영역에서 활용될 STOSecurity Token Offering는 블록체인 기술을 활용해 자산을 디지털 토큰으로 전환하고 이를 통해 자금을 조달하는 새로운 금융 모델로, 최근 큰 주목을 받고 있다. STO는 전통적인 자산이나 유가증권을 블록체인 상에서 디지털 토큰으로 변환하여 투자자에게 제공하며, 이 토큰은 실제 자산 가치를 반영한다. 이를 통해 기존의 유형 자산(부동산, 주식, 채권 등)이나 무형 자산(지식재산권 등)을 디지털 토큰으로 전환할 수 있으며, 자산의 소유권이나 수익권을 토큰 형태로 분할할 수 있다. 토큰화된 자산은 전통적인 자산보다 거래가 훨씬 용이하여, 과거에는 유동화가 어려웠던 자산의 유동화를 돕는다. 이러한 토큰은 분할 투자가 가능해

소액 투자자도 참여할 수 있게 하므로 투자 접근성이 확대된다. 예를 들어, 비싼 부동산을 소액으로 나누어 투자할 수 있게 하는 방식이다.

국내에서는 STO가 디지털 자산 중 증권으로 분류되어, 요건을 갖춘 기관들이 이를 발행하고 유통할 수 있게 된다. 이로 인해 제도권 내 금융기관들은 디지털 금융으로 사업을 확장할 새로운 기회를 얻게 되었다. 전통적인 자산을 토큰화하면 거래의 투명성이 높아지고, 중개인을 거치지 않아도 되어 거래 비용이 절감된다. 또한, 스마트 계약을 통해 자동으로 계약 조건이 실행되므로 거래 과정이 효율적이다. 사실, 우리가 여기서 더욱 주목해야 할 부분은 STO가 가지는 본질적인 가치다. 금융상품에 디지털 속성(분할, 결합, 재결합, 이동 등)을 완벽하게 입힐 기회가 마침내 열리게 된 것이다. 스트리밍 서비스로 음원에 디지털 속성이 완전히 반영되면서 유통과 소비의 형태가 바뀌고 고객 가치가 증가했던 것과 같이, 금융상품의 제조·유통·소비의 방식과 속도가 과거와는 차원이 다르게 변하게 된다는 것이다.

블록체인은 탈중앙화와 투명성을 통해 안전하고 효율적인 데이터 관리와 거래를 지원하면서 거래의 신뢰성을 높이고, 데이터의 무결성을 보장한다. 디지털 생태계의 연결 및 근본적인 비즈니스 모델 혁신을 주도하는 기술로, 다양한 산업 분야에서 새로운 가능성을 열어가고 있다. 블록체인은 API 및 클라우드와 함께 기업의 내외부 생태계를 소프트웨어적으로 연결하는 미래 디지털 경제의 주도적 기술이다.

블록체인 기술을 활용한 H카드 M포인트몰

당시 H카드는 블록체인 기술에 대한 깊은 관심을 가지고 선도적으로 다양한 프로 젝트를 추진했다. 그때 필자는 밴리스Vanless 형태로 카드사 간 정산을 구현하려 했 던 개념 검증 PoCProof of Concept 프로젝트와 공급망 금융 SCFSupply Chain Finance를 블록체인으로 구현해 전후방 기업들의 자금 유동성을 촉진하고자 했던 PoC를 추 진했다. 당시로는 혁신적인 시도였지만, 실제 블록체인을 활용해 상용화한 프로젝 트는 H카드의 M포인트몰에서 적용한 환불 프로세스였다.

M포인트몰의 도전: 고객 불만을 줄이기 위한 여정

H카드는 M포인트몰을 통해 고객들에게 다양한 혜택을 제공하고 있었다. 그러나 e-커머스 몰과 배송이 외주로 운영되던 당시, 주문 및 배송 프로세스는 비교적 원 활하게 운영되었으나, 반품 및 환불 과정에서 문제가 발생했다. 고객들은 반품을 요 청한 후 상품이 실제로 반송되기까지 오랜 시간이 걸리는 데 대해 불만을 제기했다. 반품 접수부터 환불까지의 긴 대기 시간은 고객 만족도를 떨어뜨리는 주요 원인이 었다. 이 문제를 해결하기 위해 H카드는 당시 주목받기 시작한 블록체인 기술을 반 품-환불 프로세스에 적용하기로 결정했다.

기존 환불 프로세스: 느리고 복잡한 여정

과거에는 고객이 앱이나 웹을 통해 반품 또는 환불을 요청하면, 고객센터가 셀러 Seller에게 반품 가능 여부를 확인하고, 이를 접수하는 절차를 거쳤다. 이후 운영사

또는 셀러는 배송사에 상품 수거를 요청했고, 배송사가 고객으로부터 상품을 수거해 셀러에게 전달했다. 셀러는 수거된 상품을 검수한 후 이상이 없을 경우 반품을 완료 처리하고, 운영사에 반품 요청을 전달했다. 운영사는 최종적으로 결제 승인 취소를 진행하며, 고객에게 환불을 통보했다. 이 모든 과정이 완료되는 데는 평균 6~8일이 소요되었다. 이처럼 복잡한 절차는 고객들에게 긴 대기 시간을 요구했고, 불만을 초래했다.

블록체인 도입 후의 변화: 신속하고 효율적인 환불

H카드는 블록체인 기술을 도입하여 이 복잡한 환불 프로세스를 획기적으로 개선했다. 새로운 환불 프로세스는 다음과 같다. 고객이 반품을 요청하면 해당 요청이 블록체인 노드Blockchain Node에 기록되었고 금액, 상품군, 기간 등의 정보가 블록체인에 분산 저장되었다. 운영사와 셀러는 블록체인에 기록된 정보를 통해 실시간으로 반품 내용을 확인하고, 상품 수거를 위한 절차를 시작했다.

배송사가 상품을 수거한 후, 수거 정보는 다시 블록체인에 기록되었고, M포인트몰

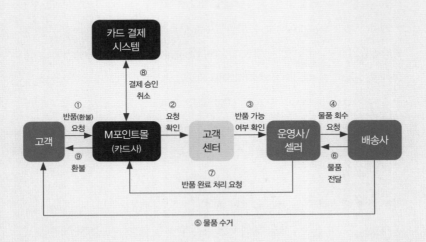

AS-WAS 환불 프로세스

은 이 정보를 기반으로 결제 승인을 취소하고 고객에게 환불을 진행했다. 블록체인을 활용함으로써 각 단계에서의 지연을 최소화하고, 프로세스 전반에 걸쳐 투명성과 신뢰성을 높였다. 그 결과 고객들이 환불을 받기까지의 시간이 기존 6~8일에서 2~3일로 대폭 단축되었다. 블록체인이 데이터를 안전하게 공유하고 관리하는 기술인 만큼 참여자들 간의 신뢰를 기반으로 더욱 효율적인 거래가 가능해진 것이다.

블록체인 노드 구성: 연결된 신뢰의 고리

H카드는 이 프로젝트를 위해 카드사, 운영사, 배송사 3자 간의 블록체인 노드를 구성했다. 각 참여사는 블록체인 서버를 구축하고, 이를 기존 시스템과 연동해 운영했다. 비록 완전히 블록체인 상에서만 이루어지는 거래는 아니었지만, 블록체인과 기존 시스템을 연동하는 미러링 방식을 통해 운영되었다. 고객 정보 처리는 금융기관의 엄격한 기준에 따라 폐쇄망 환경에서 이루어졌으며, 실시간으로 반품 및 배송 정보를 블록체인 노드로 공유함으로써 고객 환불 기간을 단축하는 데 성공했다.

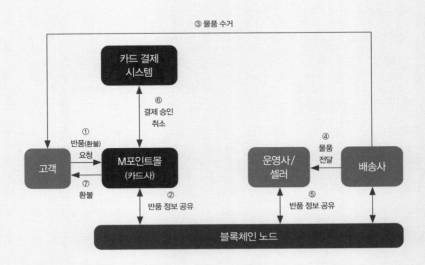

TO-BE 환불 프로세스

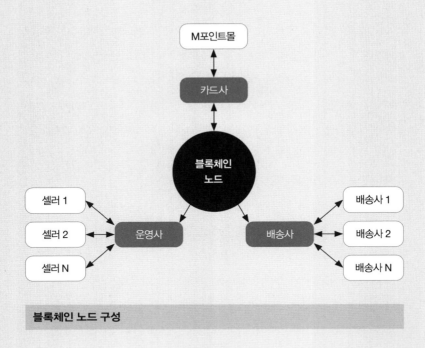

블록체인 노드 구성

이 모델은 단순히 환불 프로세스에 그치지 않고, 상품 배송 프로세스에도 확장 적용이 가능한 구조였다. 블록체인 기술의 도입은 H카드가 고객 만족도를 높이는 동시에 내부 프로세스의 효율성을 극대화할 수 있게 했다. 이 프로젝트는 기술과 비즈니스가 만나는 지점에서 혁신적인 변화를 이끌어낸 성공적인 사례였다.

디지털 생태계 확장의 촉매제, 클라우드

클라우드Cloud는 광대한 네트워크를 통해 접근할 수 있는 가상 서버와 그 서버에서 작동하는 프로그램 및 데이터베이스를 제공하는 IT 환경을 의미한다. 클라우드를 이용하면 필요한 컴퓨팅 자원을 인터넷으로 쉽게 사용할 수 있으며, 클라우드 컴퓨팅Cloud Computing은 이러한 자원을 가상화하여 사용자에게 제공하고, 필요에 따라 확장하거나 축소할 수 있는 기술이다.

클라우드 서비스Cloud Service는 클라우드 컴퓨팅을 기반으로 제공되는 서비스로, SaaSSoftware as a Service, PaaSPlatform as a Service, IaaS Infrastructure as a Service 등을 포함한다. 간단히 말해, 클라우드는 인터넷을 통해 컴퓨팅 자원을 제공하는 개념적인 시스템이며, 클라우드 컴퓨팅은 이 개념을 실제로 구현하는 기술이고, 클라우드 서비스는 이를 통해 다양한 형태로 제공되는 서비스다.

클라우드 서비스는 다양한 장점을 제공하여 기업에 많은 이점을 안겨준다. 첫째, 필요한 만큼 자원을 유연하게 확장할 수 있다. 블랙프라이데이 같은 특별한 날에 전자상거래 사이트의 트래픽이 급증하면, 클라우드 서비스를 통해 서버 용량을 쉽게 늘릴 수 있다. 반대로 트래픽이 줄어들면 자원을 줄여 비용을 절감할 수 있다. 이는 직접 인프라를 업그레이드할 필요 없이 빠르게 대응하는 방법이다. 둘째, 클라우드 서비스는 여러 지역에 분산되어 운영되기 때문에 지리적 재해나 기술적 장해가 발생해도 서비스의 가용성과 신뢰성이 유지된다. 예를 들어, 한 지역의 데이터센터가 정전으로 인해 중단되더라도 다른 지역의 데이터센터가 자동으로 서비스를 지속할 수 있다. 셋째, 클라우드 서비스 공급자는 고성능 하드웨어와 최신 기술을 사용하여 더 나은 성능과 보안을 제공한다. 클라우드 공급자는 최신 보안 패치를 즉시 적용하기 때문에 기업이 직접 보안 업데이트를 관리할 필요가 없다. 이는 기업이 보안 문제에 신경 쓰기보다 핵심 비즈니스에 집중할 수 있게 해준다. 넷째, 클라우드를 이용하면 직접 서버와 네트워크 인프라를 구축하고 유지보수하는 비용을 절감할 수 있다. 스타트업은 클라우드를 이용하여 초기 자본 투자 없이도 필요한 IT 인프라를 빠르게 구축할 수 있어 사업에만 집중할 수 있다. 클라우드 공급자는 규모의 경제를 통해 더 저렴하게 서비스를 제공할 수 있어 경제적인 장점도 크다.

클라우드 서비스는 시스템 관리와 모니터링을 간소화하는 도구를 제공할 뿐만 아니라, 앞서 언급한 대로 애자일 개발, 데브옵스, 그리고 지속적 통합/지속적 배포CI/CD, Continuous Integration/Continuous Deployment 환경을 지원하여 빠른 실험·배포·검증이 가능한 환경을 제공한다. 클라우드의 자동화된 관리 기능을 통해 리소스 사용량을 실시간으로 모니터링하고, 필요한 조치를 자동으로 취할 수 있다. 이는 IT 인력을 최소화하면서도 효율적인 시스템 운영을 가능하게 한다.

또한, 클라우드는 개발과 배포를 빠르게 하고 협업과 공유를 쉽게 만들어준다. 여러 팀이 동시에 같은 프로젝트를 진행할 때, 클라우드를 이용하면 실시간으로 파일과 문서를 공유하고 협업할 수 있어 소프트웨어 개발 속도를 높이고, 팀 간의 협력을 강화하는 데 큰 도움이 된다. 특히 애자일 및 데브옵스 환경에서, 클라우드 인프라는 지속적 통합/지속적 배포CI/CD 파이프라인을 통해 코드 변경 사항을 자동으로 통합하고, 테스트 및 배포까지의 과정을 자동화함으로써 개발 주기를 단축시킨다. 이를 통해 기업은 새로운 기능을 빠르게 실험하고, 실시간으로 배포 및 검증할 수 있어, 급변하는 시장 요구에 민첩하게 대응할 수 있다.

ABC(API, 블록체인, 클라우드) 기술을 활용하여 생태계를 재설계하는 것은 기업의 초혁신 경쟁력을 극대화하는 요소이다. API는 다양한 소프트웨어와 시스템 간의 상호작용을 가능하게 하여 기능과 서비스를 확장하고, 고객 맞춤형 서비스를 제공하는 데 핵심적인 역할을 한다. 블록체인은 데이터의 투명성과 보안성을 보장하며, 다양한 산업 분야에서 상품에 디지털 가치를 연계하는 혁신을 주도한다. 클라우드는 유연하고 확장 가능한 IT 인프라를 제공하여 기업이 신속하게 디지털 전환을 이루고 효율성을 극대화할 수 있도록 지원한다. 이 세 가지 기술은 상호 보완적으로 작동하여 기업이 더욱 빠르게 변화하는 시장 환경에 적응하고, 비트 기반의 고객 가치를 제공하는 데 기여한다. 특히, API와 클라우드는 디지털 생태계 재설계의 치트키라 할 수 있다. 내부 프로세스와 외부 프로세스를 재설계하여 실행 속도를 높이고, 오픈 이노베이션을 통해 외부의 창조적인 아이디어와 기술을 적극 수용한다면, 기업은 경쟁력을 강화하고 디지털 혁신을 넘어 초혁신으로 이끌어갈 수 있는 강력한 무기를 가지게 될 것이다.

클라우드를 활용한 펀드 판매 시스템

코로나가 발생하기 전, H생명도 H카드와 마찬가지로 블록체인과 관련된 상당한 투자를 진행하고 있었다. 저금리 시대에 일부 부유층만이 접근할 수 있었던 중위험 중금리 금융상품을 일반 투자자들에게도 제공하겠다는 야심 찬 시도의 하나로 프로젝트가 시작되었다. 처음에는 글로벌 시장의 금리 차를 이용해 고금리 상품을 저금리 국가의 고객에게 제공하는 콘셉트도 있었다. 해외 부동산 등 중위험 중수익 상품을 블록체인을 통해 토큰화하고, 이를 다른 나라에 있는 고객들에게 제공하겠다는 계획이었다.

그러나 그 당시 디지털 자산 관련 법규나 제도가 아직 제대로 정비되지 않았고, 일부 국가에서만 제한적으로 운영되는 상황에서 원래의 콘셉트를 고수할 수 없었다. 그래서 필자는 국내 일반 투자자들을 대상으로 중위험 중금리에 준하는 상품을 더욱 쉽게 이해할 수 있는 용어와 형태로 제공하기로 결정하고, 국내 서비스로 방향을 전환하여 프로젝트를 추진하게 되었다. 당시는 비슷한 콘셉트의 서비스들이 막 시장에서 인기를 얻기 시작한 시점이기도 했다.

물론, 일반 투자자를 위한 광범위한 서비스를 제공하려면 브로커리지 라이선스를 가진 증권사에서 시작하는 것이 더 적절했을 것이다. 그러나 많은 논의 끝에 B2B 위주로 이루어진 자산운용 시장에서 B2C 시장 진출로 방향을 선회하였고, 그 과정에서 많은 난관이 있었다. 그 당시 프로젝트의 어려움으로 필자는 대상포진을 앓기도 하였다. 우여곡절 끝에 H자산운용은 '투자 편집샵'이라는 콘셉트로 파인PINE 서비스 개발에 착수하게 된다.

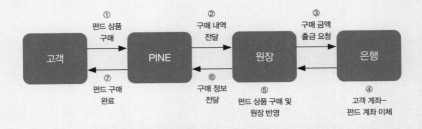

	① 펀드 상품 구매		② 구매 내역 전달		③ 구매 금액 출금 요청	
고객		PINE		원장		은행
	⑦ 펀드 구매 완료		⑥ 구매 정보 전달	⑤ 펀드 상품 구매 및 원장 반영		④ 고객 계좌– 펀드 계좌 이체

파인 펀드 상품 구매 프로세스

B2C를 위한 펀드 상품 구매와 판매가 가능한 원장 시스템을 갖추고 있지 않았던 H자산운용은 코스콤의 원장 시스템과 새롭게 오픈할 파인 앱 서비스를 연동하여 이 문제를 해결하려고 했다. 여기에 자산운용의 레거시Legacy 시스템을 통합하여 고객들이 손쉽게 펀드 상품을 구매할 수 있는 프로세스를 구축하려는 계획이었다.

파인 앱을 통해 고객이 펀드 상품 구매를 요청하면, 파인 시스템은 이 요청을 원장 시스템에 전송한다. 원장 시스템은 고객의 요청에 따라 고객 계좌에서 펀드 계좌로 자금을 이체하고, 이체된 자금으로 펀드 상품을 구매한다. 그 후 파인 시스템은 구매가 완료되었음을 고객에게 앱을 통해 알려준다. 고객이 편안한 소파에 앉아 한 번의 터치로 투자를 완성한다는 개념이다.

파인 시스템은 퍼블릭 클라우드Public Cloud 기반으로 구축되었고, 이를 통해 서비스 채널 운영 및 고객 관리 기능이 구현되었다. 또한, 대고객 마케팅 채널 시스템도 함께 구축되었다. 코스콤Koscom 원장 시스템(파워 베이스Power Base)을 연계하여 고객 원장 및 상품 원장을 관리하고, 펀드 구매를 연동하는 등 거래를 처리하였다.

파인 전용 네트워크는 기존 시스템과의 통신을 위해 구성되었으며, 금융감독원의 가이드에 맞춰 내외부망을 분리하고, 내부망 업무 프로세스 구축을 통해 보안과 안정성을 강화했다. 원장 시스템을 직접 구축하는 것도 가능했지만, 프로젝트 기간을 단축하고 비용 효율을 극대화하기 위해 파인 시스템을 클라우드 기반으로 코스콤 원장 시스템과 연동하여 운영하기로 했다.

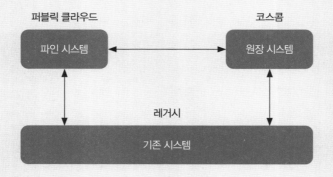

퍼블릭 클라우드   코스콤

파인 시스템   원장 시스템

레거시

기존 시스템

파인 시스템 구성도-퍼블릭 클라우드 이용

파인 서비스는 여러 측면에서 혁신적이었다. 특히 클라우드 관점에서 눈에 띄는 부분은, 파인 시스템이 국내 자산운용 업계 최초로 퍼블릭 클라우드 서버 기반으로 자체 운영된다는 점이었다. 클라우드 기반으로 시스템을 구축함으로써 채널 확장성과 비용 효율화를 달성할 수 있었다. 대고객 인프라가 부족했던 자산운용사에서도 적은 비용으로 빠르게 클라우드 기반 채널을 구축할 수 있었던 것이다. 클라우드 인프라 제공 업체가 운영 및 모니터링을 수행함으로써 별도의 인프라 운영 및 유지보수 인력이 필요하지 않은, 손쉽게 운영 가능한 구조였다.

파인 시스템은 클라우드 기반으로 구축되었기 때문에, 향후 서비스와 시스템이 확장될 때 빠르게 대응할 수 있는 장점이 있었다. 또한, 소프트웨어적으로 외부 리소스를 연동하여 하나의 생태계로 구축할 수 있었던 점도 의미가 있었다. 내부와 외부의 프로세스를 기능적으로 연결할 때 비로소 속도감 있는 혁신이 가능하다는 것을 깨달았다.

이 프로젝트는 단순히 기술적인 혁신을 넘어, H자산운용이 B2B에서 B2C 시장으로의 전환을 모색하는 과정에서 얻은 귀중한 경험이었다. 파인 시스템을 통해 우리는 고객들이 더 쉽게 투자에 접근할 수 있도록 도왔고, 동시에 비용 효율적인 방법으로 이 서비스를 제공할 수 있었다.

열정과 스피릿을 위한
소프트웨어 문화 재설계

디지털 혁신 리그에서 슈퍼 팀으로 거듭나기 위해서는 무엇보다도 팀 스피릿을 강화하고, 문화와 마인드셋 변화를 이끌어내야 한다. 필 잭슨 감독이 시카고 불스를 이끌며 팀의 정신과 문화를 재설계해 전설적인 팀으로 만든 것처럼, 기업도 혁신 문화를 촉진하여 강력한 플레이를 할 수 있는 환경을 조성해야 한다. 디지털 리그의 본질에 맞게 재설계된 기반 위에서 각 플레이어가 자신의 역할을 명확히 이해하고 협력과 혁신 문화를 촉진하여 창의적이고 효율적인 플레이를 할 수 있다면 전통 기업도 관성을 극복하고 디지털 혁신 리그의 슈퍼 팀이 될 수 있을 것이다. 필 잭슨이 팀의 조화를 통해 지속적인 승리를 이끌어낸 것처럼, 이러한 변화는 기업의 지속성을 담보하며 미래의 도전에도 유연하게 대응할 힘을 제공할 것이다.

조직 관성으로 인한 변화 저항성 극복

관성은 물리학에서 정지한 물체가 계속 정지해 있고, 움직이는 물체는 계속 움직이려는 성질을 말한다. 물체의 질량이 클수록 관성도 커진다. 전통 기업도 마찬가지다. 체계적인 시스템과 오랜 사업 경험을 통해 점점 더 큰 관성을 갖게 된다. 기업은 과거의 경험과 내부 관습, 문화를 중시하며 고객보다는 조직 내부에 집중하는 경향이 있다. 오랜 역사를 가진 기업일수록 이런 경향을 극복하기 어렵다. 전통 기업은 오랜 시간 형성된 관성 때문에 새로운 방향으로 전환하는 데 어려움을 겪는다. 전통 기업이 디지털 혁신을 넘어선 초혁신을 성공적으로 이루기 위해서는 고객의 관점에서 가치를 재고하고, 조직 문화를 변화시키며, 내부의 관성을 극복하려는 노력이 필요하다.

미국 NMTCNational Manufacturing Technology Conference의 조사에 따르면, 기업이 과거의 경영 방식이나 성공 경험에 집착하는 '조직 관성'이 변화를 어렵게 만드는 가장 큰 장해물이라고 한다. 기존의 관행과 고정관념에 대한 집착은 새로운 기회를 포착하거나 창의적인 실험을 하는 데 결정적인 장해가 된다. 따라서 규모가 크고 오랜 역사를 가진 기업일수록, 그리고 시장의 선두 주자일수록 이 고착화된 관성을 극복하는 것이 생존과 직결된다.

한때 성공의 기반이 되었던 우수한 문화가 시간이 지나면서 변화를 거부하는 족쇄가 되어 실패를 초래할 수 있다. '성공의 딜레마'라는 개념은 조직 관성으로 인한 변화 저항성과 관련이 있으며, 시대 변화에 맞는 끊임없는 혁신을 가로막는 주된 이유가 된다. 혁신이 시급한 상황에서도 지속성이 보장되지 않는 이유는 관성을 극복할 수 있는 문화적 재설계가 이루어지지 않기 때문이다. 일본의 전자 기업들이 한때 산업 내 1위를 차지했지만, 변화의 파도에 휩쓸려 시장에서 사라진 이유도 이 때문이다.

조직 내에 깊이 뿌리박힌 문화는 조직 관성으로 인해 변화에 저항하게 만들고, 이는 결국 끊임없이 혁신을 가로막는다. 전통 기업은 내부의 저항을 극복하고, 지속적인 혁신을 위해 문화를 재구성해야 한다. 이를 위해 기업은 유연한 사고와 개방적인 태도로 변화를 수용해야 하며, 직원들이 새로운 아이디어를 제안하고, 실패를 두려워하지 않으며, 끊임없이 배우고 성장할 수 있는 환경을 조성해야 한다. 리더는 변화의 비전을 제시하고, 직원들에게 영감을 주며, 지속적인 성장을 지원해야 한다. 이처럼 디지털 혁신과 초혁신의 성공은 기술과 문화가 하나로 어우러질 때 비로소 이루어진다. 기술이 혁신의 도구라면, 문화는 그 도구를 가장 효과적으로 사용할 수 있게 하는 힘이다. 기업이 기술과 문화를 조화롭게 융합할 때, 진정한 디지털 초혁신을 이루고 변화하는 세상에서 앞서 나갈 수 있다.

베인앤컴퍼니의 조사에 따르면, 미국 제조업의 66%가 디지털 기술에 투자하고 있지만, 단지 25%의 기업만이 기대한 성과를 얻고 있다. 맥킨지의 2019년 조사에서는 석유, 자동차, 제약과 같은 전통 산업의 디지털 전환 성공률이 4~11%에 불과하며, 디지털 기반 산업에서도 성공률은 26% 이하이다. 보스턴컨설팅그룹이 전 세계 70개 기업 895명의 임직원을 대상으로 실시한 조사에 따르면, 디지털 전환에 성공한 기업은 30%에 불과했고, 실패의 주된 원인은 조직의 관성 때문이었다. 이는 깊이 뿌리박힌 행동 패턴이 변화를 가로막는다는 것을 보여준다.

산업 시대의 관성을 극복하지 못하고 기술만 적용하여 실패한 기업들은 수없이 많다. 코닥은 20세기 대부분 동안 세계 사진 필름 시장을 지배했지만, 디지털 사진 혁명을 놓쳤다. 1975년 세계 최초로 디지털카메라를 개발한 스티브 새슨은 코닥의 엔지니어였다. 그러나 경영진은 필름의 성공에 집착해 디지털 기술을 와해성 기술로 인식하지 못했다. 결국, 코닥은 2012년 파산 신청을 했다.

성공 가도를 달리다 추락한 노키아의 사례도 마찬가지다. 핀란드에서 창업해 세계 최초의 셀룰러 네트워크를 만들어낸 노키아는 1990년대 말과 2000년대 초에 모바일폰 분야에서 정상의 자리를 차지했다. 그러나 노키아는 소프트웨어의 중요성을 깨닫지 못하고 하드웨어에만 집중했다. 경영진은 큰 변화가 현재 사용자들을 소외시킬 것을 두려워하며 관성에 사로잡혔다. 결국, 형편없는 운영 시스템을 개발하게 되었고, 시장은 냉정했다. 노키아는 자사 브랜드의 강점을 과대평가하며 스마트폰 시장에 늦게 뛰어들고도 성공할 수 있을 것이라 믿었다.

코닥과 노키아의 사례는 과거의 성공에 집착하고 변화의 물결에 대응하지 못한 기업들이 어떻게 쇠락하는지를 잘 보여준다. 이는 변화하는 환경에 맞서 변화를 수용하지 않으면, 과거의 경험에 의존하다 결국 실패에 이르게 된다는 것을 의미한다. 혁신을 위해서는 유연한 사고와 문화적 변화를 수용할 수 있는 능력이 필수적이다. 포드는 모빌리티 회사로 변신하기 위해 '포드 스마트 모빌리티'라는 자회사를 설립하고 자율주행과 차량 공유 분야에 많은 돈을 투자했다. 그러나 기존 조직과 디지털 조직의 협업이 전혀 이루어지지 않아 디지털 혁신에 실패했다. 제너럴일렉트릭GE, General Electric도 'GE 디지털'을 설립하고 산업 인터넷 개념으로 빅데이터 플랫폼 프레딕스를 개발했으나, 역시 실패했다. 이들 전통 기업들은 과감한 관점과 문화의 변화를 수용하지 못했고, 과거의 성공 방식에 집착했다.

안타깝게도 전통 기업들은 여전히 테일러리즘, 포디즘, 가치사슬에 기반해 운영되고 있는 듯하다. 이러한 기업들은 엄격한 계층 구조와 명령 체계를 유지하는데, 이는 혁신을 저해하고 유연성을 떨어뜨리는 주된 요인이다. 생산 공정에서의 표준화와 효율성 추구는 비용 절감에는 기여할 수 있지만, 변화에 대한 빠른 대응과 창의적인 문제 해결을 방해한다. 기능적 조직 구조는 부서 간 협력이 부족하고 정보의 흐름이 원활하지 않아 사일로 현상을 초래한다. 이는 종종 부서 간의 경쟁과 갈등을 유발하며, 조직 전체의 목표 달성에 장해가 된다.

디지털 초혁신을 위한 기술과 문화의 융합

디지털 초혁신은 디지털 혁신의 본질을 명확히 이해하고 필요조건을 갖추어야 가능하다. 더 나아가 조직 문화, 인식, 마인드셋의 변화가 지속성을 위한 충분조건임을 잊어서는 안 된다. 디지털 시대에 변화는 일상이며, 지속적으로 변화하는 과정이 포함되지 않은 혁신은 성공할 수 없다. 초혁신 시대에는 비트 기반의 고객 가치 제공을 위한 프로덕트, 고객 경험, 프로세스, 생태계 및 이를 아우르는 문화적 전환이 필수적이며, 이는 조직의 장기적인 성공을 보장하는 디지털 초혁신의 충분조건이다. 이를 통해 우리는 조직이 과거의 성공에 안주하지 않고, 끊임없이 변화를 수용하며 혁신을 지속할 수 있는 문화를 만들어야 한다는 것을 알 수 있다.

리그에서 경쟁력 있는 기업이 되기 위해서는 조직 자체가 초혁신에 맞게 변모해야 한다. 전통적인 가치사슬 기반의 경직된 조직 문화를 벗어나, 디지털 프로덕트를 중심으로 한 유연하고 협력적인 문화로 전환해야 한다. 팀원 각자의 능력을 최대한 발휘하고 몰입도를 높일 수 있는 환경을 조성하는 것도 중요하다. 디지털 프로덕트 중심 사고는 팀원들이 공동의 목표를 위해 협력하고, 각자의 전문성을 최대한 발휘할 수 있도록 돕는다. 이는 제품 개발 주기를 단축시키고, 시장의 변화에 신속하게 대응할 수 있게 한다.

디지털 프로덕트 중심 구조에서는 다양한 기능을 가진 팀원들이 한 팀으로 모여 협력한다. 이러한 프로덕트 중심 조직은 끊임없이 변화를 수용하며 혁신을 지속할 수 있는 문화를 만들어준다. 애자일 스프린트의 형태로 개발자, 디자이너, 마케터, 영업 담당자 등이 하나의 팀을 이루어 제품 개발을 진행한다. 이는 기능 간의 장벽을 허물고, 빠른 의사결정과 유연한 대응을 가능하게 한다.

조직 문화를 근본적으로 바꾸며 디지털 혁신을 성공적으로 이끈 사례로 존 디어의 AOM_{Agile Operating Model} 도입을 들 수 있다. 이 모델 덕분에 제품 개발 주기가 단축되고, 고객의 요구를 신속하게 반영하여 경쟁력을 강화할 수 있었다. 특히, 다양한 기능을 가진 이들이 한 팀으로 모여 협력하면서 기능 간의 장벽을 허물고, 빠른 의사결정과 유연한 대응이 가능하게 되었다. 이러한 접근 방식은 투명한 소통과 협력을 촉진하며, 팀원들이 문제를 해결하고 목표를 달성하기 위해 함께 노력할 수 있는 환경을 조성했다.

캐피털원도 애자일 모델을 통해 금융 서비스의 혁신을 이끌어내고, 고객 중심의 디지털 서비스를 제공하고 있다. 캐피털원의 애자일 모델은 고객의 요구를 반영하여 서비스를 개발하고, 반복적인 피드백을 통해 지속적으로 개선해나가는 것을 핵심으로 한다. 작은 단위의 애자일 팀은 자율적으로 운영되며, 각 팀은 독립적으로 의사결정을 내리고 목표를 달성하기 위해 최선을 다한다. 이를 통해 '노동으로부터의 소외'가 아닌 '전 과정으로의 참여'로 전환되며, 구성원과 조직의 몰입도가 향상된다.

초혁신을 위해서는 문화의 재설계와 조직적 수용이 필수적이다. 수평적 조직 구조, 자율과 책임, 권한위임, 디지털 프로덕트 중심의 조직 구조, 프로덕트 오너 중심의 실질적 애자일 조직 구성, 비즈니스 프로세스 재설계 등을 통해 소프트웨어 기반의 고객 중심 문화로 거듭나야 한다. 이러한 준비가 되어야만 AI 초혁신이 가능하다.

형태는 기능을 따른다는 디자인의 원칙처럼, 혁신은 문화를 따른다. 디지털을 넘어선 초혁신의 완성은 결국 조직 구성원인 사람들, 즉 그들을 움직이는 문화에 달려 있다. AI 초혁신의 시대에도 사람 중심의 혁신이 되기 위해서는 이러한 문화 정착이 시급하며, 이는 지속 가능한 디지털 혁신과 그 너머를 위한 충분조건이 될 것이다. 이 모든 것은 엔진의 윤활유와 같다. 조직의 구조와 문화가 원활히 작동해야 비로소 진정한 혁신을 이루어낼 수 있다. 조직은 유기적으로 움직이는 팀워크의 결과물이 되어야 한다. 전통 기업들이 안고 있는 조직적 관성을 이해하고 이를 프로덕트, 고객 경험, 프로세스, 생태계 재설계를 통해 극복할 수 있는 환경을 조성하면, 지속 가능하고 강력한 실행력을 갖춘 조직 문화를 만들어낼 수 있다.

AI는 초혁신의 새로운 물결에서 핵심적인 역할을 맡고 있으며, 전통 기업들은 이 기회를 활용해 빠르게 변화하는 디지털 세계에서 혁신의 리더로 자리 잡아야 한다. AI의 발전과 함께 초혁신의 미래는 무한한 가능성을 가지고 있으며, 이를 통해 지속 가능한 성장을 이룰 수 있다. 그러나 중요한 것은 기술 그 자체가 아니라, 기술을 뒷받침할 수 있는 기반, 본질에 대한 이해, 그리고 사람과 문화이다. 디지털 초혁신은 단순한 의욕으로는 불가능하며, AI도 튼튼한 기반 없이 성공할 수 없다는 점을 이해해야 한다. 기초가 탄탄해야 AI와 상호작용하며 진정한 혁신을 이룰 수 있다. AI를 활용한 디지털 초혁신은 고급 디지털 과정임을 상기해야 한다.

AI 기술만으로는 혁신에 성공할 수 없다. 기업이 AI를 활용해 진정한 디지털 초혁신을 이루려면, 소프트웨어적 사고방식, 체계적인 준비, 그리고 전략적 기반이 필요하다. 전통 기업들도 성공적인 초혁신을 위해 이러한 요소들을 갖춰야 한다.

디지털 초혁신 기반을 마련하는 것은 단순히 기술적인 부분을 넘어, AI 중심의 혁신을 가능하게 만드는 필수 과정이다. 이 기반이 없으면 뛰어난 AI 기술도 한계에 부딪히게 된다.

2부에서 전통 기업들이 어떻게 디지털 초혁신 구조를 재설계하고, AI가 진정한 슈퍼스타로 성장할 수 있는 환경을 만들 수 있는지 논의했다. 이를 통해 AI 중심의 초혁신을 현실로 만들고, 기업들이 디지털 초혁신에서 성공할 수 있는 준비 과정을 이해할 수 있었다.

다음 3부에서는 AI의 잠재력을 더 깊이 탐구하고, 디지털 초혁신 기반 위에서 어떻게 새로운 가치를 창출할 수 있을지 살펴보고자 한다.

PART 3

리그 슈퍼스타의 개인 역량과 진화

디지털 수저의 끝판왕,
생성형 AI

디지털 혁신 리그의 경기장은 그야말로 숨 막히는 긴장감으로 가득하다. 오늘 경기에선 모두의 시선이 한 선수에게 집중되고 있다. 기호주의와 연결주의의 후손, AI 가문의 4세, 생성형 AI가 그 주인공이다. 그의 등장은 단순히 디지털 수저의 끝판왕이라는 타이틀에 그치지 않았다. 기호주의와 연결주의 선조들의 DNA를 물려받은 그는 경기가 시작되자 전례 없는 플레이를 선보이며 모든 이의 관심을 한 몸에 받기 시작했다. 상상할 수 없을 정도로 창의적인 플레이와 거침없는 공격으로 경기의 흐름을 장악하기 시작했다. 언론은 디지털 혁신 리그의 새로운 기대주라며 찬사를 아끼지 않았다. 지루한 플레이로 혁신성이 떨어진다는 평가를 받고 있는 클라우드, 빅데이터, 모바일을 반전시킬 슈퍼스타라는 기대까지 받고 있다. 생성형 AI

세대별 기호주의와 연결주의

세대	기호주의	연결주의	주요 사건 및 기술
1세대 (1956~1974)	규칙 기반 시스템 일라이자	퍼셉트론, 인공신경망 제안	다트머스 학술회의, 기호주의의 초기 성공과 한계, 연결주의의 초기 한계
2세대 (1980~1987)	전문가 시스템 마이신, 프로스펙터	역전파 알고리즘 볼츠만 머신, 홉필드 네트워크	기호주의의 상업적 성공과 한계, 연결주의의 신경망 연구 발전
3세대 (1993~2011)	딥 블루, 강화학습(TD-개먼)	SVM, LSTM, 딥러닝 초기 연구	딥 블루의 체스 챔피언 승리, 강화학습 발전, 신경망 기술 발전과 딥러닝 연구의 기초 마련
4세대 (2012~현재)	데이터 마이닝, 강화학습	딥러닝 (알렉스넷, GANs, 트랜스포머)	알렉스넷의 이미지넷 우승, GANs의 창의적 AI 응용, 트랜스포머 모델의 NLP 혁신

는 정말 앞으로 디지털 혁신 리그의 슈퍼스타로 성장할 대단한 잠재력을 가지고 있는 것일까?

1세대 기호주의와 연결주의 형제들(1956~1974)

1956년 다트머스대학에서 '지능을 가진 기계'를 주제로 한 학술회의가 열렸다. 그리고 이곳에 모인 학자들이 최초로 '인공지능 Artificial Intelligence'이라는 용어를 사용했다.

1960년대, AI 가문의 첫째인 기호주의 Symbolism 는 인간이 인공지능을 만들 수 있다는 기본 사상을 바탕으로 논리적 추론과 규칙을 기반으로 한 시스템을 구상하여 두각을 보였다. 인간이 짠 규칙 기반 프로그래밍으로 인공지능을 구현하고자 한 것이다. 프로그래밍이란 규칙과 데이터를 입력해 정답을 출력하는 과정으로, 알고리즘으로 대표되는 규칙과 자료 구조로 대표되는 데이터의 결합을 말한다. 초기의 인공지능은 사람들이 수많은 규칙을 일일이 입력해만 작동했다. 많은 조건을 거쳐 결론을 이끌어내는 초기 인공지능은 이와 같이 규칙을 주로 사용하였다.

인간이 프로그램을 짜고 기계가 그 규칙에 따라 연산을 하는 구조이므로 인간이 먼저 프로그램하지 않으면 기계는 그 어떠한 것도 할 수가 없다. 이러한 불편함에도 불구하고 인공지능이라 불릴 만한 많은 일을 무리 없이 제법 잘 해냈다. 그러다 보니 인공지능의 미래가 규칙 기반에 의해 해결되리라는 큰 희망을 품게 되었다.

1966년에 개발된 자연어 처리NLP, Natural Language Processing 프로그램 **일라이자**ELIZA는 기호주의의 대표적인 사례이다. 이것은 규칙을 기반으로 인간과 대화하는 프로그램으로, 사전에 정의된 규칙에 따라 답변을 제공했다. 이러한 규칙 기반의 인공지능은 초기에는 많은 기대를 모으며 기대감을 키웠으나 시간이 지나면서 한계를 드러내기 시작했다.

그러나 기호주의의 동생 연결주의Connectionism는 완전히 달랐다. 인간처럼 배우는 인공지능이 가능하다고 생각했다. 어린아이가 일일이 규칙을 가르쳐주지 않아도 원숭이와 사람, 개와 고양이를 구분할 수 있는 것처럼, 연결주의는 어린아이가 배우듯이 인간 두뇌가 데이터를 처리하는 방식을 모방하는 게 가능하다고 보았다. 이 방식은 '엔드 투 엔드End-to-End'로, 데이터를 입력하고 처리하는 등 인간의 개입을 최소화하여 기계가 답을 찾도록 하는 접근법이다.

기호주의는 기계가 주어진 조건에 의해 완벽하게 답을 하려면 완벽한 조건이 전제되어야 했다. 만약 조건의 기준이 불명확하거나 조건이 누락된다면 우리가 원하는 답이 도출되지 않을 수도 있다. 그리고 매번 다른 답을 얻기 위해 프로그래밍을 수정하는 것도 보통일이 아니었다.

그러한 기호주의에 비해 연결주의는 인공지능에 대해 더 낭만적인 관점을 가지고 있었다. '명확하게 잘 모르겠지만 기계가 뭔가 인간과 유사한 방식으로 해낼 수 있지 않을까?'라고 상상하면서 인간과 유사한 형태의 인공지능에 매진했다.

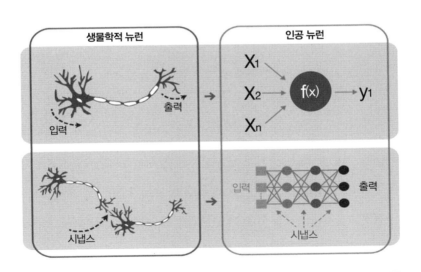

뇌신경망과 퍼셉트론
퍼셉트론은 인공신경망의 가장 기본적인 단위로, 하나의 뉴런을 모형화한 것이다.

연결주의의 시작은 인간의 뇌가 뉴런으로 구성되어 있고 그물망처럼 연결되어 있다는 것에서 착안했다. 그래서 인공적인 신경망을 그물망처럼 연결시켜 만들자고 제안했다. 즉, 인간의 뇌가 작동하는 방식을 인공적으로 재현하려 했다. 첫 사례는 1958년에 등장한 인공신경망 **퍼셉트론**Perceptron이었다. 입력-은닉층-출력 구조를 가진 인공신경망이었는데, 은닉층이 하나밖에 없는 단순한 형태였다.

기호주의와 연결주의 형제는 초기에는 각각의 방식으로 많은 기대를 모았지만, 얼마 지나지 않아 두 접근 방식 모두 한계를 드러냈다. 기호주의는 규칙 기반의 한계로 인해 복잡한 문제를 해결하는 데 어려움이 있었고, 연결주의는 초기 퍼셉트론의 단순함으로 인해 충분한 성능을 발휘하진 못했다. 이로 인해 AI 가문은 1974년부터 1980년까지 첫 번째 위기를 맞이하게 되었다. 이 기간에 AI 연구에 대한 관심과 지원이 급격하게 줄어들었다.

2세대 기호주의와 연결주의 자녀들(1980~1987)

2세대는 AI 가문에 새로운 전기를 맞이했던 시기다. 기호주의의 자녀들이 문제 해결을 위한 알고리즘에서 성과를 내면서 2세대 기호주의가 부흥했다. 규칙 기반 시스템과 논리적 추론을 통해 AI를 구현하는 2세대 기호주의는 다양한 전문가 시스템의 개발과 상업적 성공을 통해 AI의 실질적 응용 가능성을 입증했다.

대표적인 예로, 의료 진단을 위한 전문가 시스템인 **마이신**MYCIN이 있다. 마이신은 세균 감염 및 치료를 진단하는 시스템으로 규칙 기반 접근 방식을 통해 특정 도메인에서의 가능성을 보여주었다. 이 시스템은 의사들에게 항생제 추천 및 복용량 조언을 제공하며 진단 정확도를 높여주었다. 마이신은 지식 기반 시스템이 실제 문제 해결에 어떻게 활용될 수 있는지를 보여주는 대표적인 사례 중 하나이다.

광물 탐사를 위한 전문가 시스템인 **프로스펙터**Prospector 역시 2세대 기호주의의 중요한 성과 중 하나인데, 프로스펙터는 지질학적 데이터를 사용하여 광물 자원의 위치를 예측하는 시스템으로 지질학적 데이터 분석 및 해석에서 높은 정확도를 보였다.

이러한 시스템들은 규칙 기반의 AI가 인간이 하던 것을 더욱 효율적으로 수행해내면서 실질적인 문제 해결에 어떻게 기여할 수 있는지를 명확하게 보여주었다. 마이신, 프로스펙터와 같은 전문가 시스템들은 각각의 분야에서 AI의 실질적인 적용 가능성을 보여주면서 다양한 산업에서 AI 기술의 상용화 기회를 넓혀갔다.

2세대 기호주의 자녀들의 접근 방식도 초기에는 매우 성공적이었지만, 규칙 기반이 가지고 있는 태생적인 한계를 극복하지 못했다. 복잡한 현실 세계의 모든 상황을 규칙으로 표현하는 어려움과 지식 획득과 유지보수의 난관이 늘 존재했다. 이러한 한계는 기호주의의 발전을 막고 사람들이 빠르게 등을 돌리게 하는 요인이 되었으며, AI 가문의 두 번째 위기로 다가왔다. 연구 자금이 감소하고 많은 프로젝트가 중단되는 위기가 있었으나, 이러한 위기는 이후 기호주의 자손들이 새로운 방법론과 기술을 연구하는 데 큰 원동력이 되었다.

2세대 연결주의 자녀들도 1980년대에 AI 가문이 다시 부흥하는 데 큰 역할을 하였다. 1980년대는 기호주의와 연결주의의 자녀들 모두 AI 가문을 위해 왕성하게 활동했던 시기로, 특히 2세대 연결주의가 중요한 학문적 발전을 이루며 AI의 가능성을 더욱 확장했다. 2세대 연결주의는 신경망 모델의 연구와 발전을 통해 AI의 지평을 넓혔던, 특히 다층신경망의 학습을 가능하게 한 여러 혁신적인 이론들이 등장했던 시기였다.

1986년에 등장한 **역전파 알고리즘**Backpropagation은 다층 퍼셉트론의 학습을 가능하게 하여 신경망 연구에 혁신을 가져왔다. 이 알고리즘은 **다층 퍼셉트론**의 가중치를 조정하여 오류를 최소화하는 방법으로, 신경망이 더 깊은 구조를 학습할 수 있게 하여 이전보다 훨씬 더 정교한 작업을 수행할 수 있게 하였으며, AI 연구에 새 지평을 열었다. 역전파 알고리즘은 신경망이 복잡한 패턴 인식을 수행하는 데 중요한 기술적 돌파구였다.

1985년, 제프리 힌튼과 테리 세즈노프스키가 개발한 **볼츠만 머신**Boltzman Machines은 확률적 신경망 모델로 복잡한 패턴 인식 문제를 해결하는 데 활용되었다. 볼츠만 머신은 에너지 기반 모델을 사용하여 데이터의 확률적 구조를 학습하여 신경망이 불완전하거나 노이즈가 많은 데이터를 처리할 수 있도록 하였다. 1982년, 존 홉필드가 제안한 **홉필드 네트워크**Hopfield Network는 메모리 저장 및 연관 기억 모델에 중요한 기여를 했는데, 이 모델은 안정적인 패턴을 인식하고 기억하는 데 사용되며 신경망 이론의 기초를 마련하였다. 특히 연관 기억과 최적화 문제를 해결하는 데 유용했으며, 초기 신경망 연구의 핵심 모델 중 하나였다.

2세대 연결주의 자녀들은 역전파 알고리즘, 볼츠만 머신, 홉필드 네트워크와 같은 혁신적인 이론을 통해 신경망 연구의 지평을 열었다고 평가되고 있다. 이론적인 신경망 모델을 제대로 작동하게 하려면 대규모의 데이터와 고성능 컴퓨팅 자원이 필요했다. 이를 제공하기 위한 기반이 마련되지 않았던 시기에 2세대 연결주의의 자녀들은 학문적인 연구에 더욱 매진함으로써 AI 가문이 후대에 큰 발전을 하는 데 기여했다고 평가된다. 그러나 신경망의 학습 과정에서 발생하는 오버 피팅 문제와 학습 속도 저하 등의 문제도 여전히 해결해야 할 과제로 남아 있었다.

기호주의 자녀들의 전문가 시스템의 상업적 실패와 연결주의 자녀들의 신경망의 적용상의 한계로 인해 연구 자금이 감소하는 등 AI 가문의 두 번째 위기(1987~1993)가 찾아왔다. AI 가문의 두 번째 위기로 인해 많은 프로젝트가 중단되었지만, 이 시기를 통해 AI 연구는 넓이와 폭이 더욱 깊어지고 견고해졌으며 이로 인해 AI 가문은 새로운 도약을 준비할 수 있었다. 이러한 도전을 극복하기 위해 새로운 방법론과 더 나은 기술을 연구하며 이후 다가올 AI의 부활을 위한 기초를 다졌다.

특히, 2세대 연결주의 자녀들은 AI 연구에서 중요한 역할을 했으며, 역전파 알고리즘, 볼츠만 머신, 홉필드 네트워크와 같은 이론들이 신경망을 한 단계 업그레이드하는 데 큰 역할을 했다는 것은 분명한 사실이다. AI가 복잡한 문제를 해결하는 데 있어서 신경망 모델의 가능성을 이론적으로 보여주었으며, 이후 연구와 발전의 밑거름이 되었다.

3세대 기호주의와 연결주의 손자들(1993~2011)

1980년대 후반부터 1990년대 중반까지 AI 가문은 두 번째 위기를 맞으면서 잠시 주춤했지만, 1990년대 중반부터 기호주의가 다시 한번 부흥기를 맞이하였다. 3세대 기호주의는 주로 지식 기반 시스템과 검색 알고리즘의 발전을 통해 그 가치를 입증했다. 이 시기의 성과는 AI의 상업적 응용 가능성을 대폭 확대시켰다는 것이다.

1997년 IBM의 **딥 블루**Deep Blue가 세계 체스 챔피언 가리 카스파로프를 이기면서 AI의 가능성을 세계에 알렸다. 딥 블루는 기호주의 접근 방식을 사용하여 체스 게임에서의 최적 전략을 계산했다. AI가 단순히 규칙 기반 시스템을 넘어서 복잡한 문제를 해결할 수 있다는 것을 입증한 사례였다. 또한, 기호주의가 복잡한 전략 게임에서 유의미한 성과를 낼 수 있음을 보여준 대표적인 사례이기도 했다.

1990년대 중반, 월드 와이드 웹의 발전과 함께 정보 검색 알고리즘도 중요한 역할을 하기 시작했다. 특히 구글의 페이지 랭크Page Rank는 기호주의의 규칙 기반 접근 방식을 활용하여 웹 페이지 링크 구조를 분석하고, 이를 통해 검색 결과의 품질을 크게 향상시켰다. 구글이 기호주의 기반으로 시작하여 연결주의를 대표하는 기업으로 성장했다는 것은 참으로 아이러니하다. 그 후 구글의 알고리즘은 이후 많은 검색엔진에서 활용되었으며 기호주의가 실생활에 적

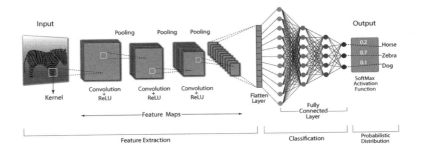

합성곱신경망
다층 퍼셉트론의 한 종류로, 신경망에 기존의 필터 기술을 병합하여 최적화시킨 알고리즘으로 2차원 데이터의 입력과 훈련이 용이하고 적은 매개변수라는 장점을 가지고 있다.

용된 성공적인 사례로 평가받고 있다. 3세대 기호주의에서 빼놓을 수 없는 업적 중 하나가 강화학습 발전을 통해 중요한 성과들을 창출해낸 것이다. **강화학습**Reinforcement Learnin 은 에이전트가 환경과 상호작용하면서 최적의 행동을 학습하는 기법이다.

3세대 연결주의의 손자들은 신경망 연구에서 많은 진전을 이루었으며 특히 딥러닝의 초기 발전에 기여하였다. 이 시기에는 **서포트 백터 머신**SVM, Support Vector Machine, **합성곱신경망**CNN, Convolutional Neural Network, **장단기 메모리**LSTM, Long Short-Term Memory와 같은 기법들이 개발되었는데, 이들은 AI가 다양한 패턴 인식 문제를 해결하는 데 중요한 역할을 하였다.

서포트 벡터 머신은 1990년대 중반에 도입되어 고성능 분류 기법으로 주목을 받았다. SVM은 고차원 공간에서 데이터 포인트를 분류하는 초평면을 찾는 알고리즘으로 다양한 패턴 인식 문제에서 높은 성능을 보여주었다. SVM은 특히 소규모 데이터셋에서 뛰어난 일반화 능력을 보였으며, 이미지 인식, 텍스트 분류 등 다양한 분야에서 성공적으로 사용되었다. 연결주의가 신경망 이외의 방법으로도 AI 연구에 큰 기여를 할 수 있음을 입증한 사례이다.

1997년에 개발된 LSTM은 장기 의존성을 학습할 수 있는 순환신경망RNN, Recurrent Neural Network 구조를 제안하였다. LSTM은 텍스트와 시계열 데이터 처리에서 성능을 크게 향상시켜 자연어 처리 및 시계열 예측 분야에서 널리 사용되었다. LSTM은 정보가 순환신경망을 통해 흐르며 장기적으로 유지될 수 있도록 하는 메모리 셀을 도입하여 기존의 순환신경망의 단기 기억 문제를 해결했다. 이는 언어 모델링, 기계 번역, 음성 인식 등 다양한 응용 분야에서 뛰어난

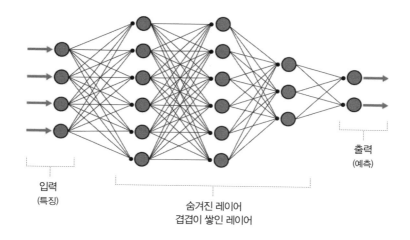

입력
(특징)

숨겨진 레이어
겹겹이 쌓인 레이어

출력
(예측)

딥러닝의 인공신경망 구조
복잡한 패턴을 인식하고 인간과 유사한 방식으로 일관성을 만들 수 있는 머신러닝의 한 유형이다.

성능을 발휘했다. 또한, 3세대 연결주의의 발전은 **딥러닝**Deep Learning 의 초기 연구에도 중요한 영향을 미쳤다.

딥러닝은 다층신경망을 활용하여 복잡한 패턴 인식 문제를 해결하는 기술로, 2000년대 초반부터 본격적으로 연구되기 시작했다. 초기 딥러닝 연구는 대규모 데이터와 강력한 컴퓨팅 자원의 부족으로 인해 한계가 있었지만, 2006년부터 비지도 학습을 통한 심층신경망DNN, Deep Neural Network, 학습 방법을 제안하면서 큰 전환점을 맞이했다.

이는 딥러닝이 다시 주목을 받는 계기가 되었으며, 이후 대규모 데이터와 GPU의 발전을 통해 딥러닝은 AI 연구의 주류로 자리 잡게 되었다. 3세대 연결주의는 신경망 모델의 발전과 더불어 다양한 패턴 인식 문제를 해결하는 데 중요한 기여를 하였다. 또한, 딥러닝의 기초를 마련하였으며, 이후 AI 연구와 응용에서 지대한 영향을 미쳤다.

3세대 기호주의와 연결주의의 손자들은 각각의 방식으로 AI 연구와 발전에 중요한 기여를 했다. 기호주의는 딥 블루와 같은 전략 게임에서의 성공, 정보 검색 알고리즘의 발전, 강화학습의 성과를 통해 AI의 상업적 응용 가능성을 크게 확장했다. 연결주의는 SVM, CNN, LSTM과 같은 기술들의 발전을 통해 신경망 모델의 성능을 크게 향상시켰으며, 딥러닝의 기초를 마련했다. AI가 다양한 분야에서의 실질적인 문제 해결과 더불어 AI가 앞으로 나아갈 방향을 제시했다는 큰 의미를 갖고 있다. 3세대 기호주의와 연결주의의 성과와 교훈은 AI 혁신의 튼튼한 밑거름이 되었다.

4세대 기호주의와 연결주의 증손자들(2012~현재)

4세대 연결주의 증손자들은 딥러닝의 급속한 발전과 함께 마침 내 AI 연구의 중심에 자리 잡게 되었다. 1세대부터 이어오던 기호주 의와 연결주의의 기나긴 경쟁은 4세대에 이르러 연결주의를 중심으 로 재편되고 있는 분위기다.

이 시기는 대규모 신경망의 학습과 고성능 컴퓨팅 자원의 활용 이 두드러지며, 특히 이미지와 텍스트 처리 분야에서 획기적인 성과 를 이루었다. 딥러닝은 2012년 **알렉스넷**AlexNet이 **이미지넷**ImageNet **대 회**에서 우승하면서 본격적으로 주목받기 시작하였다. 이미지넷 대 회는 이미지 인식과 분류의 정확도를 겨루는 경쟁으로, 알렉스넷은 기존 기법을 뛰어넘는 성과를 보이며 딥러닝의 가능성을 대중에게 입증했다. 알렉스넷은 합성곱신경망을 활용하여 이미지를 처리했는 데, 이는 이미지 특징을 효과적으로 학습하고 인식하는 데 큰 역할 을 하였다. 이 사건은 AI 연구에 있어서 중요한 전환점이 되었으며, 이후 많은 연구자가 딥러닝을 중심으로 연구에 집중하는 계기가 되 었다.

CNN은 이미지 처리와 컴퓨터 비전 분야에서 혁신을 일으켰다. CNN은 합성곱 층을 통해 이미지의 공간적 구조를 효과적으로 학 습하며 필터를 사용해 중요한 특징을 추출해낸다. 객체 인식, 얼굴 인식, 자율주행차 등 다양한 응용 분야에서 뛰어난 성과를 보여주 었다. 특히, CNN은 이미지 데이터의 복잡한 패턴을 인식하는 데 탁 월한 능력을 발휘하며 딥러닝의 핵심 기술로 자리 잡게 되었다.

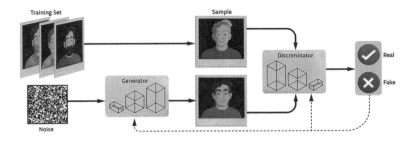

2014년에 제안된 **생성적 적대 신경망**GANs, Generative Adversarial Networks은 생성 모델과 판별 모델의 경쟁을 통해 고품질의 데이터를 생성하는 기술이다. GANs는 이미지 생성, 스타일 변환, 데이터 증강 등 다양한 응용 분야에서 혁신적인 결과를 보여주었다. GANs는 창의적인 AI 응용 가능성을 크게 확장하며, 예술과 디자인, 엔터테인먼트 등 다양한 분야에서 새로운 가능성을 열어주었다.

2017년, 구글의 **트렌스포머**Transformer **모델**은 자연어 처리 분야에서 혁신을 가져왔다. 이 모델은 **셀프 어텐션**Self-Attention 체계를 도입하여 병렬 처리와 긴 문맥을 효과적으로 학습할 수 있게 했다. 이는 BERT, 챗GPT 시리즈 등의 대형언어모델로 이어졌으며, 자연어 이해와 생성 능력을 획기적으로 향상시켰다. 특히, 4대의 막내아들 격인 생성형 AI 챗GPT-3.5는 방대한 양의 데이터를 학습하여 다양한 언어 생성 작업에서 인간과 유사한 텍스트를 생성할 수 있게 되었다.

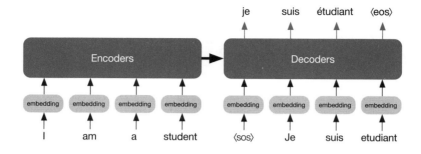

트랜스포머 모델의 셀프 어텐션
각 입력에 대한 가중치를 계산하고, 이 가중치를 사용하여 입력을 조합한 가중치 평균을 만들어내어 문장 내에서, 즉 입력으로 들어온 시퀀스 안에서 단어 간의 관계를 고려하는 방법이다.

    4세대 기호주의 증손자들은 기계학습의 상업적 적용과 규칙 기반 시스템의 발전을 통해 AI 연구에서 여전히 중요한 역할을 맡고 있으나 약간 주춤한 모양새다. 데이터마이닝, 정보 검색, 강화학습의 발전이 있었다. 데이터마이닝과 정보 검색은 기호주의의 핵심 응용 분야로 대규모 데이터 세트에서 유용한 정보를 추출하고 분석하는 기술이다. 구글, 페이스북, 아마존 등 주요 기술 기업들은 기호주의 알고리즘을 활용해 사용자 데이터를 분석하고 맞춤형 서비스를 제공하는 데 성공했다. 강화학습은 기호주의와 연결주의 기법을 결합하여 복잡한 환경에서 최적의 전략을 학습하는 데 사용되었다.

    알파고AlphaGo는 딥마인드가 개발한 강화학습 AI로, 2016년 바둑 세계 챔피언 이세돌을 이기면서 AI 연구에 큰 충격을 주었다. 알파고는 몬테카를로 트리 탐색과 딥러닝을 결합하여 복잡한 전략 게임에서 인간을 능가하는 성능을 보였고 강화학습이 다양한 분야에서 성공할 수 있는 가능성을 보여주었다.

IBM 왓슨Watson은 자연어 처리와 데이터 분석 능력을 결합한 AI 시스템으로 의료, 금융, 법률 등 다양한 산업에서 상업적 성공을 거두었다. 왓슨은 방대한 양의 텍스트 데이터를 분석하고 이해하며, 이를 통해 복잡한 문제에 대한 해결책을 제공한다. 왓슨의 성공은 AI가 전문 지식 기반의 산업에서 실질적인 가치를 창출할 수 있음을 입증한 사례이다.

역대급 능력의 숨은 비결

역대급 신인, 생성형 AI의 신들린 플레이는 1984년 시카고 불스의 마이클 조던을 보는 듯했다. 생성형 AI의 경기력은 날이 갈수록 상상 그 이상을 보여주었다. 생성형 AI의 경기력은 컴퓨팅 파워, 빅데이터, 최적화된 알고리즘, 그리고 다양한 애플리케이션의 결합이 만들어낸 환상적인 결과였다. 운동 능력에 해당하는 컴퓨팅 파워의 증가, 체력과 관련이 있는 빅데이터, 판단력에 해당하는 알고리즘, 그리고 유연성에 해당하는 애플리케이션 생태계의 성숙은 생성형 AI를 준비된 슈퍼스타로 만들기에 충분하다. 언론은 생성형 AI를 차세대 혁신의 아이콘으로 칭송하기 시작했다. 복잡한 연산과 데이터 분석의 따른 빠른 움직임, 그리고 다양한 문제를 풀어내는 환상적인 능력은 다른 플레이어를 압도하기에 충분하다. 최적화된 알고리즘과 컴퓨팅 파워를 결합하여 디지털 혁신 리그를 지배하게 될 날이 머지않아 보인다.

뛰어난 운동 능력의 비결: 향상된 컴퓨팅 파워

생성형 AI가 데뷔하기까지 70여 년간 기호주의와 연결주의가 서로 경쟁하며 성장했던 배경에 대해 돌아보았다. 생성형 AI가 역대급 경기력으로 주목을 받을 수 있었던 데에는 오랜 기간에 걸친 AI 가문의 노력과 도전이 있었다. 하지만 운동 능력(컴퓨팅 파워), 체력(빅데이터), 뛰어난 판단력(알고리즘), 유연성(애플리케이션 및 오픈소스의 발달)의 성장 조건이 부합되지 않았더라면 생성형 AI는 차세대 혁신 기술로 주목을 받지 못했을 것이다. 시기적으로 컴퓨팅, 데이터, 알고리즘, 애플리케이션의 4박자가 들어맞았기에 '준비된 슈퍼 스타'로 성장이 가능했던 것이다.

심층신경망은 수백만 개의 매개변수를 학습시켜야 하는데, 이를 위해서는 대규모 연산이 필요했다. 기존 CPU는 순차적 처리에 적합하지만, 대규모 병렬 처리를 요하는 딥러닝 작업에는 비효율적일 수밖에 없었고 데이터 처리 속도도 느릴 수밖에 없었다. CPU가 하나의 붓으로 복잡한 그림 전체를 그리는 것이라면 GPU는 수천 개의 붓으로 영역별 단순 작업하는 것이라고 비유할 수 있는데, 한 붓의 처리 능력은 당연히 CPU가 높을 수밖에 없지만, 분할하여 수행하는 수천 개의 붓은 처리 능력이 낮아도 전체 그림을 완성하는 데 문제는 없었다. 이러한 GPU의 병렬연산 기능은 사실 게임 산업의 성장과 관련이 깊다.

미국의 GPU 제조 업체 엔비디아는 1998년 리바 TNT라는 엄청난 성능의 게임용 그래픽 카드를 출시했다. 1999년에는 세계 최고의 지포스 그래픽 카드를 출시하면서 세계적인 그래픽 카드 제조사가 되었다. 3차원 공간에 좌표를 설정하고 점, 선으로 도형을 만들고 내부를 색칠하여 그래픽을 3차원에 표기하는 데 게임용 GPU가 활용되었다. 엔비디아는 GPU가 범용적으로 활용될 수 있는 다양한 케이스를 발굴하며 새로운 시장을 넓혀갔다. 2004년 스탠퍼드에서 GPU로 병렬연산을 연구하던 이언 벅이라는 인물을 채용하고, 게임뿐만 아니라 다양한 분야에서 GPU를 활용할 수 있는 방법을 모색하던 엔비디아는 2006년 CUDACompute Unified Device Architecture를 출시하여 AI 개발자들이 GPU의 병렬 처리 능력을 활용할 수 있게 하였다.

이는 과학적 계산, 이미지 및 신호 처리 등 다양한 응용 분야에서 GPU를 사용할 수 있게 하였으며, 엔비디아의 GPU가 다양한 산업에서 사용되기 시작하였다. 사실상 그 당시 경쟁자가 없었기 때문에 이때부터 엔비디아의 독점이 시작되었다.

2012년, 알렉스넷이 이미지넷 대회에서 우승하며 딥러닝의 잠재력을 보여주면서 엔비디아의 GPU는 딥러닝 연구의 핵심 도구로 자리 잡기 시작했다. 그 이후에도 파스칼이라는 **아키텍처**를 발표하고 딥러닝과 AI 연구에 최적화된 GPU를 선보였고 2017년에는 볼타Volta 아키텍처를 발표하여 **텐서 코어**Tensor Core를 도입, AI 연산을 극대화시켰으며, 2020년에는 암페어Ampere 아키텍처를 발표하여 AI와 그래픽 처리 능력을 크게 향상시키는 등 엔비디아를 빼놓고는 더 이상 AI를 이야기할 수 없게 되었다.

이러한 기술적 진보는 대규모 데이터를 처리하고 복잡한 연산을 수행해야 하는 생성형 AI 발전에 직접적인 영향을 미쳤다. 특히, 엔비디아의 GPU와 CUDA 플랫폼은 고성능 컴퓨팅 자원을 활용하여 대규모 학습이 필요한 AI 연구자들에게 없어서는 안 될 MUST IT 아이템이 되었다. 여기서 우리가 주목해야 하는 것은 CUDA라는 플랫폼이다. 사실, GPU는 인텔, AMD, 삼성전자 등 다양한 제조사가 만들어낼 수 있지만, 엔비디아의 CUDA는 딥러닝 라이브러리와 프레임워크의 지원을 받고 있기 때문에 사실상 AI 생태계의 기술 표준으로 간주되고 있다.

텐서플로TensorFlow, 파이토치PyTorch 등의 딥러닝 프레임워크는 엔비디아의 GPU를 통해 가속화되어 연구자들이 더 큰 모델을 더 빠르게 실험할 수 있게 하였다. 이는 챗GPT-3.5, 챗GPT-4와 같은 대형언어모델의 개발과 학습에 필수적으로 작용했다. 또한, 대규모 데이터센터에서 AI 연산을 처리하거나 클라우드 서비스 제공자들이 AI 연구자들에게 필요한 컴퓨팅 자원을 제공하는 데도 중요한 역할을 했음은 부인할 수 없는 사실이다.

뛰어난 체력의 비결: 증가된 데이터 섭취량

가트너의 2012년 10대 기술을 보면, 모바일 기기 전환, 모바일 애플리케이션, 사물인터넷, 하둡 기반의 빅데이터, 인메모리 컴퓨팅, 차세대 분석, 클라우드 컴퓨팅, 앱 스토어, 고급 분석, 컴퓨팅 컨텍스트이다. 이 시기에 모바일 기술과 빅데이터 기술 관련 트렌드가 부각되기 시작했음을 확인할 수 있다. 그 이후로도 가트너는 모바일 기술과 빅데이터 관련된 트렌드에 주목했는데, 그 당시 데이터를 제대로 활용할 수 있는 기술이 많이 부족했다는 것을 감안하면 빅데이터에 대한 관심은 조금 이른 감이 있다고 할 수도 있겠다.

스마트폰과 태블릿 등 디지털 기기의 보급은 사진, 동영상, 텍스트 메시지 등 다양한 형태의 데이터를 일상적으로 생성하게 하였고, 전 세계적으로 사용자가 늘어나면서 데이터의 생성 속도는 그야말로 기하급수적으로 늘어났다. 페이스북, 트위터, 인스타그램 등의 소셜미디어 플랫폼은 사용자가 스스로 콘텐츠를 생성하고 공유하는 데 크게 일조했다. 매일 수억 개의 게시물, 댓글, 이미지, 동영상 등이 업로드되면서 방대한 비정형 데이터를 쏟아내었다. 또한, 다양한 센서를 통해 실시간 데이터를 수집하고 전송하는 스마트홈, 자율주행차 등 기기의 보급은 엄청난 양의 데이터를 생성하며 AI의 학습에 중요한 자원이 되었다. 이러한 데이터 양의 증가는 주변 기술의 발전과 함께하였는데 대표적인 것이 클라우드 컴퓨팅의 도입과 빅데이터 플랫폼이다. 클라우드 컴퓨팅의 도입은 데이터를 저장하고 처리하는 능력과 접근성을 대폭 향상시켜 연구자들과 기업들이 방대한 데이터를 손쉽게 활용할 수 있게 하였고, 하둡, 스파크 등 빅데이터 플랫폼은 데이터의 효율적인 처리를 가능하게 하였다.

AI는 데이터를 자양분으로 학습하고 성장한다. 모델의 성능은 학습 데이터의 양과 질에 크게 의존할 수밖에 없는데, 더 많은 데이터를 사용할수록 당연히 다양한 패턴을 학습할 수 있으며 이는 성능 향상으로 이어진다.

텍스트, 이미지, 음성 등 여러 유형의 다양한 형태의 데이터는 다양한 상황을 학습하고 일반화하는 데 영향을 주며, 더 복잡하고 다양한 문제를 해결할 수 있게 한다. 또한, 고품질의 데이터는 모델의 정확성을 높이는 데 필수적인데, 노이즈가 적고 정제된 데이터는 모델이 더 정확한 예측을 하도록 돕는다.

규모 측면에서 큰 데이터는 특이성을 탐지하는 데 유용한데, 이상치나 특이한 패턴을 학습해서 예측할 수 있는 모델을 개발할 수 있다. 챗GPT와 같은 대형언어모델은 수천억 개의 매개변수를 학습시키기 위해 방대한 양의 텍스트 데이터를 필요로 한다. 데이터의 양과 질의 증가는 생성형 AI 발전에 결정적 요소였고, 모바일 기술과 데이터 인프라의 발전은 방대한 데이터를 효율적으로 처리하고 활용하는 최적의 환경을 제공했으며 이는 기하급수적인 성능 향상으로 이어졌다.

뛰어난 판단력의 비결: 물려받은 DNA, 머신러닝 알고리즘

컴퓨팅 성능이 운동 능력, 데이터가 영양분에 해당한다면 알고리즘은 AI의 핵심인 브레인에 해당한다. 이는 앞서 비유했듯이 AI 가문의 70년간 진화의 결과물이다. AI는 다양한 알고리즘이 핵심이며, 이를 통해 데이터를 분석하고 예측하는 능력을 가진다. 회귀선추적,

경사하강법, 분류 알고리즘, 의사결정 트리, 합성곱신경망 등 핵심 알고리즘 및 관계에 대해 훑어보고자 한다.

최적의 회귀선추적은 데이터 포인트들 사이의 관계를 모델링하기 위한 기법으로, 선형 회귀Linear Regression에서 주로 사용된다. 경사하강법GD, Gradient Descent은 이러한 회귀선의 오차를 최소화하기 위한 최적화 알고리즘이다. 챗GPT와 같은 파운데이션 모델도 경사하강법을 사용하여 모델의 가중치를 학습한다. 챗GPT는 대규모 텍스트 데이터를 학습할 때, 경사하강법을 통해 손실 함수를 최소화하고, 모델의 예측 성능을 향상시킨다. 챗GPT가 텍스트 생성 및 이해에 있어서 높은 성능을 발휘하는 데 중요한 역할을 한다.

분류 알고리즘은 데이터를 특정 클래스 또는 범주로 분류하는 데 사용된다. 대표적인 알고리즘으로 서포트 벡터 머신과 신경망이 있다. 서포트 벡터 머신SVM은 데이터 포인트를 두 개의 클래스 중 하나로 분류한다. 두 클래스 사이의 경계선을 최대한 넓게 설정하여 분류 성능을 최적화한다. 예를 들어, 학교 친구와 동네 친구들을 두 그룹으로 나누어 초대할 때, 두 그룹을 가장 잘 구분하는 경계선을 설정하는 것과 같다. 이는 주로 텍스트 분류, 이미지 인식, 생물 정보학 등에서 활용된다.

신경망은 여러 층의 뉴런으로 구성되어 있으며 입력 데이터를 처리하고 학습을 통해 패턴을 인식하는데, 이는 사람이 하나의 새로운 스킬을 익히는 과정과 유사하다. 주로 음성 인식, 이미지 인식, 자연어 처리에 활용된다. 챗GPT는 주로 언어 모델링과 텍스트 생성에 사용되지만, 그 기본 구조는 신경망의 개념을 따른다. 신경망은 입력 데이터의 패턴을 학습하고, 이를 기반으로 예측을 수행한다. 챗 GPT는 트랜스포머 아키텍처를 사용하며, 이 역시 신경망의 일종이다. 트랜스포머는 입력 시퀀스를 효율적으로 처리하기 위해 셀프 어텐션을 사용한다.

의사결정 트리는 데이터를 분할하고 예측을 수행하는 알고리즘인데 다양한 확장 버전을 활용하여 여러 개의 트리를 학습시키고 이를 결합하여 예측 성능을 향상시킨다. '배깅Bagging, Bootstrap Aggregating'은 여러 개의 의사결정 트리를 학습시켜 각각의 예측 결과를 평균 내어 최종 예측을 만든다. 이는 단일 의사결정 트리의 단점을 보완하여 더 안정적으로 정확한 예측을 가능하게 한다.

챗GPT와 같은 파운데이션 모델은 의사결정 트리와 다른 접근 방식을 사용하는데, 의사결정 트리는 트리 구조를 통해 '예/아니오' 질문을 반복적으로 수행하여 데이터를 분할하지만, 챗GPT는 순차적으로 텍스트 데이터를 처리하고, 각 단어의 문맥을 학습하여 다음 단어를 예측한다. 이는 챗GPT가 언어 이해와 특성에 특화된 이유 중 하나이다.

합성곱신경망은 이미지 인식과 같은 복잡한 데이터 패턴을 학습하는 데 뛰어난 알고리즘이다 합성곱신경망은 중첩된 필터를 통해 이미지의 특징을 추출하고 이를 바탕으로 분류나 예측을 수행한다. 챗GPT는 텍스트 데이터를 처리하기 위해 설계된 반면, 합성곱신경망은 주로 이미지 데이터를 처리한다. 그러나 두 모델 모두 신경망의 개념을 따르며, 특정 데이터 유형에 최적화된 구조를 가지고 있다. 챗GPT는 트랜스포머 아키텍처를 통해 텍스트의 문맥을 이해하고 생성하는 데 중점을 두고 있으며, 이는 합성곱신경망이 이미지 데이터를 처리하는 방식과 유사하게 텍스트 데이터를 처리한다.

뛰어난 유연성의 비결: 확장성 높은 애플리케이션 생태계

생성형 AI 애플리케이션 생태계는 다양한 기술과 서비스가 상호작용하면서 발전한 매우 복잡한 구조이지만, 고객의 사용성 측면에서의 혁신적인 변화를 가져다주면서 생성형 AI가 기술적 혁신을 넘어 범용성을 지닌 차세대 혁신의 핵심 기술로 자리 잡는 데 중요한 역할을 하고 있다. 구체적으로 어떠한 애플리케이션들이 존재하고 이러한 애플리케이션들이 생성형 AI의 폭발적 성장을 어떻게 견인하게 될지에 대해 잠시 살펴보자.

생성형 AI 애플리케이션 생태계는 텍스트, 이미지, 비디오, 코드, 음성 합성 등 다양한 분야에서 혁신을 이루고 있다. 과거에는 고급 AI 기술을 사용하기 위해서는 전문적인 지식과 기술이 필요했다. 그러나 생성형 AI 애플리케이션의 등장으로 이러한 기술에 대한 접근성이 크게 향상되었다.

사용자는 이제 복잡한 코딩이나 데이터 과학적 지식 없이도 직관적인 인터페이스를 통해 AI의 강력한 기능을 쉽게 활용할 수 있게 되었다. 카피Copy.ai나 재스퍼Jasper 같은 텍스트 생성 도구는 사용자가 간단한 텍스트 입력만으로도 고품질의 글을 작성할 수 있도록 도와준다. 이러한 접근성의 향상은 다양한 분야의 사용자들이 AI를 도입하는 문턱을 낮춰 AI 기술을 대중화하는 데 일조하고 있다.

생성형 AI 애플리케이션 지도

또한 다양한 작업을 자동화하여 사용자의 효율성과 생산성을 크게 향상시킨다. 깃허브 코파일럿Github Copilot은 코드 작성 과정을 자동화하고, 리플릿Replit은 초보자도 쉽게 코드를 작성할 수 있게 도와준다. 이러한 도구들은 프로그래머가 반복적인 작업에 소요되는 시간을 줄이고, 더 창의적이고 복잡한 문제 해결에 집중할 수 있도록 한다.

마케팅 분야에서는 AI를 활용한 콘텐츠 생성 도구들이 빠르게 고품질의 마케팅 자료를 제작할 수 있게 하여 마케팅 캠페인의 속도와 효과를 높이고 있다. 생성형 AI는 사용자의 요구에 맞춘 개인화된 경험을 제공하는 데 탁월한 성능을 발휘한다. 브루Vrew 같은 영상 편집 도구, 신데시아Synthesia나 태버스Tavus 같은 비디오 생성 도구는 사용자 맞춤형 비디오 콘텐츠를 자동으로 생성하여 개인화된 마케팅 비디오를 통해 고객과의 상호작용을 강화할 수 있게 해준다. 이러한 개인화된 경험은 고객의 만족도를 높이고 브랜드에 대한 충성도를 강화하는 데 기여한다.

음성 합성 기술도 고객 지원 및 서비스에 적용되어 자연스럽고 개인화된 음성 응답 시스템을 구축함으로써 고객 경험을 개선하고 있으며, 자동화를 통한 비용 절감 효과까지 덤으로 가져갈 수 있다. 이러한 애플리케이션 생태계는 AI 모델 개발자, 데이터 제공자, 플랫폼 제공자, 최종 사용자의 협력으로 구축되고 있으며, 다양한 산업에서 접근성의 향상, 효율성 및 생산성 증대, 개인화된 사용자 경험 제공, 창의성 증진, 그리고 비용 절감 등 다양한 이점들이 사용자들에게 실질적인 가치를 창출하고 있다.

생성형 AI는 컴퓨팅 파워, 빅데이터, 최적화된 알고리즘, 그리고 애플리케이션 생태계라는 4박자가 맞물려 디지털 혁신 리그의 슈퍼스타로 등극하고 있다. GPU와 CUDA 플랫폼은 고성능 컴퓨팅 자원을 제공하고, 방대한 양의 데이터는 AI 모델의 학습을 돕는다. 최적화된 알고리즘은 뛰어난 판단력을 제공하며, 다양한 애플리케이션은 AI의 활용도를 극대화한다. 텍스트, 이미지, 비디오, 코드, 음성 합성 등 다양한 분야에서 혁신을 이루며 AI의 접근성을 높이고 효율성과 생산성을 향상시킨다. 여기서 우리가 반드시 기억해야 할 점은 생성형 AI는 기술 혁명이기에 앞서 인터페이스 혁명이라는 것이다. 애플리케이션 생태계는 인터페이스로서의 생성형 AI 활용을 더욱 가속화시킬 것이다.

산업 리그별
레전드 슈퍼스타

역사적으로 혁신 리그는 네 번의 큰 변화를 겪으며 슈퍼스타를 배출했다. 첫 번째는 증기 리그였는데, 증기기관은 산업혁명의 시작을 알리며 생산과 운송의 혁신으로 세상을 변화시켰다. 두 번째는 전기 리그였는데, 전기는 조명, 전동기, 그리고 대량생산 체계 형태로 혁신 리그의 중심에서 전 세계를 밝히며 새로운 시대를 열었다. 세 번째는 컴퓨터 리그였다. 컴퓨터와 인터넷은 세상을 하나로 연결하고, 정보 혁명을 일으켰다. 그리고 네 번째 리그는 디지털 혁신 리그이다. 디지털 기술은 모바일, 빅데이터, 클라우드 컴퓨팅, 인공지능 등으로 대표되며, 산업 전반에 걸쳐 비즈니스 모델을 혁신하고, 새로운 고객 가치를 창출하는 데 핵심 역할을 하고 있다. 각 혁신 리그를 대표했던 슈퍼스타가 있었지만, 각 리그의 슈퍼스타를 받

시기별 산업 혁명과 기술			
제1차 산업혁명	제2차 산업혁명	제3차 산업혁명	제4차 산업혁명
18세기	19세기~20세기 초	20세기 후반	2015년~
증기기관 기반의 기계화 혁명	전기에너지 기반의 대량생산 혁명	컴퓨터와 인터넷 기반의 지식 정보 혁명	IOT/CPS/인공지능 기반의 만물 초지능 혁명
증기기관을 활용하여 영국의 섬유공업이 거대 산업화	공장에 전력이 보급되어 벨트 컨베이어를 사용한 대량생산 보급	인터넷과 스마트 혁명으로 미국 주도의 글로벌 IT 기업 부상	사람, 사물, 공간을 초연결·초지능화 하여 산업구조 사회 시스템 혁신

처주는 기반들이 없었으면 이들의 스타성은 빛을 발하지 못했을 것이다.

명예의 전당에 오른 리그별 레전드

각 시대를 대표하는 슈퍼스타 기술들은 명예의 전당에 오르며 그들의 스타성을 알렸다. 증기기관·전기·컴퓨터 기술은 각각의 혁신 리그에서 빛나는 레전드로 인식되었다. 그런데 생성형 AI가 개인적인 역량으로는 이미 슈퍼스타급이지만, 네 번째 디지털 리그를 대표할 진정한 레전드급 슈퍼스타라고 부르기에는 아직 증명해야 할 것들이 많다.

과거 상업혁명과 산업혁명을 거치면서 역대급이라 불렸던 혁신 기술들이 끊임없이 등장했다. 그중 소수만이 각 리그의 슈퍼스타로 성장했다. 나침반, 증기기관, 전기, 컴퓨터가 그 주인공들이다. 나침반이 대상업 시대를, 증기기관은 기계화 시대를, 전기는 대량생산의 시대를, 컴퓨터는 정보화 시대를 여는 데 중심 역할을 했다. 여기서 우리가 주목해야 할 것은 각 리그를 혁신으로 이끌었던 배경에는 각 리그를 대표하는 레전드 슈퍼스타들 외에 이들의 잠재력을 폭발하게 해준 핵심 기반이 있었다는 것이다.

대항해 시대, 대상업 시대의 핵심 기술로 알려진 나침반은 중국에서 발명되어 15세기에 이르러서야 정식 항해 도구로 활용되었는데, 먼 바다로 나갈 수 있는 범선, 항해술의 핵심인 지도 제작술, 해적을 소탕할 수 있는 총포술의 발전 등 관련 기반이 뒷받침되지 않았더라면 인류 역사에 대항해 시대, 대상업 시대는 아마도 없었을 것이다. 이러한 기반 위에 항해의 혁신을 가져왔고 해안선을 따라 이동하던 기존의 항해법에서 벗어나 먼바다로 나아갈 수 있게 해주었다. 그 후 지리적 발견이 확대되고 상업적 교류가 가속화되면서 대상업 시대가 출현하게 되었다.

산업 리그별 슈퍼스타들의 상황도 마찬가지다. 독불장군이란 없다. 1차 산업 리그는 증기기관이 주도한 기계화 혁명으로, 18세기 후반부터 19세기 초까지의 시기를 말한다. 증기기관은 공장, 철도, 선박 등 다양한 분야에 적용되어 생산성을 크게 향상시켰다. 인간의 노동력을 기계화하여 대량생산 체제로 전환시켰고, 농업 중심의 경제에서 제조업 중심 경제로의 변화를 이끌었다. 증기기관과 철도의 도입으로 더 빠르게 이동할 수 있게 되었고, 시간의 효율적인 사용에 대한 새로운 인식을 가져왔다. 이러한 혁신의 배경에는 철과 강철이라는 새로운 소재의 등장, 증기기관과 같은 새로운 동력원의 재료인 석탄의 발견, 방적기와 방직기 같은 새로운 기계의 발명 등의 혁신 기반이 증기기관의 혁신을 가능하게 하였다.

2차 산업 리그는 전기를 범용 기술로 한 대량생산 혁명으로, 19세기 후반부터 20세기 초까지의 기간에 발생하였다. 전기는 생산 라인의 자동화, 조명, 통신, 교통 등 다양한 분야에서 실질적인 혁신을 이끌었다. 전기의 사용은 공장의 자동화를 가속화하여 새로운 전기 기반 장비의 도입과 확산을 가능하게 했다. 이에 따라 생활의 질이 급격하게 향상되었으며, 가정과 사회 전반에 전기 조명과 전기 기구가 보급되어 생활의 편리성이 높아졌다. 전기를 필두로 전동기, 석유, 내연기관 등 혁신 기반이 전기 리그의 혁신을 가능하게 하였다.

공학과 산업의 과학화와 더불어 근대 경영학의 탄생도 혁신에 커다란 역할을 하였다. 대규모 생산과 복잡한 공장 운영은 체계적이고 과학적인 경영 기법의 필요성을 일깨웠다. 프레드릭 테일러의 과학적 관리법과 헨리 포드의 포드 시스템이 대표적인 예로, 효율적인 생산 관리와 작업 방식의 혁신을 통해 생산성을 극대화하고 비용을 절감하는 데 큰 역할을 했다. 이러한 경영 혁신은 오늘날 경영학의 기초를 형성하며, 피터 드러커, 마이클 포터 등이 제시한 대규모 조직의 효율적인 운영과 관리, 경쟁우위에 대한 이론적 토대를 제공하게 되었다.

3차 산업 리그는 컴퓨터를 범용 기술로 한 지식 정보 혁명으로, 20세기 후반에 나타났다. 데이터 처리, 통신, 자동화 등 여러 분야에서 혁신을 이끌었는데, 특히 정보 통신 기술의 발전은 많은 산업을 디지털화하였고 새로운 비즈니스 모델과 가치를 창출하였다. 인터넷, 인공위성, GPS 등의 발달은 전 세계의 정보를 실시간으로 접할 수 있게 하여 지식 공유와 학습 방식에 큰 변화를 가져왔다. 또한, 연결성이 증대되어 네트워크를 기초로 한 사회적 상호작용과 협업 방식이 새롭게 나타난 시기이자 디지털 혁신의 기초가 형성된 시기였다.

이렇게 각 리그의 레전드 기술들이 새로운 혁신을 이끌어왔다. 증기기관은 산업화를 촉진하였고, 전기는 생활을 편리하게 하였으며, 컴퓨터와 인터넷은 세상을 디지털화하였다. 그리고 이제 우리는 4차 산업 리그에서 새로운 레전드 기술의 등장을 기대하고 있다. 4차 산업 리그는 아직 확실한 레전드 스타가 부재하여 명확히 정의하기 쉽지 않지만, 대체로 21세기 초반부터 나타난 빅데이터, 클라우드, 모바일, 인공지능 등 디지털 기술을 활용한 초연결·초지능 혁명을 의미한다. 데이터 분석, 예측, 의사결정 등에서 인간의 능력을 보완하고 확장하는 시기로 정의할 수 있으나, 아직 초지능 혁명이라 일컬을 만큼 인공지능 기술은 범용성과 확장성을 확보하지 못한 상황이다.

리그별 레전드 기술들이 혁신의 역사를 만들어 가는 과정에서 시대별 기반 기술들과 협력 플레이가 큰 역할을 해왔다. 이러한 도움이 없었으면 범용성과 확장성에는 한계가 명확했을 것이다. AI 중심의 초혁신을 가능하게 하기 위해서는 디지털 초혁신 기반이 절대적으로 필요한 이유가 여기에 있다.

기술과 혁신 없이는 인류 역사를 이야기할 수 없을 정도로, 기술은 인간의 성장 이야기 그 자체다. 기술이 보급되면서 사람들의 인식이 바뀌고, 바뀐 인식이 기술을 일상 속으로 끌어들여 잠재력을 폭발시키면서, 그 결과로 우리 일상에 혁신이 나타난다. 기술과 혁신의 관계에 대해 조지프 슘페터는 기술 혁신이 경제 발전을 이끄는 핵심 원동력임을 강조했다. 에너지, 교통, 식량, 컴퓨터 통신, 네트워크, 공중보건 등 우리의 일상을 이루는 모든 시스템과 제품이 바로 기술 혁신의 결과이다.

역사적으로 각 산업 리그를 대표하는 범용 기술이 산업 혁명을 견인했던 것은 사실이지만, 하나의 기술이 발명되고 확산되기까지는 상당한 시간 차가 발생한다. 이를 두고 폴 데이비스는 '생산성의 역설'이라고 불렀다.

전기는 1879년에 발명되어 1880년에 특허를 받았지만, 1920년대에 들어서야 전기 발전기의 확산이 50%에 도달하고 생산성 증가에 영향을 미치기 시작했다. 이는 물과 증기로 움직이는 기계에 익숙해진 공장에서 전기를 도입해도 수익성이 없다고 생각했기 때문이다. 증기 엔진을 위한 다층 구조 공장에서 전기 발전기를 구동하면 단층 공장이 가능하다는 것을 깨닫고, 전기 발전기 사용과 공장 평면도를 최적화하는 방법을 알아낸 후에 비로소 확산이 되었다.

기술의 발달과 함께 확산의 시간 차가 줄어들고 있기는 하지만, 신기술이 광범위하게 사용되고 확산되기 위해서는 세부 기반들이 반드시 선행되어야 한다. 기술이 범용적으로 활용될 수 있는 제반 여건, 사람들의 인식, 기술 등이 함께 갖추어져야 한다.

마이클 조던이 신의 능력이라 불릴 만큼 뛰어난 역량을 갖추었음에도 불구하고, 뛰어난 팀원들을 영입하고 우승하기까지 6년의 시간이 필요했다. 디지털 혁신 리그에서 슈퍼 팀이 되기 위해서는 생성형 AI의 잠재력을 뒷받침할 수 있는, 생산성의 역설을 빠르게 극복할 기반과 시간이 필요하다.

슈퍼스타의 역설, 팀을 망치는 슈퍼스타

마이클 조던의 전설적인 능력에도 불구하고, 그가 모든 포스트 시즌 경기에서 승리한 것은 아니었다. 특히 1989년 동부 컨퍼런스 결승전 6차전은 그의 커리어에서 가장 잊을 수 없는 순간 중 하나로 기억된다. 시카고 불스는 디트로이트 피스톤스를 상대로 한 경기에서 치열한 접전을 벌였다.

이 경기에서 조던은 40점 이상을 득점하며 혼자서 불스를 이끌었다. 그의 놀라운 기술과 집중력은 그의 팀을 고무시키고 관중을 열광케 했다. 그러나 조던의 빛나는 성과에도 불구하고, 팀은 결국 패배하고 말았다. 피스톤스의 강력한 수비와 조직적인 플레이는 조던의 개인적인 성취를 무색하게 하였다. 오히려 평범하지만, 팀워크가 좋은 디트로이트 피스톤스가 승리했다. 이 경기는 '슈퍼스타의 역설'을 여실히 보여준다. 조던은 확실히 그 시대 최고의 선수였지만, 그의 독보적인 존재감은 때로는 팀의 균형을 깨뜨렸다. 그가 공을 소유할 때마다 팀원들은 자연스럽게 그의 능력에 의존하게 되었고, 이는 팀 전체의 협력과 조화를 방해했다.

경기가 끝난 후, 조던은 실망감을 감추지 못했다. 그는 자신의 한계를 느꼈고, 팀이 하나로 뭉쳐야 한다는 교훈을 배웠다. 아무리 개인의 능력이 뛰어나도, 농구는 궁극적으로 팀 스포츠였다. 슈퍼스타가 팀을 이끄는 것은 중요하지만, 팀 전체가 함께 움직이지 않으면 승리는 멀어질 수밖에 없었다. 결국, 이 경험은 조던에게 큰 전환점을 가져왔다. 그는 자신의 역할을 팀 관점에서 재정립하고, 팀의 일원으로서 협력하는 법을 배웠다. 이는 이후 불스가 1990년대에 들어서면서 연달아 우승을 차지하는 데 큰 기여를 했다. 조던의 개인적인 영광이 팀의 승리로 이어진 것이다. 이 경기와 같은 경험을 통해 조던은 진정한 리더로 성장했다. 그는 자신만의 능력에만 의존하는 것이 아니라, 팀 전체를 이끄는 법을 터득했다. '슈퍼스타의 역설'을 극복하며, 그는 개인적인 영웅에서 팀의 영웅으로 거듭나게 되었다.

역사상 가장 위대한 농구 선수 마이클 조던도 NBA 입단 후 무려 6년 동안 무관에 그쳤다. 번번이 우승에 실패하는 그에게는 함께 뛰어줄 동료가 필요했다. 1987년 시애틀 슈퍼소닉스의 신인 스카티 피펜을 영입한 후 둘은 완벽한 호흡을 자랑했다. 그러나 둘의 힘으로도 디트로이트 피스톤스 빅맨들의 거친 플레이를 당해낼 수 없었다. 1989년 필 잭슨 감독은 조던의 초인적인 재능이 아닌 팀에 기반한 전략이 필요하다고 판단했다. 트라이앵글 오펜스, 즉 패스와 스틸로 선수들이 슛을 쏠 수 있는 공간을 확보하는 전술을 수립했고, 마침내 1991년 첫 우승을 거머쥐었다.

아무리 뛰어난 신기술이더라도, 그 기술이 광범위하게 사용되고 확산되기 위해서는 제반 사항들, 즉 여건이 갖춰져야 비로소 범용성이 확보된다. 앞서 말한 생산성의 역설이다. 신인 마이클 조던이 역대급이라 불릴 만큼 뛰어난 역량을 갖췄음에도 불구하고 뛰어난 팀원들을 영입한 이후에 시카고 불스의 우승이 가능했던 것이 좋은 비유가 된다. 이 점을 반드시 기억해야 한다.

최근 생성형 AI는 컴퓨팅, 빅데이터, 모바일 등 다양한 디지털 기술을 종합적으로 활용하며 산업 전반에 큰 영향을 미치기 시작했다. 많은 기대 속에 등장한 이후, 많은 전문가가 디지털 혁신을 선도할 핵심 기술로 평가해왔다. 그러나 생성형 AI가 진정한 혁신의 '레전드'로 자리잡기 위해서는 이를 뒷받침할 강력한 디지털 초혁신 기반이 필요하다. 이러한 기반은 생산성의 역설을 극복하고, 생성형 AI가 최대한의 성과를 낼 수 있는 환경을 제공하는 필수 요건이기 때문이다.

초혁신의 제반 여건들은 디지털 혁신의 슈퍼스타 기술들이 그 역량을 발휘할 수 있도록 돕는 최소한의 조건이며, 동시에 생성형 AI가 잠재력을 폭발시킬 수 있는 발판이기도 하다. 이러한 조건을 충족하고, AI라는 증강 기술을 효과적으로 활용할 수 있다면, 그 결과는 현재 우리가 상상하는 것 이상이 될 수 있다. 이는 단순한 낙관적 예측이 아닌, 실질적인 미래 가능성을 의미한다.

3부에서는 생성형 AI가 디지털 혁신의 중심 무대로 등장하게 된 역사적 배경과 기술적 발전 과정을 살펴보았다. AI는 기호주의와 연결주의라는 두 가지 주요 접근 방식에 의해 발전해왔으며, 이를 통해 오늘날 초혁신의 주역으로 성장할 수 있었다. 마이클 조던이 그의 개인적 역량과 지원 체계의 결합을 통해 슈퍼스타로 성장했던 것처럼, 생성형 AI 역시 강력한 디지털 초혁신 기반과의 결합이 그 잠재력을 극대화하는 데 중요한 역할을 할 것이다.

PART 4

리그를 넘어
레전드로

슈퍼스타에서 레전드로

디지털 혁신 리그의 레전드가 되기 위해서는 단순히 기술을 도입하는 것에 그치지 않고, 시대를 초월하는 아이콘이 되어야 한다. 마이클 조던이 자신의 역량을 극대화함과 동시에 팀원들의 잠재력을 끌어내어 NBA 역사상 가장 위대한 선수로 기억되었듯이, 생성형 AI도 재설계된 초혁신 구조 위에서 그 진가를 발휘할 때 비로소 새로운 차원으로 도약할 수 있다. AI는 디지털을 초월하는 초혁신의 중심축이 되어, 그 자체로 디지털 혁신 리그의 대표 아이콘이 된다. 이는 AI가 디지털 초혁신의 역사를 새롭게 쓰고, 시대를 초월하는 영향력을 발휘하는 것을 의미한다. 이러한 혁신을 통해 디지털 혁신 리그에서 새로운 레전드로 등극하게 되며, 모든 기술의 가능성을 실현하며 디지털 초혁신의 새로운 기준을 세우게 된다. 결국, 생성형

AI는 디지털 혁신 리그의 아이콘으로 자리 잡으며, 기업들에게 경쟁력을 넘어선 초혁신의 길을 제시하게 될 것이다.

거대한 파도를 헤치며

2020년 10월 29일, 포르투갈 나자레 해변에서 세계에서 가장 큰 파도가 모습을 드러냈다. 브라질의 프로 서퍼 호드리고 코자는 무려 25미터에 달하는 거대한 파도를 타며 새로운 세계 신기록을 세웠다.

그날은 구름이 많고 바람이 거세게 불었다. 파도는 점점 커졌고 나자레의 특유한 지형 덕분에 바다 깊은 곳에서 발생한 거대한 물덩이가 육지로 다가왔다. 코자는 철저한 준비를 마치고 물속에서 최고의 파도를 기다리고 있었다. 그의 눈에는 결단과 집중력이 가득

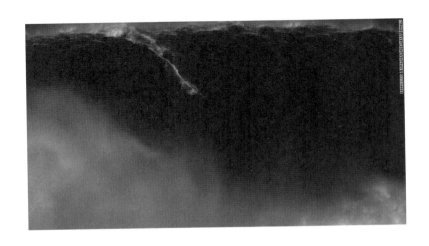

했다. 파도가 다가오는 순간, 그는 보드에 올라 수십 미터 높이의 물 벽을 마주했다. 주변의 소음은 사라지고, 오직 바다와 자신만이 존재하는 순간이었다. 파도의 힘은 엄청났고 보드는 그 압력에 흔들렸지만, 그는 전신의 근육을 사용해 균형을 잡고 신체의 모든 감각을 동원해 파도의 움직임을 읽어냈다. 한순간이라도 방심하면 엄청난 물의 힘에 휘말려버릴 수 있었지만, 코자는 한 치의 오차도 없이 파도의 가장 적절한 경로를 따라갔다. 마침내 파도의 끝자락에 다다랐을 때, 주위에 있던 모든 사람이 숨을 멈추고 그의 도전을 지켜보았다.

이 놀라운 성공 뒤에는 철저한 준비와 끊임없는 연습, 그리고 파도에 대한 깊은 이해가 있었다. 그는 자신의 체력을 강화하기 위해 엄격한 훈련을 지속했고, 어떤 상황에서도 자신을 통제할 수 있는 능력을 키웠다. 또한, 자신의 서핑 보드를 직접 관리하고 연구하며, 자신의 서핑 스타일에 맞는 최적의 보드를 찾기 위해 노력했다. 이러한 철저한 준비가 있었기에 그는 거대한 파도에 휩쓸리지 않고 성공적으로 파도를 탈 수 있었다.

이와 같은 철저한 준비와 깊은 이해는 오늘날 전통 기업들이 AI라는 거대한 파도를 타기 위해서도 꼭 필요하다. 챗GPT의 급속한 확산과 뛰어난 사용성, 광범위한 생태계는 혁신의 파도가 과거보다 훨씬 크고 빠르게 다가오고 있음을 말해준다. 디지털 혁신에서 새로운 기회를 찾지 못한 전통 기업들은 이 거대한 파도에 휩쓸릴지 모른다는 학습된 두려움을 가지고 있다. 새로운 파도에 휩쓸리지 않고 이겨내기 위해서는 충분한 준비와 적절한 조건을 갖추어야 한다. 전통 기업 입장에서 AI라는 거대한 파도에 휩쓸리면 더 이상 도전의 기회는 없을지도 모른다.

과거에는 기업들이 개별 부서에서 순차적으로 디지털 전환을 추진했다면, 이제는 생성형 AI의 등장으로 모든 부서의 데이터가 집약된 전사적인 디지털 전환이 한 번에 일어날 것이다. 이로 인해 기업은 디지털 혁신의 파도를 넘어 보다 크고 강력하고 광범위한 AI 초혁신의 파도를 타야 하는 상황에 직면해 있다.

AI의 거대한 파도를 제대로 넘기 위해서는 생성형 AI와 전통적인 지능형 알고리즘(머신러닝) 사이의 차이점과 교차 응용에 대한 명확한 이해가 필수적이다. 생성형 AI의 파운데이션 모델은 단일 모델에 여러 기능을 포함하고 있어 일부 기능은 전통적인 지능형 알고리즘과 중복되지만, 질문과 답변 같은 추가적인 기능도 제공한다. 감정 분석과 같은 특정 사용 사례에서는 생성형 AI가 전통적인 지능형 알고리즘보다 뛰어난 성능을 보일 수 있다. 그러나 모든 머신러닝 작업을 생성형 AI로 대체해야 하는 것은 아니다. 생성형 AI는 전통적인 지능형 알고리즘 모델에 비해 사용 비용이 더 비싸기 때문에, 작업별로 적합한 솔루션을 선택하는 것이 중요하다.

결국, 생성형 AI의 대화형 인터페이스와 머신러닝의 지능형 단일 모델은 각각의 강점을 고려하여 별도로 활용되어야 하며, 특히 이 둘이 교차되는 지능형 자동화 영역은 AI의 핵심적 사용 사례를 만들어내어 전통 기업의 경쟁력을 높이는 데 큰 역할을 할 것이다.

이러한 전략은 빅테크 기업들이 현재 추진하고 있는 구조조정과 비효율적 요소의 축소를 통해 자원을 재배분하고 기술 발전과 자동

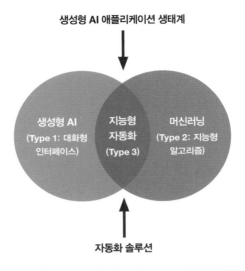

생성형 AI 애플리케이션 생태계

생성형 AI
(Type 1: 대화형
인터페이스)

지능형
자동화
(Type 3)

머신러닝
(Type 2: 지능형
알고리즘)

자동화 솔루션

생성형 AI와 머신러닝의 관계도

화 도구의 증가에 대응하는 과정과도 일맥상통한다. 구글, 아마존, SAP 등은 매출과 이익이 증가함에도 불구하고 전례 없는 수준으로 구조조정과 감원을 이어가고 있다. 이는 기업들이 생존을 넘어, 생성형 AI와 머신러닝을 적절히 결합하여 새로운 가치를 창출하기 위한 기반을 마련하고 있다는 증거일 수 있다.

기술의 급속한 발전은 모든 기업에게 새로운 기회를 제공하는 동시에 기존의 경영 방식의 변화를 요구한다. 진보된 AI 기술을 활용하여 고객 경험, 프로세스, 생태계 등을 증강시키고, 그 위에 다양한 비즈니스 모델 혁신을 이룩해야 한다. 또한, 디지털 초혁신 기반과 상호 보완적으로 AI 중심의 새로운 가치를 창출하는 진화된 기업으로 나아가야 한다. 필 잭슨 감독이 시카고 불스를 성공으로 이끈 것처럼, 기업도 초혁신 시대에 적응하고 승리하기 위해 리더십과 재설계된 문화를 동시에 적극 활용해야 한다.

생성형 AI의 파급력에 대해 2022년 12월, 가트너는 인쇄·전기·철도에 버금가는 '생산성 혁명'을 가져올 것이라고 전망했다. 가트너의 보고서에 따르면, 2025년까지 새로운 약물과 소재의 30% 이상이 생성형 AI를 활용해 발견되고, 합성 데이터 사용으로 머신러닝에 필요한 실제 데이터 규모의 70% 이상이 감소할 것으로 예상된다. 또한, 2025년까지 기업 커뮤니케이션 메시지의 30% 이상이 생성형 AI를 활용해 자동으로 작성되며, 2026년까지 1억 명 이상이 업무 수행에 있어 AI가 포함된 로봇의 도움을 받을 것으로 예측된다. 이처럼 생성형 AI는 단순히 소프트웨어에 국한되지 않고, 우리의 생활 전반에 걸쳐 광범위한 변화를 가져올 범용 기술이 될 전망이다.

또한, 2023년 3월 챗GPT 개발사인 오픈AI와 오픈리서치, 미국 펜실베이니아대학의 공동 연구에 따르면, 앞으로 미국 노동인구의 80%가 대형언어모델 도입으로 업무의 10% 이상이 영향을 받을 것이며, 상위 19%의 노동인구는 50% 이상의 업무가 AI의 영향으로 대체되거나 사라질 것으로 전망되었다. 이러한 예측은 생성형 AI와 머신러닝의 차이와 그 교차 응용이 기업의 미래에 얼마나 중요한 역할을 할지를 잘 보여준다. AI 중심의 디지털 초혁신을 진행하면서 대화형 인터페이스와 지능형 자동화 영역을 중점적으로 하되 지능형 알고리즘을 활용한 디지털 초혁신을 이어나가야 하며, 이를 통해 기업들은 새로운 기회를 창출하고 변화하는 환경에 신속하게 대응할 수 있게 될 것이다.

AI 혁신의 역설

인공지능 발전의 역사를 되돌아보면, 1950년대 이후 약 70여 년
간 꾸준히 진보해왔고, 그 과정에서 수많은 예측과 통찰이 나왔다.
이 중에서도 '모라벡의 역설'은 AI 연구자들과 과학자들 사이에서
정설처럼 여겨져왔다. 모라벡의 역설은 "컴퓨터가 인간처럼 고차원
적이고 추상적인 사고를 수행하는 것은 비교적 쉬운 일인 반면, 어
린아이조차도 자연스럽게 해내는 감각적이고 운동적인 작업을 수
행하는 것은 훨씬 더 어렵다"고 요약될 수 있다. 1980년대 로봇공학
자 한스 모라벡은 이 역설을 처음 제기하며, 인간의 직관적이고 일
상적인 능력이 기계에게는 극도로 어려운 과제로 남아 있음을 강조
했다.

모라벡의 역설은 오랫동안 AI 연구의 한계와 가능성을 설명하는
중요한 기준으로 자리 잡았다. 체스나 바둑 같은 게임에서 인공지능
이 인간을 능가할 수 있지만, 정작 간단한 물체를 인식하고 손으로
집는 일은 컴퓨터에게 엄청난 도전 과제가 된다는 사실은 이 역설
의 전형적인 예다. 그러나 지난 10여 년간, 특히 생성형 AI의 등장으
로 인해 이 역설은 더 이상 유효하지 않게 되었다. 이제는 기계가 인
간과 유사한 수준의 창의적 표현과 언어적 능력을 발휘할 뿐만 아니
라, 과거에는 불가능해 보였던 다양한 작업을 수행하는 데 성공하고
있다. 생성형 AI는 예술, 글쓰기, 대화, 이미지 창작 등에서 인간의

창의성과 지능을 모방하며 새로운 가능성의 장을 열었다.

　이러한 기술적 발전에도 불구하고, 전통 기업이 AI를 도입하고 활용하려 할 때는 여전히 해결해야 할 새로운 역설들을 마주하게 된다. 비용의 역설, 필요의 역설, 그리고 선택적 주의의 역설이 그 대표적인 예다. 이 역설들은 AI의 잠재력을 극대화하는 과정에서 마주하게 될 수 있는 도전 과제들이다. 기업들이 이러한 난제들을 해결하지 못하면, AI를 통해 진정한 혁신을 이루기는 어려울 것으로 보인다. 따라서 이 역설들을 극복하는 것은 전통 기업들이 AI를 성공적으로 도입하고 활용하는 데 있어 우선적으로 고려되어야 한다.

　첫 번째 역설은 비용의 역설이다. 이 역설은 "배보다 배꼽이 크다"는 속담으로 표현될 수 있다. 생성형 AI의 파운데이션 모델인 대형언어모델의 개발과 유지에 드는 비용이 너무 커서 일반적인 전통 기업은 섣불리 달려들기 어려운 상황에 놓여 있다.

　텍스트, 이미지, 동영상, 음성, 코드, 음악, 예측 등 다양한 생성형 AI 기술과 파운데이션 모델인 대형언어모델은 기존의 디지털 혁신을 넘어 새로운 가능성을 열어주는 핵심 기술이다. 특히 대형언어모델은 거대한 언어모델이다. 사람의 뇌에서 시냅스Synapse와 같은 역할을 하는 매개변수가 일반적으로 1,000억 개 이상으로 구성된다. 대표적으로 챗GPT-3의 매개변수는 1,750억 개이며, 팜PaLM은 5,400억 개에 이른다. 대형언어모델의 학습에 사용되는 인프라는 그 규모가 엄청나다. 메타의 라마-2LLaMA-2는 6,000개의 GPU로 수십 일 동안 학습되었으며, 오픈AI의 챗GPT-4 모델은 이보다 더 큰 규모를 자랑한다. 딥러닝 학습에 사용되는 전문 용도의 GPU는 수천만 원을 호가하기 때문에 웬만한 빅테크 기업이 아니면 도전하기 어려운 영역이다. 이를 학습시키고 기술적으로 튜닝하는 데에도 많은 전문가가 필요하다. 이러한 천문학적 비용과 자원 소모는 많은 기업에게 대형언어모델을 도입하는 데 큰 걸림돌이 된다.

대형언어모델은 대량의 데이터를 기반으로 학습되며, 사용 과정에서도 상당한 컴퓨팅 자원을 필요로 한다. 이로 인해 대형언어모델은 제품이나 서비스의 품질뿐만 아니라 내부 운영의 효율성과 신속성을 높이기 위해 생성형 AI의 새로운 인프라로 주목받고 있다. 빅테크 기업들은 방대한 데이터 자원과 고성능 컴퓨팅 인프라, 연구개발 역량, 자본력, 시장 지배력을 바탕으로 대형언어모델을 제공하고 있다. 그러나 많은 기업에게 대형언어모델의 적용과 튜닝은 상당한 자원과 전문 지식을 요구하는 도전적인 과제가 된다.

이러한 도전 과제에 대한 현실적인 대안으로 경량화언어모델sLLM, smaller Large Language Model이 급부상하고 있다. 경량화언어모델의 등장은 메타가 내놓은 라마 모델로 촉발되었으며, 메타는 650억 개 매개변수와 70억 개 매개변수를 가진 다양한 버전을 출시했다. 시간이 지남에 따라 경량화언어모델은 기업 전용 대형언어모델로 변할 가능성이 크다는 예측에 무게가 실리고 있다.

이러한 상황에서 더 작은 데이터와 매개변수로 학습하면서도 대형언어모델과 유사한 성능을 발휘할 수 있는 소형언어모델 또는 경량화언어모델에 대한 관심이 커지고 있다. 기존의 대형언어모델은 학습에 수개월이 걸리고 비용도 적게는 수십만에서 많게는 수백만 달러가 들어가지만, 최근 등장한 120억 매개변수의 데이터브릭스

돌리 2.0은 학습에 3시간이 걸렸고 비용은 고작 30달러에 불과하다. 경량화언어모델은 특정 작업이나 도메인에 특화된 모델로, 구축과 운영 비용이 상대적으로 낮다. 이러한 경량화언어모델을 활용하면 전통 기업들도 특정 분야에 맞춘 데이터를 효율적으로 학습시킬 수 있으며, 대형언어모델의 일부 기능을 효과적으로 활용할 수 있을 것이다.

AI 서비스를 구현하는 방식은 크게 두 가지로 나뉘는데, 첫 번째는 빅테크 기업들이 제공하는 AI 플랫폼을 API로 활용하면서, 필요한 경우 추가 학습을 통해 특정 지식을 더하는 방식이다. 이 방법은 초기 도입이 비교적 간편하고 사용량이 적을 경우 비용 효율적이다. 그러나 API 연동 방식은 민감한 정보가 외부로 유출될 가능성이 있어, 보안이 중요한 기업에게는 적합하지 않을 수 있다.

두 번째 방식은 경량화된 AI 플랫폼을 기업이 직접 구축하는 것이다. 이 방식은 초기 투자와 유지 비용이 더 들지만, 기업의 요구에 맞춰 커스터마이징이 가능하며 데이터 유출의 위험을 최소화할 수 있다. 특히, 경량화언어모델을 활용한 경량화된 AI 플랫폼은 변화하는 시장 환경에 빠르게 적응하며, 기업에게 맞춤형 솔루션을 제공할 수 있다.

현재 시점에서 오픈소스나 API를 활용해 대형언어모델을 사용하는 기업은 아직 많지 않으며, 정확한 비용 추정도 어려운 상황이다. 그러나 향후 사용량이 기하급수적으로 늘어나고 도메인에 맞는 학습이 필요한 케이스가 늘어날 경우, 대형언어모델과 경량화언어모델 중 하나를 선택하는 방식보다는 여러 모델을 병행 또는 혼용해서

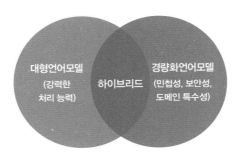

대형언어모델과 경량화언어모델의 하이브리드 적용
다양한 비즈니스 문제를 유연하게 대응할 수 있다.

사용하는 방식이 목적에 적합하면서도 비용 효율적인 활용 방안이 될 수 있을 것으로 보인다.

이처럼 대형언어모델과 경량화언어모델의 하이브리드 접근법은 기업들이 비용 효율적이면서도 목적에 적합한 AI 솔루션을 도입할 수 있게 하며, 혁신과 경쟁력을 동시에 추구할 수 있게 한다. 하이브리드 접근법은 단순히 비용을 절감하는 차원을 넘어, 기업이 직면한 다양한 비즈니스 과제를 해결하는 데 있어서도 유연성과 적응성을 제공한다. 이는 기업들이 필요에 따라 대형언어모델의 강력한 처리 능력과 경량화언어모델의 민첩성을 선택적으로 활용할 수 있게 하여, 변화하는 시장 요구에 맞춤형 솔루션을 제공하는 데 크게 기여할 수 있다. 기업의 리더는 AI 도입과 관련된 결정을 내릴 때, 대형언어모델과 경량화언어모델을 어떻게 조화롭게 활용할지에 대한 전략적 판단을 내려야 한다.

AI 초혁신의 두 번째 역설은 필요의 역설이다. 정작 AI를 가장 필요로 하는 기업들은 이를 제대로 활용할 역량이 갖춰지지 않은 경우가 많다. AI는 디지털 기술의 일부이며, 디지털 혁신에 대한 준비가 제대로 되어 있지 않으면 아무리 투자해도 "밑 빠진 독에 물 붓기"나 다름없다.

AI는 가장 필요로 하는 회사에 오히려 도움이 되지 않을 수 있다. 과거 디지털 혁신 과정에서도 경험했듯이, 일부 기업들은 최신이자 최고의 기술을 도입하면 큰 성장을 이루어 고객을 만족시킬 수 있다고 생각한다. 이를 위해 솔루션이나 관련 컨설팅에 막대한 투자를 감행하기도 한다. 그러나 AI 혜택을 가장 많이 받아야 할 기업이나 조직은 대개 움직임이 느리고, 관성이 강하며, 비효율적인 구조를 가지고 있는 경우가 많다. 이러한 조직은 역설적으로 AI를 적용하기 어렵다.

AI 없이도 성공할 만한 긍정적인 문화를 가진 조직이 오히려 AI 기술 도입을 추진해 성공을 거두는 경우가 많다. AI 기술이 절실히 필요한 조직일수록 이를 효과적으로 접목하는 데에 어려움을 겪을 수 있으며, 이는 투자 결정을 더욱 복잡하게 만든다. 거액의 투자가 무위로 돌아갈 위험이 있기 때문에 기업은 신중하게 적절한 방향을 설정하고, 그에 맞는 의사결정을 내려야 한다. AI 도입은 단순히 기술적인 문제를 해결하는 것이 아니라, 조직의 문화와 역량을 종합적으로 고려해 접근해야 성공할 수 있다.

많은 기업이 AI 기술에 투자하지만, 실제로 그 기술을 조직에 성공적으로 통합해 혜택을 극대화하는 데 실패하는 경우가 많다. AI는 디지털 인프라가 충분히 마련된 상황에서 비로소 효과를 발휘하는데, 이러한 인프라가 부족한 기업에서는 AI 기술이 오히려 부담으로 작용할 수 있다.

이러한 필요의 역설을 해결하기 위해 전통 기업들은 먼저 디지털 초혁신 기반을 재설계해야 한다. 생성형 AI는 컴퓨팅, 빅데이터, 클라우드, 모바일 등 디지털 기술을 활용하여 발전한 디지털 파생 기술이다. 이러한 디지털 파생 기술이 잠재력을 발휘하려면, 전제가 필요하다. 초혁신에 대한 준비가 되어 있지 않은 상황에서는 결과가 뻔할 수밖에 없다.

2부에서 누차 강조했듯이, 이는 소프트웨어적 고객 가치 제공에 대한 이해를 바탕으로 한 디지털 초혁신 기반의 재설계를 포함한다. 디지털 혁신을 위한 필요조건이나 이를 지속할 수 있는 충분조건은 AI 중심의 초혁신에서도 여전히 유효하다. 어쩌면 더 필요할지 모른다. 기업은 자신의 부족한 부분을 인지하고, 빠르게 AI 초혁신을 추진하면서 동시에 이러한 기반을 구축하는 것이 필요하다. 기업이 디지털 혁신을 성공적으로 수행하기 위해서는, 우선 내부의 현재 상태를 명확히 이해하고, 이를 AI 도입에 적합한 형태로 변환하는 작업이 선행되어야 한다. 이 과정에서 기업은 기존의 시스템과 문화를 재검토하고, AI 중심의 업무 방식이 자연스럽게 통합될 수 있도록 재설계해야 한다.

AI 혁신의 세 번째 역설은 선택적 주의의 역설이다. AI 초혁신에서 중요한 것은 아이러니하게도 AI 자체가 아니다. AI를 효과적으로 활용하기 위해서는 주의를 기울이지 않았던 뒷단의 비즈니스 프로세스가 자동화되어 있어야 한다는 점이 핵심이다. 인터페이스로서의 대화형 AI를 제대로 활용하려면 일상적인 프로세스의 자동화가 필수적이다. AI를 활용하고자 하는 기업이 가져야 하는 명확한 관점 중 하나는 생성형 AI가 인터페이스라는 것이다.

뒤에 다시 자세히 설명하겠지만, AI는 고객 경험, 프로세스, 생태계 등을 증강하고, 인터페이스로서 소프트웨어적으로 다양한 솔루션들을 연동하여 업무·조직·시스템 단위를 초월한 초자동화로 내부의 프로세스를 가속화시킬 수 있다. 그 결과 기업은 다양한 비즈니스 모델 혁신을 가능하게 하여 새로운 가치를 창출하는 진화된 형태로 나아갈 수 있다. 또한, 다양한 시스템과 플랫폼 간의 원활한 연계와 생성형 AI 애플리케이션 생태계의 결합은 새로운 비즈니스 확장의 기회를 제공할 것이다. 다시 말해, 증강된 디지털 초혁신 기반 위에서 모든 요소가 긴밀하게 연결됨으로써 새로운 가치 창출 모델에 대한 빠른 실험과 검증이 가능해진다.

특히, 생성형 AI와 전통적인 머신러닝의 교차점에서 이루어지는 지능형 자동화는 기업들이 변화하는 시장 환경에 민첩하게 대응하고, 경쟁력을 강화하는 핵심 요소가 될 것이다. 과거에는 구매, 영업, 재무회계 등 팀별로 순차적으로 디지털 전환을 진행하며 데이터 기반의 의사결정을 내리는 방식이 일반적이었다. 그러나 생성형 AI의 등장으로 이제는 조직 내 모든 부서의 데이터를 집약한 전사적인 초혁신이 한 번에 일어나고 있다. 이러한 동시다발적인 변화는 과거와 다른 큰 차이점이며, 조직의 모든 부분이 동시에 디지털화되면서 AI의 잠재력을 극대화할 기회를 제공한다.

이러한 역설을 극복하기 위해서는 AI를 활용하여 단위 업무를 넘어 조직 전체의 초자동화를 이루는 것이 필요하다. 초자동화는 AI와 로보틱 프로세스 자동화RPA 등의 기술을 결합하여 전사적인 업무 프로세스를 자동화하는 것을 의미한다. 이는 고객 경험을 개선하고, 운영 효율성을 극대화하며, 새로운 비즈니스 기회를 창출할 수 있는 기반을 제공한다.

흥미롭게도, 비즈니스 전반에 걸쳐 AI를 확장하고 의미 있는 가치를 창출한 기업들은 일반적으로 비즈니스 프로세스와 애자일 업무 방식을 구축하는 데 전체 투자 중 70%를 할당한다고 한다. 이는 AI를 성공적으로 도입하는 조직들이 기술 자체보다 사람과 프로세스에 두 배 더 많은 투자를 하고 있음을 보여준다. 결국 AI의 성공은 기술적 요소뿐 아니라, 조직 내의 프로세스와 사람들을 중심으로 하는 체계적인 접근에서 비롯된다는 것을 의미한다.

이처럼 AI를 효과적으로 활용하고자 하는 기업은 기술 그 자체에만 집중하는 것이 아니라, 이를 뒷받침할 수 있는 탄탄한 비즈니스 프로세스와 조직 문화를 먼저 구축해야 한다. 그렇게 할 때 비로소 AI는 진정한 혁신의 도구로서 그 잠재력을 발휘할 수 있다.

AI 초혁신을 성공적으로 이루기 위해서는 비용, 필요, 그리고 선택적 주의의 역설을 깊이 이해하고 해결해야 한다. 대형언어모델과 경량화언어모델의 혼용, 디지털 초혁신의 기반 재설계, 그리고 전사적인 초자동화의 추진을 통해 기업은 AI를 효과적으로 활용할 수 있으며, 변화하는 시장 환경에 신속하게 대응할 수 있다.

증강된 초혁신 기반과 AI는 상호 보완적인 관계를 형성하여, 기업이 더욱 유연하고 혁신적인 방식으로 비즈니스 목표를 달성하도록

생성형 AI

대화형 인터페이스 (저항감 Zero)

지능형 자동화 (실시간성)

❸ 선택적 주의의 역설 해소

❷ 필요의 역설 해소

❶ 비용의 역설 해소

	디지털 프로덕트 재설계	고객 경험 재설계	프로세스 재설계	문화 재설계	생태계 재설계
대화형 인터페이스 (저항감 Zero)	대화형 I/F를 적용한 개인 비서	대화형 인터페이스 적용한 슈퍼앱	대화형 인터페이스 적용한 AICC		생성형 AI 서비스 연결	생성형 AI 비즈니스 연결
지능형 자동화 (실시간성)	초개인화 콘텐츠	초개인화 서비스	중간된 CDP로 실시간 타겟팅	프로세스 초지능화	헬프 데스크 허브	MLOps	로/노코딩	Mid/Back Office 초지능화	비즈니스 모델 P/F 설계	비즈니스 모델 P/F 실험

LLM × sLLM 하이브리드 아키텍처

AI 중심의 디지털 혁신

하이브리드 아키텍처 구성으로 비용의 역설을 해소하고 디지털 초혁신 기반을 활용하여 필요의 역설을 해소, 대화형 인터페이스 및 지능형 자동화를 통해 선택적 주의의 역설을 슬기롭게 헤쳐나갈 수 있다.

돕는다. 이 두 요소의 상호작용을 통해 기업은 변화하는 시장 환경에 민첩하게 대응하고, 새로운 기회를 창출할 수 있는 역량을 갖추게 된다. 이러한 전략적 접근은 전통 기업이 AI 초혁신을 가속화하고, 새로운 가치를 창출하는 데 중요한 역할을 한다.

황홀한 팬 서비스,
증강된 고객 경험

    디지털 혁신 리그에서 AI는 고객 경험을 혁신적으로 변화시켜야 한다. 시카고 불스가 조던의 인기를 활용해 "The Jordan Experience"라는 특별 팬 패키지를 제공하여 팬들을 열광하게 한 것처럼, AI는 디지털 프로덕트 내에서 대화형 인터페이스를 통해 고객의 몰입도를 비약적으로 끌어올려야 한다. 지능형 알고리즘은 실시간으로 고객의 선호도를 분석하고, 개인의 취향에 맞춘 서비스와 콘텐츠, 상품을 제공하여 초개인화된 경험을 만들어야 한다. 이 과정에서 AI는 디지털 기능 제공을 초월한, 고객의 일상을 더 편리하고 즐겁게 만들어준다. 마이클 조던이 농구 역사를 새롭게 썼듯이, 생성형 AI도 디지털 혁신 리그에서 고객 경험을 극적으로 변화시키고, 새로운 기준을 정의하게 된다. 이는 고객에게 깊은 인상을 남기고, 기업이 디지털 시대에 경쟁력을 유지하는 데 중요한 역할을 할 것이다.

극강의 몰입감을 제공하는 AI 가상 비서

AI를 중심으로 한 고객 경험의 증강은 대화형 인터페이스를 활용한 Type 1과 지능형 알고리즘을 활용한 Type 2 영역으로 크게 나눠볼 수 있는데, Type 1은 주로 대 고객 서비스 관련, Type 2는 실시간성과 초개인화를 강조한 지능화 디지털 마케팅 영역이다.

이러한 분류는 생성형 AI 기술이 어떻게 고객 경험을 변화시키는지 보여주는 큰 틀을 제공한다. 특히, 최근의 기술 발전과 기업들의 협력은 이 두 영역에서의 혁신을 가속화시키고 있다.

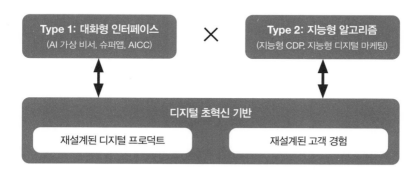

AI 활용 고객 경험 증강
AI는 대화형 인터페이스를 통해 고객과의 대면하는 프론트엔드의 대대적인 혁신을 불러일으킨다. 아울러 지능형 알고리즘을 통해 실시간성·초개인화를 강화한 디지털 마케팅의 대대적인 지능형 혁신을 불러일으킨다.

2024년 6월 애플과 오픈AI의 협력은 인공지능 기술을 한층 강화하고 사용자 경험을 향상시키기 위한 중요한 프로젝트로 주목받고 있다. 애플의 시리Siri와 오픈AI의 기술이 결합한 애플 인텔리전스Apple Intelligence 서비스는 더욱 정교하고 강력한 AI 가상 비서를 제공하는 것을 목표로 한다. 이 협력으로 시리의 자연어 처리 능력과 사용자 인터페이스는 크게 향상될 것으로 예상된다. 과거의 AI 비서 서비스, 예를 들어 애플의 시리, 아마존의 알렉사, 구글의 어시스턴트 등은 정해진 명령어와 키워드 인식을 기반으로 작동하여 대화의 맥락을 이해하지 못하고 제한된 응답을 제공하는 데 그쳤다. 하지만 생성형 AI를 활용한 가상 비서 서비스는 사용자 의도를 깊이 이해하고, 연속적이고 자연스러운 대화를 가능하게 하며, 다양한 상황에 유연하게 대응할 수 있다. 사용자의 질문에 대해 더 정확하고 유용한 답변을 제공할 뿐만 아니라, 사용자의 행동 패턴을 학습하여 개인 맞춤형 서비스를 제공하는 데 중점을 둔다.

애플은 이 서비스를 통해 시리가 단순한 음성 비서를 넘어 다양한 디바이스와 연동하여 스마트홈, 헬스케어, 금융 서비스 등 여러 분야에서 사용자의 삶을 편리하게 만드는 도구가 될 것으로 기대한다. 이 협력은 AI 기술이 사용자와의 상호작용을 보다 심층적으로 이해하고 사용자 경험을 극대화하는 방향으로 나아가고 있음을 보여준다.

한편, 스마트폰 AI 경쟁의 불씨를 당긴 삼성의 온 디바이스 AI는 클라우드 의존도를 줄이고 디바이스 자체에서 AI 연산을 처리하는 기술이다. 이 기술은 데이터 보안성을 높이고, 실시간 반응 속도를 개선하며, 인터넷 연결이 불안정한 상황에서도 AI 기능을 사용할 수 있게 해준다. 데이터를 클라우드로 전송하지 않고, 디바이스에서 직접 처리하여 개인정보 보호와 실시간 처리를 강화한다. 이러한 온 디바이스 AI는 삼성의 스마트폰뿐만 아니라, 다양한 가전제품과 연동되어 사용자에게 실시간으로 피드백을 제공하는 데 강점을 가진다. 삼성의 온 디바이스 AI는 얼굴 인식, 음성 명령 처리, 카메라 최적화 등 다양한 기능뿐만 아니라 헬스 모니터링, 피트니스 추적 등의 기능에서도 실시간 데이터를 분석하여 사용자에게 즉각적인 피드백을 제공할 수 있다.

애플과 오픈AI의 협력과 삼성의 온 디바이스 AI는 스마트폰의 경쟁이 빠르고 효율적인 AI 서비스를 제공하여 고객 경험을 적극적으로 증강하는 AI 가상 비서 서비스로 넘어가고 있음을 보여주는 대표적인 사례이다. 이러한 기술들은 스마트폰의 네이티브 AI 기능을 통해 다양한 방식으로 앱에 응용될 수 있다. 예를 들어, AI를 통해 실시간으로 사용자의 건강 데이터를 분석하여 맞춤형 건강관리 솔루션을 제공할 수 있다. 혈당 모니터링 센서와 연동된 앱은 AI가 사용자의 혈당 수치를 실시간으로 분석하고, 식단과 운동 계획을 자동으로 조정해줄 수 있다. 또한, AI가 사용자의 관심사와 읽기 습관을 분석하여 맞춤형 뉴스를 제공할 수도 있다. 이처럼 스마트폰의 네이티브 AI 기능은 사용자 경험을 크게 향상시키고, 개인화된 서비스 제공, 실시간 데이터 분석, 그리고 사용자 맞춤형 경험을 가능하게 하여 사용자 만족도를 크게 높일 수 있을 것이다. 이러한 변화는 더 이상 먼 미래의 이야기가 아니다.

생성형 AI의 최대 수혜주 엔비디아도 차세대 디지털 휴먼 구현을 가속화하기 위해 엔비디아 ACE 생성형 AI 마이크로서비스를 정식 출시할 예정이다. 고객 서비스, 게임, 헬스케어 분야의 기업들은 ACE 기술을 최초로 도입해 고객 서비스, 게임, 엔터테인먼트, 원격 의료 분야에서 사실적인 디지털 휴먼을 제작하여 운영할 계획이다. 이를 위해 엔비디아는 다양한 AI 기술 제품을 연이어 출시하고 있다.

엔비디아 창립자 겸 CEO인 젠슨 황은 "디지털 휴먼은 산업에 혁명을 일으킬 것이다"라고 말하며 "엔비디아 ACE가 개발자 생태계에 멀티모달 거대언어모델과 신경 그래픽 혁신을 제공하여, 컴퓨터와의 상호작용이 인간과 상호작용하는 것처럼 자연스러운, 사용자 목적 중심 컴퓨팅의 미래를 앞당기고 있다"고 말한다. 엔비디아는 ACE 기술로 디지털 휴먼 생태계를 확장하고 있으며, AI에 집중 투자하는 주요 기술 기업인 인벤텍은 엔비디아 오디오투페이스Audio2Face NIMNvidia Interface Microservice을 활용해 브이알스테이트VRSTATE 플랫폼 내 헬스케어 AI 가상 비서를 강화하고 있다. 이를 통해 더욱 매력적이고 편안한 가상 상담을 제공하며, 환자들이 자신의 건강에 대한 정보를 얻을 수 있도록 돕는 AI 가상 비서를 선보이고 있다. AI 플랫폼인 서비스나우는 최근 생성형 AI 서비스 가상 비서 데모에서 ACE NIM을 선보이며, 디지털 아바타가 소매, 여행 등 여러 산업에서 고객과 직원 간의 상호작용을 향상시킬 수 있는 가능성을 보여주었다.

이처럼 생성형 AI를 활용한 사용자 중심 인터페이스는 다수의 대중이나 모호하게 특정된 그룹을 대상으로 제공하는 서비스들을 고객 각자의 특성, 행동, 선택, 그리고 과거의 이력을 기반으로 한 초개인화된 서비스로 증강해줄 것으로 기대되고 있다. 생성형 AI가 주목받기 전부터 AI 비서를 통한 초개인화 서비스에 관심을 가지고 있던 업체들도 생성형 AI의 등장과 함께 빠르게 초개인화 서비스를 업그레이드하고 있다.

뱅크오브아메리카는 2018년 3월 에리카Erica라는 가상의 금융 비서 서비스를 론칭했다. 이 앱은 다양한 고객 데이터를 확보하고, 이를 기반으로 고객 개개인의 자금력과 지불 능력, 사용 출처 등을 분석해 자산 관리나 투자 자문까지 안내할 수 있게 했다. 결혼, 육아, 주택 구입 등 인생에서 목돈이 필요할 때를 목표로 설정하고 이를 달성해나가는 과정을 모니터링하는 '라이프 플랜Life Plan' 서비스도 선보였다. 이 서비스는 두 달 만에 150만 명이 가입할 정도로 큰 호응을 얻었다. 에리카는 고객의 금융 관리를 24시간 도와주는 역할로 큰 인기를 끌며 3,200만 명의 유저를 확보했다.

이 수치는 뱅크오브아메리카의 전체 디지털 뱅킹 고객 수를 반영한 것으로, 에리카의 대화형 인터페이스로서의 기능성과 편리성을 잘 보여주는 지표이다. 에리카는 계좌 잔액 확인, 최근 거래 내역 조회, 월별 지출 내역 분석, 송금 및 입금, 청구서 결제, 자동이체 설정, 예산 설정 및 지출 추적, 절약 목표 설정 및 진행 상황 추적, 맞춤형 조언 제공, 카드 분실 및 도난 신고 지원 등 다양한 금융 서비스를 제공하며, 고객센터와 콜센터, 앱에서 제공하는 많은 부분을 대화형으로 처리하고 있다. 개인 맞춤형 초개인화 서비스는 소비자가 기업과 브랜드를 통해 할 수 있는 경험의 폭을 확장한다. 소비자의 과거 구매 혹은 서비스 이용 내역을 기반으로 취향을 분석해 그에 맞는 상품이나 서비스를 추천하는 것을 넘어, 특정 상황이나 일정에 따른 상품과 서비스를 추천하기 시작했다. 한 단계 고도화된 초개인화 서비스의 등장이 시작된 것이다.

이러한 서비스들은 생성형 AI를 통해 더욱 진화하고 있다. 뱅크오브아메리카의 에리카는 생성형 AI를 통해 고객과의 대화 능력을 더욱 자연스럽고 정교하게 만들고 있으며, 사용자의 재정 상태와 목표를 더욱 정확히 이해해 맞춤형 재무 조언을 제공하는 데 중점을 두고 있다. 에리카는 고객의 음성 명령을 이해하고 이를 기반으로 필요한 정보를 제공하거나, 복잡한 금융 용어를 쉽게 설명하는 등 사용자의 편의를 극대화하고 있다.

또한, 기존의 개인 비서 서비스들도 생성형 AI를 통해 업그레이드를 준비하고 있다. 구글의 어시스턴트와 아마존의 알렉사는 생성형 AI를 통해 사용자의 명령을 더 자연스럽게 이해하고, 사용자와의 대화를 통해 더욱 정교하고 유용한 응답을 제공할 수 있도록 발전시킬 계획이다. 이들 서비스는 사용자의 일정을 관리하고 필요한 정보를 제공하며, 스마트홈 기기와 연동해 사용자에게 맞춤형 경험을 제공하는 데 집중하고 있다. 만약 이들 기업이 고객 기반, 고객 데이터, 고객 경험을 바탕으로 엔비디아의 ACE NIM과 결합한다면, 타사가 흉내 낼 수 없는 초개인화된 AI 가상 비서 서비스가 가능할 것이다. 스웨덴의 스웨드뱅크는 AI 챗봇 '뉘앙스Nuance'를 도입해 고객 서비스를 혁신하고 있다. 뉘앙스는 텍스트 및 음성 인식 기술을 기반으로 이용자들의 요청에 따른 금융 상담을 제공한다. 싱가포르의 OCBC뱅크에서 만든 '엠마Emma'는 인공지능을 활용한 가상 금융 도우미로, 주택담보대출 상품에 대한 정보 및 상담 서비스를 제공하고 있다.

AI 가상 비서 서비스는 금융 서비스 외에도 다양한 산업에서 초개인화된 경험을 제공하고 있다. 도미노피자는 AI 어시스턴트 '돔Dom'을 통해 고객들이 음성 명령이나 채팅을 통해 피자를 주문할 수 있는 서비스를 제공하고 있다. 돔은 고객의 주문 이력을 학습해 자주 주문하는 피자를 추천하거나, 고객이 원하는 추가 토핑을 빠르게 반영할 수 있어 편리한 주문 경험을 제공하고 있다. 글로벌 패션 브랜드 H&M은 고객 상담을 자동화하기 위해 AI 기반 채팅 어시스턴트 '에이다Ada'를 도입했다. 에이다는 고객의 질문에 실시간으로 응답하며 제품 추천, 재고 확인, 주문 상태 추적 등의 서비스를 제공하고 있다.

스마트폰의 AI 가상 비서 서비스는 사용자의 일상생활을 혁신적으로 변화시키고 있다. AI는 사용자의 일정을 관리하고, 필요한 정보를 제공하며, 스마트홈 기기와 연동하여 사용자에게 맞춤형 경험을 제공한다. 이 모든 기능은 사용자가 손쉽게 접근할 수 있도록 설계되며, 개인의 필요와 선호에 맞춰 최적화된다. 앞서 이야기했던 초개인화 마케팅 측면에서도 자연어 대화를 통해 AI 가상 비서와 대화하여 타깃 고객과 다양한 마케팅 전략에 대한 계획을 브레인스토밍하고, 캠페인을 위한 채널별 제작물을 개발하며, 다양한 플랫폼에 맞게 설득력 있고 고도로 개인화된 콘텐츠를 자동으로 생성할

극강의 AI 가상 비서

글로벌 뷰티 브랜드 세포라Sephora는 AI 기반의 가상 비서를 도입해 고객에게 혁신적이고 개인화된 쇼핑 경험을 제공한 대표적인 사례다. 세포라는 고객들이 매장에서나 온라인에서나 자신에게 맞는 제품을 쉽게 찾을 수 있도록 돕기 위해 AI 기술을 적극 활용해왔다. 특히, AI 기반 가상 비서는 고객의 피부 타입, 선호하는 색상, 기존 구매 이력 등을 바탕으로 맞춤형 추천을 제공하여, 고객 경험을 한층 더 개인화하는 데 중요한 역할을 하고 있다.

AI 가상 비서: 세포라 가상 아티스트

세포라는 고객들이 다양한 뷰티 제품을 시도해볼 수 있는 가상 비서인 '세포라 버추얼 아티스트Sephora Virtual Artist'를 개발했다. 이 AI 기반 비서는 증강현실AR 기술과 인공지능을 결합하여, 고객이 스마트폰이나 매장 내 디바이스를 통해 제품을 가상으로 시도해볼 수 있는 기능을 제공한다. 고객은 자신의 얼굴을 스캔하여 다양한 립스틱, 아이섀도, 파운데이션 등의 제품을 실시간으로 적용해볼 수 있으며, AI는 고객의 피부 톤과 얼굴 특징을 분석해 가장 어울리는 색상과 제품을 추천한다.

고객이 세포라 버추얼 아티스트를 통해 립스틱을 선택할 때, AI는 고객의 이전 구매 이력, 선호하는 브랜드, 그리고 얼굴 특징을 바탕으로 몇 가지 추천 제품을 제안한다. 이 추천은 단순히 인기 제품을 나열하는 것이 아니라, 고객 개인의 취향과 스타일에 맞춘 것이다. 이러한 맞춤형 경험은 고객이 제품을 선택할 때 불확실성을 줄이고, 만족도를 높이는 데 기여한다.

Product Try-On

Instantly try on eye, lip and cheek makeup.

TRY THE WEB VERSION ▶

Looks

Get inspired by and try looks created by Sephora experts.

TRY THE WEB VERSION ▶

App Exclusives

Learn more about features exclusive to the app.

LEARN MORE ▶

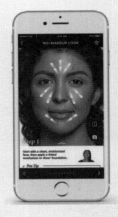

세포라의 버추얼 아티스트
소비자는 모바일 앱을 통해 가상으로 새 화장품을 발라볼 수 있다.

세포라는 또한 페이스북 메신저와 같은 플랫폼에서 AI 기반 채팅 어시스턴트를 도입했다. 이 채팅봇은 고객의 질문에 실시간으로 응답하며, 제품 추천, 매장 위치 안내, 예약 관리 등을 제공한다. 예를 들어, 고객이 "저에게 맞는 파운데이션을 추천해주세요"라고 질문하면, AI는 고객의 피부 타입과 색상을 분석해 맞춤형 제품을 추천한다. 이러한 실시간 상호작용은 고객이 필요로 하는 정보를 즉시 제공함으로써 쇼핑 경험을 더욱 편리하게 만든다.

특히, 세포라의 채팅봇은 '세포라 컬러 매치Sephora Color Match'라는 기능을 통해 고객이 사진을 업로드하면 그에 맞는 제품을 추천하는 기능을 제공한다. 고객이 자신의 피부 톤이나 특정 메이크업 스타일의 사진을 올리면, AI는 해당 이미지를 분석하고, 가장 적합한 제품 리스트를 제공한다. 이는 고객이 실제 매장을 방문하지 않고도 자신에게 맞는 제품을 쉽게 찾을 수 있도록 돕는 기능으로, 온라인 쇼핑의 한계를 극복하는 데 큰 역할을 하고 있다.

세포라의 AI 가상 비서 서비스는 고객의 참여와 만족도를 크게 높이는 데 기여하고 있다. 고객들은 제품 선택 과정에서의 불확실성을 줄이고, 자신에게 가장 어울리는 제품을 쉽게 찾을 수 있다. 또한, 이러한 AI 기반 맞춤형 추천은 고객이 필요로 하는 제품을 정확히 파악해 구매 전환율을 높이며, 브랜드에 대한 신뢰를 강화하는 효과도 가져온다.

세포라는 AI 가상 비서 서비스를 통해 얻은 데이터를 바탕으로 고객 행동을 분석하고, 이를 바탕으로 더욱 정교한 마케팅 전략을 수립할 수 있다. 특정 제품을 여러 번 시도한 고객에게는 그 제품에 대한 특별 할인이나 프로모션을 제안함으로써 구매를 유도할 수 있다. 또한, AI는 고객이 선호하는 스타일이나 컬러 팔레트를 분석해 향후 새로운 제품 출시 시 맞춤형 알림을 보내는 등 개인화된 마케팅 캠페인을 실행하는 데도 활용된다.

세포라의 AI 기반 가상 비서는 고객 경험을 혁신하는 데 중요한 역할을 하고 있다. 이 기술은 고객의 필요를 정확히 파악하고, 맞춤형 제품 추천을 통해 고객의 만족도를 높이며, 궁극적으로 브랜드에 대한 충성도를 강화하는 데 기여한다. 세포라는 AI를 활용해 오프라인과 온라인 쇼핑 간의 경계를 허물고, 고객에게 일관된 경험을 제공함으로써 경쟁이 치열한 뷰티 시장에서 차별화된 가치를 제공하고 있다. 이러한 사례는 AI가 마케팅에 어떻게 응용될 수 있는지를 잘 보여주며, 향후 더 많은 기업이 유사한 접근을 통해 고객 경험을 혁신할 가능성을 시사한다.

AI 기반 패션 스타일리스트: 버추오스타일

'버추오스타일VirtuoStyle'은 기존의 패션 추천 시스템을 한층 발전시킨 혁신적인 AI 비서로, 개인의 신체적 특성, 피부 톤, 스타일 선호도를 종합적으로 고려하여 맞춤형 패션 스타일을 제안한다. 이 서비스는 사용자가 입력한 신체 치수, 피부 톤, 취향 데이터를 기반으로 일상복부터 특별한 날을 위한 의상까지 다양한 스타일을 추천한다. 예를 들어, 사용자가 중요한 미팅이 있는 날에는 단정한 비즈니스 캐주얼을 추천하고, 여유로운 주말에는 편안한 캐주얼룩을 제안한다. 버추오스타일의 가상

착용Try-on 기능은 사용자가 선택한 의상을 미리 확인할 수 있게 해주어 온라인 쇼핑 시 반품을 줄일 수 있다. 또한, 이 AI 비서는 사용자의 옷장을 스캔하여 자주 사용하지 않는 아이템들을 활용하는 방법을 제안하거나, 옷장에 없는 필수 아이템을 추천해준다. 버추오스타일은 계절과 날씨를 고려하여 가장 적합한 옷을 선택할 수 있도록 돕고, 사용자의 스타일 변화를 학습하여 시간이 지남에 따라 더욱 정교하고 개인화된 추천을 제공한다. 이 AI는 또한 사용자가 좋아하는 브랜드의 최신 트렌드를 반영한 스타일 제안을 하고, 해당 브랜드의 할인 정보나 신상품 알림을 제공하여 사용자의 쇼핑 경험을 향상시킨다. 버추오스타일을 통해 사용자는 패션에서 오는 스트레스를 줄이고, 매일 자신에게 가장 잘 어울리는 스타일을 쉽게 선택할 수 있게 된다.

AI 기반 창의력 보조 비서: 인스파이로봇

'인스파이로봇InspiroBot'은 창의적인 작업을 지원하는 AI 비서로, 예술가, 디자이너, 작가 등의 창작 활동을 돕는다. 이 AI는 사용자의 프로젝트 목표와 작업 스타일을 분석하여 가장 적합한 창의적 아이디어와 영감을 제공한다. 예를 들어, 소설을 쓰는 작가에게는 플롯의 전개 방향을 제안하거나, 디자이너에게는 특정 주제에 맞는 색상 팔레트와 디자인 요소를 추천한다. 인스파이로봇은 사용자가 제공한 키워드나 아이디어를 바탕으로 자동으로 시나리오를 생성하거나, 브레인스토밍 세션을 통해 창의적인 아이디어를 도출하는 데 도움을 준다. 이 AI는 팀 작업 시에도 유용하게 활용될 수 있다. 실시간으로 아이디어를 공유하고 피드백을 수집하는 과정을 자동화하여 팀의 창의적 협업을 촉진한다. 인스파이로봇은 사용자가 작업 중 겪는 창의적 장해를 극복할 수 있도록 다양한 관점을 제시하고, 다른 분야의 성공 사례를 소개하여 창의력을 자극한다. 시간이 지남에 따라 이 AI는 사용자의 작업 패턴을 학습하여 점점 더 개인화된 지원을 제공하게 된다. 인스파이로봇은 창작 과정에서 발생할 수 있는 어려움을 최소화하고, 새로운 아이디어를 지속적으로 제공하여 창의적 작업의 효율성을 극대화한다.

AI 기반 지속 가능성 코치: 에코가이드

'에코가이드EcoGuide'는 사용자의 생활 습관과 소비 패턴을 분석하여 환경친화적인 삶을 유도하는 AI 비서이다. 이 AI는 개인의 탄소 발자국을 계산하고, 일상생활에서 지속 가능한 선택을 할 수 있도록 돕는다. 예를 들어, 에코가이드는 사용자가 자주 구매하는 제품이 환경에 미치는 영향을 분석해 더 지속 가능한 대안을 추천하거나, 재활용 가능 여부를 식별해주는 기능을 제공한다. 이 AI 비서는 사용자의 에너지 사용을 모니터링하고 절약할 수 있는 방법을 제안하며 전기 요금을 절감하는 데 도움을 준다. 에코가이드는 또한 로컬 푸드 구매, 공정 무역 제품 사용, 친환경 브랜드 정보 제공 등 사용자가 일상 속에서 실천할 수 있는 다양한 환경보호 방법을 제시한다. 예를 들어, 식사 메뉴를 계획할 때, 로컬에서 생산된 식재료를 활용한 레시피를 추천하거나, 재활용 가능한 포장재를 사용하는 브랜드를 소개한다. 에코가이드는 사용자가 환경에 긍정적인 영향을 미칠 수 있는 작은 습관들을 형성할 수 있도록 돕고, 이러한 습관들이 환경보호에 얼마나 기여하는지를 시각적으로 보여준다. 이를 통해 사용자는 자신의 생활 방식이 환경에 미치는 영향을 명확히 이해하고, 더욱 책임감 있는 선택을 할 수 있다. 에코가이드는 지속 가능한 생활을 위한 작은 변화가 어떻게 큰 차이를 만들 수 있는지를 사용자에게 보여주며, 환경보호에 대한 실천을 독려한다.

수도 있다. 그 외에도 AI 가상 비서는 목격자 진술을 검토하여 정보가 부족한 부분을 찾아내고 부족한 정보를 메울 방법을 제안하고 후속 작업을 지원하는 역할을 수행할 수 있는데, 법 집행과 관련된 조사는 시간이 많이 소요되고 절차적인 수작업이 많기 때문에 진술 평가 담당 조사관을 보좌하는 역할도 생각해볼 수 있다.

초개인화된 슈퍼앱 2.0 = AI 가상 비서 × 슈퍼앱

필자는 디지털 프로덕트와 고객 경험을 혁신하기 위해 소프트웨어적 가치를 재설계해야 하는 필요성을 누차 강조하였다. 그러나 새로운 기술과 서비스의 등장, 그리고 고객 요구사항이 고도화됨에 따라 차별화된 고객 경험을 제공하는 일은 점점 더 어려워지고 있다. 이러한 도전은 기술적 문제를 넘어 기업이 고객의 기대를 어떻게 관리하고, 그들의 경험을 최적화할 수 있을지에 대한 근본적인 질문을 던지게 한다.

이러한 배경 속에서 수년 전부터 디지털 혁신 기업들은 슈퍼앱이라는 새로운 패러다임을 통해 고객 경험을 혁신하고 있다. 슈퍼앱은 스마트폰 앱의 기능을 넘어 다양한 서비스를 융합한 플랫폼으로 진화하고 있으며, 기술과 영역의 경계를 허물며 새로운 시장을 창출하는 생태계의 중심이 되고 있다. 이 변화는 기존의 서비스 제공 방식을 근본적으로 재구성하여, 고객이 하나의 통합된 경험을 통해 다양한 요구를 충족할 수 있게 한다.

슈퍼앱의 장점은 명확하다. 여러 앱을 설치하거나 추가 가입할 필요 없이 다양한 서비스를 한곳에서 이용할 수 있으며, 서비스 간 연계된 포인트 혜택도 누릴 수 있다. 슈퍼앱의 가치는 일상생활에서 발생하는 다양한 사용자 니즈를 원스톱 솔루션으로 충족시키며, 여러 앱을 사용해야 하는 번거로움을 줄이고, 높은 사용자 경험을 바탕으로 고객 락인Lock-in에 기여할 수 있다는 점에 있다. 여기에 생성형 AI를 활용한 대화형 인터페이스와 초개인화된 서비스는 사용자가 다양한 서비스에 쉽게 접근할 수 있도록 돕는다.

슈퍼앱은 다양한 서비스와 콘텐츠를 고객의 선호도에 따라 즉시 제공하기 때문에, 고객과의 상호작용 빈도가 증가함에 따라 데이터의 양과 질이 동시에 늘어난다. 이러한 증가된 데이터와 고도화된 알고리즘을 바탕으로 사용자는 맞춤형 서비스를 제공받아 고객 경험이 크게 향상될 것이다. 이는 고객이 원하는 것을 예측하고 그에 맞는 솔루션을 적시에 제공할 수 있다는 점에서, 기업에게는 새로운 기회를 열어줄 것이다. 또한, 고객의 체류 시간을 늘리고 사용자 데이터를 쌓아 기업이 추가 수익 창출의 기회를 확보할 수 있다.

가트너는 2023년 기술 동향 중 하나로 슈퍼앱을 선정하며, 2027년까지 전 세계 인구의 50% 이상이 슈퍼앱의 일일 활성 사용자DAU가 될 것으로 예상했다. 이는 슈퍼앱이 얼마나 빠르게 전 세계적으로 확산되고 있는지를 보여주는 예시다. 물론 슈퍼앱 운영에는 개인정보 보호와 사이버 보안 등의 리스크가 따르지만, 차별화된 고객 경험과 가치를 제공함으로써 경쟁우위를 확보할 가능성을 가지고 있다. 딜로이트는 슈퍼앱을 "하나의 앱으로 다양한 서비스를 제공하며, 고객에게 일관된 경험을 제공하고, 축적된 데이터를 다양한 영역에서 활용할 수 있는 앱"으로 정의한다. 이는 슈퍼앱이 단순한 다기능 앱을 넘어, 데이터 중심의 통합적 플랫폼으로 진화하고 있음을 시사한다.

슈퍼앱의 핵심은 무엇보다 통합되고 일관된 '고객 경험CX, Customer Experience'에 있다. 다양한 서비스와 기능이 많아질수록 UI/UX가 복잡해질 수 있지만, 생성형 AI가 이러한 문제를 해결하고 슈퍼앱의 사용성을 획기적으로 개선할 수 있을 것으로 기대된다. 생성형 AI는 대화형 사용자 인터페이스CUI, Conversational User Interface를 활성화시켜 고객이 자연스럽고 직관적으로 다양한 서비스를 이용할 수 있도록 도울 수 있다.

기존의 검색 방식에서는 사용자가 원하는 정보에 도달하기 위해 여러 단계를 거쳐야 했지만, 생성형 AI를 활용한 CUI는 단순히 검색어와 맥락을 입력하는 것만으로도 필요한 정보를 즉시 제공할 수 있다. 이를 통해 정보 탐색이 더욱 간편해지고, 실시간으로 이루어질 수 있다. 또한, 여러 웹사이트를 일일이 방문할 필요 없이 한곳에서 다양한 정보를 비교할 수 있으며, 쓸데없는 광고로부터도 자유로워진다. 이러한 변화는 고객 여정을 단순화하는 데 그치지 않고, 고객 만족도를 높이고 기업의 경쟁력을 강화하는 데 중요한 역할을 한다.

CUI의 도입으로 인해 고객의 접점이 하나로 통합되면서, 디지털 마케팅에도 큰 변화가 예상된다. 모든 고객 행위가 대화 하나로 해결되기 때문에, 고객 여정의 시작부터 끝까지 하나의 채널에서 이루어지게 된다. 이는 생성형 AI가 적용된 슈퍼앱 2.0의 도약을 예고하며, 디지털 마케팅 전략도 단순한 콘텐츠 제공을 넘어 고객의 전체적인 경험을 관리하고 최적화하는 방향으로 진화해야 할 필요성을 강조한다.

말레이시아에서 택시 호출 앱으로 시작한 그랩Grab은 이제 동남아시아를 대표하는 슈퍼앱으로 성장했다. 약 2,000만 명 이상의 활성 사용자를 보유한 그랩은 전자상거래, 배달, 금융 서비스를 포함한 다양한 서비스를 제공하고 있다. 그랩페이GrabPay는 디지털 결제를 확산시키며, 현금이 여전히 널리 쓰이는 동남아시아에서 중요한 역할을 하고 있다. 영국의 레볼루트Revolut는 챌린저 뱅킹으로 시작해 다양한 금융 서비스와 생활 밀착형 서비스를 제공하는 슈퍼앱으로 발전했다. 국내에서는 토스가 대표적이다. 간편 송금으로 시작한 토스는 계좌 조회, 카드 발급, 중고차 매매, 보험 대리판매, 증권, 은행 지불 결제 등 다양한 금융 사업을 추가하며 슈퍼앱으로 성장했다. 이러한 성공 사례들은 슈퍼앱이 제공하는 통합된 사용자 경험이 소비자에게 얼마나 중요한지를 잘 보여준다.

일론 머스크도 트위터를 슈퍼앱으로 만들겠다는 포부를 밝혔다. 그는 트위터 인수가 "모든 것이 가능한 앱 X를 만드는 것을 앞당길 것"이라고 말하며, 위챗에서 영감을 받은 이 앱이 소셜미디어, 메시징, 결제, 쇼핑, 차량 호출 등 휴대전화로 할 수 있는 모든 것을 결합한 형태가 될 것이라고 했다. 이 목표는 슈퍼앱이 가진 통합성과 확장성이 얼마나 큰 잠재력을 가지고 있는지를 잘 보여준다.

슈퍼앱 2.0은 생성형 AI를 통해 더욱 빛을 발하게 될 것이다. 인터페이스로서 생성형 AI는 슈퍼앱의 단점을 극복하고 장점을 극대화하며 새로운 혁신 트렌드의 중심에 서게 될 것이다. 이를 통해 사용자 데이터를 분석하고, 초개인화된 서비스를 제공하며, 사용자의 다양한 요구사항에 실시간으로 대응할 수 있다. 슈퍼앱의 진정한 가치는 다양한 서비스의 융합과 이를 통한 일관된 사용자 경험 제공에 있으며, AI는 이러한 융합을 가능하게 하는 핵심 기술이다.

또한, 생성형 AI를 인터페이스로 외부의 AI의 생태계를 적극 활용하여 새로운 비즈니스 가치를 창출하는 데 도움을 줄 수 있을 것이다. 생성형 AI는 슈퍼앱의 복잡함을 극복하고, 사용자가 더욱 편리하고 만족스러운 디지털 프로덕트 경험을 누릴 수 있도록 도와줄 것이다. 이를 통해 기업은 복잡한 문제를 해결하고, 고객 만족도를 높이며, 더 나아가 시장에서의 경쟁력을 강화할 기회를 얻게 될 것이다.

향후 멀티모달 생성형 AI가 발전함에 따라, 인터페이스 자체가 점점 더 사라지는 '제로 UIZero UI'의 시대가 도래할 가능성도 있다. 사용자는 더 이상 화면을 터치하거나 명령어를 입력하지 않아도, AI가 사용자의 의도와 상황을 이해하여 필요한 작업을 자동으로 수행할 수 있게 될 것이다. 이러한 시대에는 사용자가 인터페이스를 인식할 필요조차 없을 정도로, 사용자와 AI 간의 상호작용이 자연스러워질 것이다. 이는 사용자의 편의성뿐만 아니라 AI의 학습과 이해를 최적화하는 방향으로 인터페이스가 진화해야 함을 의미하며, 사용자 경험의 혁신적인 변화를 예고하고 있다.

무엇이든 물어보세요, AICC

시장조사 업체 얼라이드마켓리서치에 따르면 국내 AI 컨택센터AICC, AI Contact Center 시장 규모는 2020년 약 581억 원에서 연평균 23.7% 성장하여 2030년에는 4,840억 원에 이를 전망이다. 이처럼 빠르게 성장하는 시장을 선점하기 위해 다양한 기업들이 AICC의 경쟁력을 키우고 있다. 현재 AICC 시장을 두고 치열하게 경쟁이 벌어지고 있는 업계는 통신사다. SK텔레콤은 올인원 구독형 AICC 서비스인 'SKT AI CCaaS'를 출시했고, KT는 2022년에 AICC 솔루션에 클라우드 역량을 결합한 서비스형 AICC 상품 'KT 에이센 클라우드'를 내놓았다. LG유플러스도 AICC를 B2B 주력 사업으로 육성하려는 계획을 가지고 있으며, 카카오도 AICC 서비스인 '센터플로우'를 제공 중이다. 이러한 다양한 서비스 출시는 기업들이 AI 콜센터AICC 시장에서의 경쟁력을 확보하기 위한 전략적 선택임을 보여준다.

사실 AICC는 이세돌과 알파고의 대국 이후 AI가 큰 트렌드로 자리 잡으면서 규칙 기반의 AI를 활용한 비용 효율적인 적용 사례로 주목을 끌기 시작했다. 생성형 AI가 거론되기 전인 2017년경부터 주목받기 시작했는데, 초창기에는 전통적으로 콜센터 구축 경험이 있는 업체들을 중심으로 기존의 콜센터 시스템을 활용한 AI 상담사를 제공하는 것이 목표였다. 이 시기의 AICC는 주로 인공지능 엔진과 음성 처리 기술을 콜센터 인프라와 연동해 저비용의 콜센터를 지향했다. 필자도 현대카드와 한화생명에서 AICC를 구축했던 경험이 있다. 물론 규칙 기반 AI가 갖고 있는 한계와 기존 콜센터 시스템의 낙후성으로 인해 원하는 범위와 품질의 AICC를 완벽하게 구현하기는 어려웠으나, 특정한 업무에는 확실히 장점이 있었다. 이는 초기 AICC가 기존 시스템의 한계를 극복하는 데 어려움을 겪었음을 보여준다.

생성형 AI 이전의 AICC는 주로 자동 응답 시스템, IVRInteractive Voice Response, 그리고 기본적인 규칙 기반 챗봇을 통해 고객의 문의를 처리했다. 이러한 시스템은 주로 키워드 매칭에 의존하여 고객의 질문에 대한 고정된 응답을 제공하는 방식이었다. 초기 AICC는 자동 응답 시스템을 통해 고객의 전화를 받고, 기본적인 정보를 제공하거나 음성 메시지를 녹음했다. 또한 STTSpeech to Text, TTSText to Speech를 활용하여 음성을 텍스트로 변환하고, 텍스트를 음성으로 변환하여 콜 상담사에게 제공했다. IVR 시스템은 고객의 음성 입력이나 키패드 입력을 받아 사전 정의된 경로로 안내했으며, 단순 챗봇은 사전 정의된 답변을 기반으로 간단한 질문에 응답했다. 하지만 이러한 시스템은 자연어 처리 기술이 제한적이어서 고객의 질문을 정확하게 이해하지 못하는 경우가 많았다. 이는 주로 키워드 매칭에 의존하여 발생하는 문제로, 챗봇의 응답은 사전에 정의된 답변 세트에 의존했기 때문에 예상하지 못한 질문이나 복잡한 문의에 대한 대응이 어려웠다.

고객의 감정을 분석하고 이에 맞는 적절한 대응을 제공하는 기능도 부족했다. 결과적으로 초기 AICC는 고객 응대의 일관성이 떨어지고, 복잡한 문제에 대해 제대로 대응하지 못하는 경우가 많았다. 자동 응답 시스템과 IVR 메뉴를 통해 많은 단계를 거쳐야 했기 때문에 고객의 대기 시간이 길어지는 경우가 많았고, 대부분의 자동 응답 시스템은 24/7 운영을 목표로 했으나, 특정 업무를 제외한 고객 지원은 주로 업무 시간에만 가능했다. 이러한 초기 AICC의 한계는 고객 경험의 품질을 제약하는 주요 요인 중 하나였다.

하지만 최근에는 생성형 AI와 고도화된 NLP 기술을 바탕으로 AICC의 성능과 효율성이 크게 향상되고 있다. 생성형 AI를 활용하면 고객의 질문을 더욱 정확하게 이해하고, 자연스럽고 연속적인 대화를 가능하게 하며, 다양한 상황에 대한 유연한 대응이 가능하다. 고객의 질문 의도를 깊이 이해하고, 실시간으로 적절한 답변을 제공할 수 있다. 또한, 고객의 행동 패턴을 학습하여 맞춤형 서비스를 제공하고, 고객의 감정을 분석하여 더욱 개인화된 응대를 할 수 있다. 이와 같은 진보된 AICC는 자동 응답 시스템을 넘어 고객 경험을 극대화하고, 기업의 운영 효율성을 높이는 중요한 도구로 활용되고 있다. 이는 기존의 AICC가 가진 한계를 극복하고, 새로운 차원의 고객 서비스를 제공할 수 있는 가능성을 열어준다.

생성형 AI의 도입은 AI 콜센터AICC의 변화를 촉진하는 결정적인 요소로 떠오르고 있다. 고급 자연어 처리 기술과 실시간 대화 생성 덕분에, 고객에게 더 나은 서비스를 제공할 수 있는 명확한 영역 중 하나이다.

AICC는 자동 응답 및 라우팅, 고객 서비스 자동화, 실시간 지원, 감정 분석, 데이터 분석 및 인사이트 제공 등의 주요 기능을 통해 고객 서비스의 효율성을 높이고, 비용을 절감하며, 고객 만족도를 향상시키는 효과를 제공한다. AICC는 자연어 처리 기술을 활용해 고객의 문의를 이해하고, 적절한 부서나 담당자에게 자동으로 라우팅한다. 자주 묻는 질문FAQ이나 간단한 문제 해결은 생성형 AI가 자동으로 처리할 수 있으며, 실시간으로 고객 상담원을 지원해 상담원이 고객의 질문에 대한 답변을 빠르게 제공할 수 있도록 돕는다. 고객의 음성 톤이나 텍스트를 분석해 고객의 감정을 파악할 수 있으며, 고객의 감정 상태에 맞는 적절한 대응을 제공할 수 있다. 고객과의 상호작용 데이터를 분석하여 고객의 행동 패턴과 요구를 파악하고, 이를 바탕으로 맞춤형 서비스를 제공한다.

24시간 내내 고객 서비스를 제공할 수 있기 때문에 시간에 구애받지 않고 고객의 요구에 대응할 수 있다. 이처럼 생성형 AI는 AICC의 기능을 강화하여 고객 경험을 혁신적으로 개선할 기회를 제공한다.

글로벌 기업과 한국 기업 모두 생성형 AI를 도입해 고객 서비스의 질을 높이고, 운영 효율성을 극대화하고 있다. 이는 고객 만족도를 향상시키고, 기업의 경쟁력을 강화하는 데 중요한 역할을 하고 있다. 데이터 보안, 정확한 데이터 제공, 상담원과의 협업, 고객 피드백 반영 등을 고려해 AI 콜센터AICC를 도입하면, 더욱 효과적인 고객 서비스를 제공할 수 있을 것이다. 이는 고객과 기업 모두에게 이익이 되는 결과를 가져올 것이다.

H생명 AICC

한국어 NLU 서비스의 상용화와 H카드의 도입

2016년 하반기, 한국어 NLU_{Natural Language Understanding}를 적용한 서비스가 본격적으로 상용화되기 시작했다. 2017년 초, IBM은 한국어를 지원하는 NLU 서비스를 공식적으로 론칭했고, 이를 기반으로 H카드는 8월에 자체 챗봇 서비스를 세상에 선보이게 되었다. 필자는 이 프로젝트에 참여했다.

고객 응대에 AI를 도입한 초기 시도와 문제점

이와 비슷한 시기, S카드와 다른 몇몇 카드사들도 실험적으로 챗봇 서비스를 도입하기 시작했다. 당시 AI의 NLU를 테스트하기에 가장 적합한 영역은 바로 '고객 응대'였다. 고객의 문의에 상담사 대신 봇이 응대한다면, 비용 절감 효과가 상당할 것이라는 기대가 있었다. 그러나 현실은 예상과는 달랐다. 고객의 셀프 클로징이 불가능한 경우, 결국 챗봇은 상담사와의 연결로 이어졌고, 이는 오히려 상담량의 증가를 초래했다. 또한, 자연스러운 사용자 경험을 제공하기 위해 채팅 상담을 담당할 인력과 인프라를 추가로 마련해야 했다. 아이러니하게도 비용 절감을 목표로 도입한 기술이 오히려 비용을 증가시키는 결과를 낳았다.

음성봇으로의 전환과 관련 기술의 중요성

이러한 문제들을 겪으며 자연스럽게 음성 인식 기술의 발전과 함께 챗봇에서 음성봇_{AICC}으로의 전환이 이루어졌다. 음성 인식의 핵심 기술인 STT_{Speech To Text}는

AICC에서 가장 중요한 역할을 한다. 고객의 발화를 가장 처음 받아들이는 기술이기 때문에, 인식률이 낮다면 그 뒤의 NLU가 아무리 뛰어나더라도 무용지물일 수밖에 없다.

STT 기술은 기본적인 단어와 문장을 담은 코퍼스(말뭉치)를 통해 학습된다. 그러나 프로젝트마다 특화된 도메인 용어를 반영한 별도의 모델 훈련이 필요하다. 특히, B2B 프로젝트에서는 고객과 상담원이 사용하는 산업 특유의 용어를 학습시키는 것이 필수적이다. 이를 위해 다양한 환경에서의 상담 녹취 파일을 샘플링하고, 이를 전문 속기사가 텍스트로 변환하는 작업이 함께 이루어진다. 이렇게 생성된 녹취-텍스트 쌍을 기반으로 모델을 훈련시키고, 훈련되지 않은 데이터로 모델을 검증하여 인식률을 측정한다.

NLU 서비스는 고객의 발화가 텍스트로 변환된 후, 이 텍스트가 어떤 의미를 지니는지를 파악하는 작업을 수행한다. NLU의 핵심은 바로 텍스트의 의도를 파악하는데 있다. 이를 위해 NLU는 다양한 표현utterance에 대한 의도를 학습시킨다. 사용자가 표현하는 다양한 문장을 분석하고, 그 안에 숨겨진 의도를 이해함으로써 최적의 응답을 만들어낸다.

TTS 기술과 자연스러운 음성 대화의 도전

이제 음성봇을 통해 고객과의 대화가 자연스럽게 이어지도록 만드는 작업이 남아 있다. TTSText To Speech는 음성봇의 목소리를 사람처럼 자연스럽게 들리도록 만드는 기술이다. 하지만 영화 〈HER〉에서처럼 자연스러운 양방향 음성 대화는 도전 과제였다. 상대방의 상황에 맞는 뉘앙스, 속도, 어조, 어휘 등을 개별적으로 조정하는 것은 리소스가 많이 필요하고, 효율적이지 않다. 몇몇 기업은 기업 이미지를 반영한 페르소나를 설정하고, 대표 목소리를 가진 직원의 음성을 합성해 상담에 사용하기도 하지만, 대부분의 경우는 미리 합성된 톤을 선택하여 사용한다.

기존 컨택센터 인프라와의 통합

AICC의 핵심 중 하나는 기존 컨택센터의 콜 인프라를 어떻게 효과적으로 활용할 것인가에 달려 있다. 수십 년간 발전해온 콜 인프라를 제대로 활용하지 않으면, 원활한 서비스를 제공하기 어려웠기 때문이다. ARS, 말하는 ARS, 보이는 ARS, 채팅 상담, 챗봇 등 다양한 상담 채널이 이미 존재하고 있었지만, 이를 효과적으로 혼용하여 빠르고 정확한 상담을 제공하려면 레거시 인프라의 투자나 업그레이드가 필요했다.

비즈니스적으로 비용 절감이 주요 목표라면, 음성봇 도입 시 콜센터의 모든 지표를 이에 맞추어 정렬할 필요가 있다. STT 인식률, NLU 인식률 등 도입된 기술의 성과를 콜 시간 단축이나 효율화와 연결시켜 지표화하고, 운영상에서 나오는 데이터를 분석하여 지속적으로 개선해나가야 한다. 어떤 고객을 AI로 응대할 것인가도 중요한 고민이었다. 모든 고객을 AI로 응대하는 것은 비효율적일뿐더러 현실적으로도 불가능하다. 초기에는 특정 상담 영역이나 타깃 고객을 선정하여 테스트를 진행했다.

음성봇 도입 효과: 패턴 분석과 상담 시간 단축

기존 상담콜을 분석해본 결과, 특정 고객들은 비슷한 시점에 동일한 업무를 위해 전화를 건다는 특징을 발견할 수 있었다. 또한, 어떤 고객들은 첫 문의 후 묻는 추가 질문이 고정되어 있다는 점도 알게 되었다. 이러한 패턴을 바탕으로 파일럿 고객을 선정하고, 직접 콜에 적용해본 결과 상담 시간이 크게 줄어드는 효과를 거두었다. 특히, 고객의 추가 질문이 적은 단순한 상담 영역에서 음성봇은 매우 효과적이었다. 목적이 명확한 질문(예: 이체, 지급 등)을 다룰 때 음성봇을 사용하면, 고객이 통화 중에 귀를 떼고 버튼을 눌러야 하는 상황을 줄일 수 있었다. 이로 인해 오류나 지연 요소를 최소화할 수 있었다.

실시간 고객 프로파일링, 지능형 CDP

디지털 마케팅에서 지능형 알고리즘은 실시간으로 고객의 요구에 대응하는 데 핵심적인 역할을 한다. 빠르게 변화하는 시장 환경에서, 기업은 고객의 행동 데이터를 실시간으로 분석하고, 변화하는 요구와 행동에 맞춰 마케팅 전략을 즉각적으로 조정할 수 있어야한다. 이를 통해 기업은 고객 경험을 크게 향상시킬 수 있으며, 이러한 능력은 디지털 시대에서 기업의 성공을 결정짓는 중요한 요소가된다.

하지만 디지털 환경이 고도화됨에 따라 수집되는 데이터의 양이 급증하고 있으며, 이로 인해 실무자나 의사결정권자가 다뤄야 하는 데이터의 형태와 양도 기하급수적으로 증가하고 있다. 고객과 직접적으로 접촉하면서 얼마나 빠르게 요구사항에 대응하는가는 고객 경험을 결정짓는 중요한 요소다. 데이터를 효율적이고 통합적으로 수집·분석·저장·관리하는 것이 필요하지만, 데이터가 여러 부서나 시스템에 분산된 '데이터 사일로' 문제는 점점 더 복잡해지고 있다. 이는 고객 경험을 재설계하는 데 큰 걸림돌이 되고 있으며, 기업들이 데이터를 통합적으로 활용해 일관된 고객 경험을 제공하는 것을 어렵게 만든다.

이러한 상황에서 데이터 기반의 개인화된 고객 경험을 실시간으로 지원할 수 있는 통합적 CDP의 중요성은 디지털 마케팅에서 더욱 커지고 있다. 고객 데이터 플랫폼CDP, Customer Data Platform은 다양한 소스에서 고객 데이터를 수집하고, 이를 기반으로 고객을 식별하여

| 실시간 데이터
통합/프로파일링
(자동화 솔루션: CDP) | × | 실시간 데이터
분석/매칭/예측 지원
(Type 2: 지능형 알고리즘) |

지능형 CDP
데이터 통합 솔루션인 CDP와 지능형 알고리즘을 활용하여 지능형 CDP로 실시간 프로파일링을 증강할 수 있다.

하나의 통합된 프로파일을 생성한다. 이 프로파일을 통해 고객 그룹을 세분화하고, 생성된 세그먼트를 활용해 개인화된 마케팅을 실행할 수 있다.

고객 데이터는 다양한 형태로 존재하며, 이를 퍼스트 파티1st Party, 세컨드 파티2nd Party, 써드 파티3rd Party, 그리고 제로 파티Zero Party 데이터로 구분할 수 있다. 퍼스트 파티 데이터는 기업이 직접 수집한 정보이고, 세컨드 파티 데이터는 파트너사가 공유한 데이터, 써드 파티 데이터는 데이터 관리 플랫폼DMP을 통해 얻은 비식별 데이터, 제로 파티 데이터는 고객이 자발적으로 제공한 정보를 포함한다.

전통적으로 CRMCustomer Relationship Management은 식별된 타깃 고객을 중심으로, DMPData Management Platform는 비식별 데이터를 활용해 마케팅 활동을 지원해왔다. 그러나 디지털 채널에서 폭발적으로 증가하는 데이터를 효과적으로 활용하기에는 이들 시스템만으로는 한계가 있다. 데이터 웨어하우스나 데이터 레이크 같은 시스템도 도입되었지만, 여전히 통합된 고객 뷰를 구축하거나 데이터를 비즈니스에 효과적으로 활용하는 데 어려움을 겪고 있다. CDP는 여러 소스에서 수집된 고객 데이터를 통합하여 고객의 전체 여정을 이해하고, 개인화 마케팅을 가능하게 한다. CRM과 DMP가 각각의 역할을 수행하는 동안, CDP는 모든 고객 데이터를 통합하여 고객의 디지털 발자취를 종합적으로 파악할 수 있게 한다. 이를 통해 기업은 고객에게 맞춤형 경험을 제공할 수 있다.

이를 통해 고객 행동 데이터가 통합되기 시작하면, 채널별로 다른 고객 정보를 하나의 고객으로 통합하거나 기계학습을 이용해 여러 분석 모델을 활용하여 개인화된 고객 경험을 제공하기가 훨씬 수월해진다. 이렇게 데이터 사일로가 사라진 고객 데이터는 더 깊은 고객 인사이트와 강력한 거버넌스를 제공할 수 있게 된다. 고도화된 디지털 마케팅에서는 실시간성이 더욱 중요한데, 고객 데이터를 실시간으로 분석해 개별 고객의 특성과 니즈를 잘 이해하고, 고객 여정에 실시간으로 대응할 수 있어야 한다. 이렇게 지능형 알고리즘으로 디지털 마케팅의 실시간성을 증강시킬 수 있다.

디지털 채널로부터 들어오는 고객 행동 데이터는 실시간으로 수집되고 실시간으로 활용되어야 한다. 디지털 시대의 고객은 즉각적인 대응을 원하기 때문이다. 실시간 처리를 위해 고객, 시스템, 마케터의 입장이 고려된 균형 잡힌 시나리오가 필요하다. 이러한 시나리오를 기반으로 실시간성이 고려되어야 하는 데이터를 정의하고, 중복되지 않으며 일관성 있는 깨끗한 형태의 고객 데이터를 유지하는 것이 필수적이다.

또한, 실시간 데이터 통합에는 더 강력한 시스템적 지원이 필요하다. 강력한 처리 능력을 위해서는 시스템의 복잡도가 올라가고 그만큼 비용도 증가하게 된다. 실시간으로 몰아치는 데이터의 파도를 정확히 읽어내고, 순간의 변화에도 민첩하게 대응할 수 있는 능력을 갖추는 것이 지능형 디지털 마케팅의 핵심이다. 고객의 요구에 즉각적으로 반응하는 능력을 통해 고객에게 최적의 경험을 제공하는 것이 바로 디지털 시대의 성공적인 지능형 디지털 마케팅이다.

지능형 디지털 마케팅의 성공을 위해 가장 먼저 해야 할 일은 필요한 데이터를 확인하고, 수집 대상을 정의하는 것이다. 여기에는 기존 CRM 데이터와 디지털 채널에서의 실시간 고객 행동 데이터가 포함된다. 디지털 채널은 고객들과의 일상적인 상호작용이 이루어지는 대표적인 공간이기 때문에, 기존 솔루션과 새로운 솔루션의 최적 조합으로 데이터를 사일로화하지 않게 수집하는 것이 우선되어야 한다.

고객 데이터의 사일로를 제거하고 동일인으로 특정함으로써 여러 소스의 고객 정보를 단일 ID로 통합하고 매핑할 수 있다. 프로파일 통합은 고객의 다양한 식별자 정보(고객 ID, 회원 번호, 쿠키 ID, 디바이스 ID 등)를 새로운 통합 고객 ID로 단일화하고, 다수의 소스에서 관리되는 속성값(나이, 성별, 거주지, 고객 유형 등)의 중복을 제거하여 단일화된 고객 ID에 속성을 연결해 고객 프로파일을 생성하는 것을 의미한다. CDP는 분산된 고객 데이터를 통합하여 고객 여정을 심층적으로 이해하고 개인화 마케팅을 지원하는 플랫폼으로서, 수집된 데이터의 통합 및 정제는 AI가 지능화할 수 있는 주요 작업 중 하나이다.

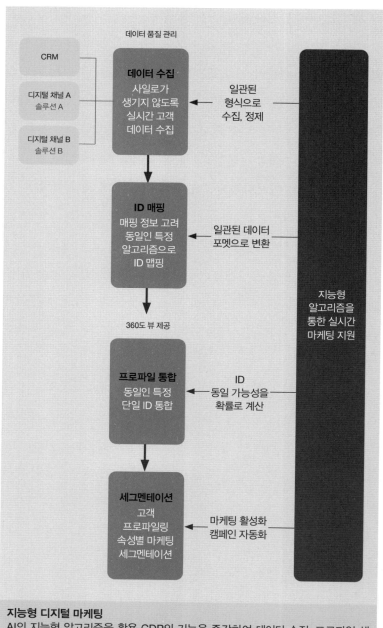

지능형 디지털 마케팅

AI의 지능형 알고리즘을 활용 CDP의 기능을 증강하여 데이터 수집, 프로파일 생성, 세그멘테이션에 의한 마케팅 캠페인을 실시간으로 지원한다.

기업은 웹사이트 방문 기록, 모바일 앱 사용 데이터, 오프라인 매장 구매 기록, 소셜미디어 상호작용 등 다양한 소스에서 고객 데이터를 수집한다. 이 모든 데이터를 일관된 형식으로 통합하고 정제하는 것은 매우 중요한데, AI는 이 과정을 자동으로 수행하여 데이터의 품질을 보장한다. 중복된 데이터를 제거하고 불완전한 데이터를 보완하며 일관된 데이터 포맷으로 변환하여 분석 가능한 형태로 만든다. 또한, 통합된 데이터를 기반으로 고객의 360도 뷰를 생성한다. 고객의 360도 뷰는 고객의 전체 여정을 한눈에 파악할 수 있게 하는 포괄적인 시각이다. 기업은 고객이 웹사이트, 모바일 앱, 오프라인 매장에서 어떻게 상호작용하는지 자동적으로 통합 이해할 수 있다.

그리고 지능형 알고리즘을 활용하여 고객의 패턴에 따른 ID의 동일 가능성을 확률로 계산하여 제공할 수 있다. 동일한 IP 주소에 연결된 여러 디바이스 ID의 행동 정보가 수집되었을 때, 해당 디바이스들에서 수집된 로그인 정보를 하나의 가구로 묶는 것이다. 이렇게 ID를 통합한 후, 프로파일 속성들을 묶어 속성별로 마케팅 세그멘테이션을 생성할 수 있다. 이러한 일련의 과정을 AI를 활용해 자동화함으로써 실시간 마케팅이 가능하도록 한다.

예를 들어, AI는 고객이 웹사이트에서 어떤 페이지를 방문했는지, 모바일 앱에서 어떤 기능을 사용했는지, 오프라인 매장에서 어떤 상품을 구매했는지를 모두 결합하여 종합적인 고객 프로파일을 생성한다. 고객의 선호도, 구매 패턴, 행동 패턴 등을 종합적으로 분석하여 개인화된 마케팅 전략을 수립하는 데 핵심적인 역할을 할

나이키의 지능형 CDP를 활용한
맞춤형 고객 경험 제공

나이키는 AI와 CDP를 결합하여 전 세계 수백만 명의 고객에게 맞춤형 경험을 제
공하는 데 성공한 대표적인 사례다. 나이키는 다양한 채널에서 발생하는 방대한 고
객 데이터를 효율적으로 관리하기 위해 CDP를 도입했고, 여기에 AI 기술을 접목하
여 고객의 행동 패턴을 분석하고 예측하는 데 활용하고 있다.

ID 맵핑을 통한 고객 통합

나이키는 고객이 웹사이트, 모바일 앱, 매장 등 다양한 접점에서 활동하는 데이터
를 통합하여 고객의 전체적인 프로파일을 구축한다. 예를 들어, 고객이 온라인에서
특정 운동화 모델을 자주 조회하지만 구매하지 않았을 때, AI는 고객의 행동 패턴
을 분석해 이 고객이 동일 인물임을 파악하고, 매장에서 이 모델을 구매할 가능성
이 있는지를 예측한다. 이를 통해 나이키는 고객이 매장을 방문했을 때 해당 모델에
대한 특별한 프로모션이나 맞춤형 추천을 제공할 수 있다. 이 과정에서 AI는 고객의
활동 데이터를 학습하여, 고객이 어떤 채널에서 어떤 행동을 했는지를 통합적으로
파악하고, 이를 기반으로 맞춤형 경험을 설계한다.

고객 프로파일링과 개인화된 마케팅

나이키는 AI 기반의 고객 프로파일링을 통해 개별 고객의 선호도를 분석하고, 이에
맞춘 개인화된 마케팅 전략을 실행한다. 나이키는 자사의 나이키 플러스 앱을 통해

고객의 운동 기록, 구매 이력, 제품 리뷰 등을 분석하여 각 고객에게 가장 적합한 제품을 추천한다. AI는 고객이 어떤 운동을 주로 하는지, 어떤 스타일의 운동화를 선호하는지를 파악해 새로운 제품 출시 시 개인 맞춤형 알림을 보내는 방식으로 구매 전환율을 높인다.

또한, 나이키는 고객의 이탈 가능성을 예측하기 위해 AI를 활용한다. 고객이 일정 기간 나이키 플러스 앱을 사용하지 않거나 구매 활동이 줄어들 경우, AI는 이를 이탈 징후로 감지한다. 이를 바탕으로 나이키는 해당 고객에게 특별 할인을 제공하거나, 고객의 관심사에 맞춘 맞춤형 콘텐츠를 발송하여 재참여를 유도한다. 이 전략은 고객의 재참여를 높이고, 장기적으로 고객 충성도를 강화하는 데 크게 기여하고 있다.

AI와 CDP의 시너지: 데이터 기반 혁신

나이키의 지능형 CDP 전략은 고객 경험을 개인화함으로써 브랜드 충성도를 높이고, 비즈니스 성과를 극대화하는 데 중요한 역할을 하고 있다. 나이키는 다양한 고객 접점에서 수집한 데이터를 통합하고, AI를 통해 이를 분석함으로써 고객의 행동을 예측하고 최적의 마케팅 전략을 도출한다. 이 과정에서 CDP는 방대한 데이터를 효율적으로 관리하고, AI는 이 데이터를 기반으로 고객의 미래 행동을 예측하여 개인 맞춤형 경험을 제공하는 데 핵심적인 역할을 한다.

결과적으로, 나이키는 지능형 CDP를 활용한 개인화 전략을 통해 고객 만족도를 높이고, 매출 성장을 이끌어냈다. 고객이 나이키 브랜드에 대해 느끼는 가치는 단순히 제품을 구매하는 것을 넘어, 개인화된 경험을 통해 더욱 깊은 유대감을 형성하게 된다. 이처럼 AI와 CDP의 결합은 나이키가 글로벌 시장에서 경쟁력을 유지하고, 지속적인 성장을 이루는 데 중요한 요소로 작용하고 있다.

이 사례는 AI와 CDP가 결합될 때 기업이 어떻게 고객 데이터를 효과적으로 활용하고, 이를 통해 맞춤형 경험을 제공할 수 있는지를 잘 보여준다. 이는 단순한 데이터 관리와 분석을 넘어 고객과의 관계를 더욱 깊이 이해하고 강화하는 데 기여하며, 궁극적으로 비즈니스 성과를 크게 향상시키는 강력한 도구로 작용한다.

수 있다. 고객의 라이프사이클 전반에 걸쳐 고객의 참여를 유도하기 위해 매력적인 캠페인을 효과적으로 계획하고, 창의적인 콘텐츠를 생성하며, 고객 세그멘테이션을 정확하게 분류하는 걸으로 드러나지 않는 작업을 도와준다.

이처럼 CDP를 통해 데이터를 통합하는 것은 다양한 색실을 엮어 아름다운 태피스트리를 만드는 것과 같다. 각기 다른 실이 모여 하나의 그림을 완성하듯, 다양한 고객 데이터를 통합해 종합적인 시각을 얻는 것이 중요하다. 이를 통해 기업은 고객의 마음을 사로잡는 개인화된 마케팅을 펼치고, 디지털 시대의 파도를 타고 성공으로 나아갈 수 있다.

지능형 디지털 마케팅 = 실시간 타깃팅 × 실시간 콘텐츠

앞으로 생성형 AI가 발전하고 다양한 대화형 인터페이스가 적용되면, 초개인화된 타깃팅에 맞는 초개인화된 콘텐츠 생성이 지능형 디지털 마케팅의 핵심이 될 것이다. 재스퍼Jasper AI, 칸바Canva AI, 픽토리Pictory AI 등 콘텐츠 제작에 특화된 생성형 AI 애플리케이션을 활용해 실시간으로 분석된 멀티 페르소나에 맞는 콘텐츠, 서비스, UI까지 제공할 수 있어야 한다. 생성형 AI가 확산되고 고도화됨에 따라, 콘텐츠 등의 생산 비용과 시간이 극적으로 낮아질 것이다. 궁극적으로 이러한 기술 발전은 실시간으로 초개인화된 마케팅을 가능하게 할 것이다.

이러한 초개인화는 고객의 다양한 니즈를 실시간으로 반영하고,

고객의 필요를 예측하며, 맞춤형 서비스를 제공하는 데 중요한 역할을 한다. 금융회사는 마이데이터와 제휴사를 통해 축적된 데이터를 바탕으로 더욱 정교한 알고리즘을 적용해 고객의 필요를 충족시키고, 이를 통해 더 많은 고객을 확보할 수 있는 선순환 체계를 마련할 수 있다. 고객 한 명 한 명을 더 정밀하게 이해하고, 그들의 필요와 욕구를 충족시키는 방향으로 발전하고 있는 것이다.

2020년 맥킨지의 〈The State of AI〉 보고서에 따르면, 많은 기업이 디지털 혁신의 중요성을 인식하고 있음에도 불구하고 실제로 AI 도입에 성공한 기업은 단 2%에 불과하다. 이는 AI 도입이 단순한 기술적 문제가 아닌, 조직의 문화적 변화와 체계적인 전략 수립이 필요하다는 것을 시사한다. AI 도입이 성공하려면 AI가 조직 전반에 걸쳐 유기적으로 작동하도록 만드는 것이 중요하다.

과거 CRM 기반의 개인화 마케팅은 이제 AI와 결합된 지능형 CDP 기반으로 진화하고 있으며, 개인화의 목적도 더욱 다양해지고 있다. CRM은 주로 내부 데이터를 활용하여 고객과의 관계를 관리

AI로 증강된 디지털 마케팅
지능형 알고리즘을 활용하여 실시간성으로 패르소나 생성하여 타깃팅하고 실시간으로 콘텐츠를 생성하여 디지털 마케팅을 증강할 수 있다.

하는 데 중점을 두었지만, CDP는 내부 데이터뿐만 아니라 고객의 라이프 전반에 걸친 외부 데이터를 수집하고 결합하여, 고객의 행동과 감성을 맥락적으로 분석하는 데 초점을 맞춘다. 이를 통해 기업은 고객의 행동 패턴을 예측하고, 더욱 정교한 개인화 서비스를 제공할 수 있게 된다.

맥킨지는 초개인화 마케팅 전략을 실행할 경우 투자수익률$_{ROI}$이 5~8배 증가하고 매출이 10% 이상 늘어날 수 있다고 분석했다. 이는 고객의 개별 니즈에 정교하게 맞춤형 서비스를 제공함으로써 마케팅 효율성이 극대화될 수 있음을 보여준다. 특히 초개인화 마케팅은 고객의 다양한 페르소나와 그들의 맥락을 반영하여, 개별 고객에게 최적화된 경험을 제공함으로써 마케팅 효과를 극대화할 수 있다.

초개인화 마케팅은 고객을 1명이 아닌 0.1명 단위로 세분화하여 각 고객의 다양한 상황과 맥락에 맞춘 정밀한 마케팅을 실행한다. 예를 들어, 고객이 아침과 저녁에 다른 니즈를 가질 수 있다는 것을 고려하여 시간대에 따라 다른 마케팅 전략을 적용하는 것이다. 기업은 초개인화를 통해 1,000명의 고객으로 1만 개의 시장을 만들어내는 효과를 거둘 수 있다.

디지털 경제가 고도화될수록 고객의 다양한 자아를 반영한 정밀한 마케팅이 필요하다. AI는 이 복잡한 과정을 자동화하고 정교하게 만들어, 마케터가 고객의 마음을 읽고 맞춤형 서비스를 제공할 수 있도록 한다. 초개인화 마케팅은 고객의 다양한 페르소나를 인식하고, 그들의 필요를 예측하며, 맞춤형 솔루션을 제공함으로써 고객 만족도와 충성도를 강화할 수 있다.

뱅크오브아메리카의 '라이프 플랜'은 초개인화 자산 관리의 대표적인 사례다. 맥킨지가 2030년 북미 자산 관리업 트렌드를 전망한 보고서에서 언급한 '넷플릭스형 자산 관리 서비스'는 데이터 기반, 초개인화, 지속적 접근, 구독형 서비스라는 특징을 가진다. 넷플릭스가 과거 시청 데이터를 분석해 기호에 맞는 콘텐츠를 추천하듯, 이 서비스는 금융 소비자 데이터를 바탕으로 맞춤형 자산 관리 서비스를 제공한다.

라이프 플랜의 가장 큰 특징은 데이터에 기반한 초개인화 서비스와, 금융 소비자 데이터에 지속적으로 접근해 업데이트된 솔루션을 제시하는 점이다. 고객의 삶을 더욱 편리하고 풍요롭게 만들기 위해 맞춤형 자산 관리 서비스를 제공하는 이 혁신적 접근은 금융 업계에서 새로운 표준으로 자리 잡고 있다.

데이터의 바다에서 새로운 기회를 찾는 기업들은 고객의 만족과 신뢰를 얻으며, 과거와는 비교할 수 없는 수준의 고객 경험을 제공하게 될 것이며, AI와 데이터, 콘텐츠의 통합적 활용을 통해 기업은 더 높은 수준의 고객 맞춤형 서비스를 제공하고, 이를 통해 시장에서의 경쟁적 지위를 확고히 할 수 있다. AI 중심의 초혁신의 시대에 초개인화는 필수 전략이다.

아마존의 지능형 디지털 마케팅

아마존은 AI와 데이터를 활용한 초개인화 전략을 통해 디지털 마케팅에서 혁신을 이룬 대표적인 기업이다. 전통적인 마케팅에서는 소비자의 행동 패턴과 심리 데이터를 수집하기 위해 주로 설문조사와 같은 방식에 의존했지만, 아마존은 이러한 고정관념을 완전히 바꿔놓았다. 아마존은 고객의 구매 기록, 검색 패턴, 장바구니에 담긴 상품, 그리고 페이지 스크롤 속도와 같은 세밀한 데이터를 분석하여, 개인 맞춤형 추천을 제공하는 방식으로 고객 경험을 극대화하고 있다.

아마존의 초개인화 전략은 고객의 다양한 페르소나를 반영한 정교한 접근을 특징으로 한다. 한 사용자가 아침에는 헬스케어 제품을 검색하고, 저녁에는 게임 관련 제품을 탐색한다고 가정해보자. 아마존의 알고리즘은 이 사용자가 아침과 저녁에 각각 다른 페르소나를 가지고 있음을 인식하고, 각 페르소나에 맞춘 상품을 추천하는 방식으로 대응한다. 아침에는 헬스케어 제품과 관련된 광고나 추천 상품을, 저녁에는 게임 관련 제품을 제시하여 고객의 다양한 니즈를 충족시키는 것이다.

맞춤형 추천 알고리즘과 개인화된 고객 경험

아마존의 핵심 전략은 개인화된 추천 시스템에 있다. 이 시스템은 고객의 행동 데이터를 실시간으로 수집하고 분석하여, 고객이 관심을 가질 만한 제품을 예측하고 추천하는 방식으로 작동한다. 아마존의 알고리즘은 고객이 과거에 조회한 상품, 장바구니에 담긴 상품, 검색어, 그리고 이전 구매 기록 등을 바탕으로 고객의 관심사를 파악한다. 이를 통해 고객이 가장 관심을 가질 만한 제품을 추천함으로써 구매 전환율을 높이고 있다. 한 고객이 자주 특정 카테고리의 제품을 검색하지만 아직 구매하지 않았다면, 아마존의 AI는 이 정보를 활용해 그 고객이 해당 제품을 구매할 가능성을 분석한다. 그런 다음, 고객이 다시 아마존에 방문했을 때 해당 제품을 추천하거나, 이메일을 통해 프로모션을 제공하여 구매를 유도한다. 또한, 아마존은 고객이 특정 시간대에 어떤 제품을 검색하는지, 얼마나 자주 검색하는지와 같은 정보를 바탕으로 적절한 시점에 맞춤형 제안을 하기도 한다.

아마존 프라임과 맞춤형 혜택 제공

아마존의 초개인화 전략은 프라임 회원에게도 적용된다. 아마존 프라임 회원은 일반 고객과 달리 개인의 소비 패턴에 맞춘 맞춤형 혜택을 제공받는다. 자주 구매하는 상품의 할인 쿠폰이나, 특정 시간대에 자주 이용하는 서비스에 대한 맞춤형 프로모션을 통해 고객의 다양한 니즈를 충족시키고 있다. 이처럼 세밀한 초개인화 전략은 고객의 다양한 상황과 필요를 실시간으로 반영하여 마케팅 효과를 극대화한다.

프라임 회원의 경우, 아마존은 고객이 자주 구매하는 상품의 재입고 시점이나 가격 변동 정보를 실시간으로 제공함으로써 고객이 원할 때 적시에 제품을 구매할 수 있도록 돕는다. 또한, 고객이 특정 카테고리에서 자주 구매하는 상품을 분석하여, 그와 관련된 신규 제품이나 서비스를 추천한다. 이러한 맞춤형 혜택은 고객이 아마존 프라임 서비스를 지속적으로 이용하게 하는 중요한 요소로 작용하고 있으며, 프라임 회원의 충성도를 크게 강화하고 있다.

물류 혁신과 예측 기반 배송

아마존은 초개인화된 고객 경험을 제공하는 것에 그치지 않고, 물류 혁신을 통해 이 경험을 더욱 강화하고 있다. 아마존의 예측 기반 배송 시스템은 고객의 구매 패턴을 분석하여 특정 상품의 수요를 예측하고, 그에 따라 물류 창고에 상품을 미리 배치하는 방식으로 작동한다. 아마존은 고객이 특정 상품을 자주 검색하고 장바구니에 담지만 아직 구매하지 않은 경우, 그 상품을 고객 근처의 물류 창고로 미리 배송해둔다. 이렇게 함으로써 고객이 실제로 상품을 구매하는 순간 신속하게 당일 배송을 제공할 수 있게 된다. 이러한 예측 기반 물류 시스템은 고객의 기대를 초과하는 빠른 배송 서비스를 제공하며, 아마존의 고객 만족도를 극대화하는 데 중요한 역할을 한다. 더 나아가, 아마존은 이 시스템을 통해 물류 비용을 절감하고, 재고 관리의 효율성을 높이며, 고객에게 더 나은 서비스를 제공할 수 있게 되었다.

초개인화와 고객 경험 강화

아마존의 초개인화 마케팅 전략은 고객과의 일관된 커뮤니케이션을 통해 브랜드 신뢰도를 높이고 마케팅 성공률을 증가시키는 데도 큰 기여를 하고 있다. 고객은 자신이 필요로 하는 제품이나 서비스를 정확히 제공받을 때, 브랜드에 대한 신뢰와 만족도를 높이게 된다. 아마존은 이러한 신뢰를 바탕으로 고객 충성도를 강화하고 있으며, 이는 지속적인 매출 성장으로 이어지고 있다. 또한, 아마존의 AI 기반 초개인화 전략은 고객의 다양한 페르소나를 인식하고, 이에 맞춘 맞춤형 경험을 제공함으로써 고객 만족도를 높이고 있다. 예를 들어, 고객이 다양한 상황에서 다른 행동 패턴을 보일 때, 아마존은 그 상황에 맞는 최적의 제품을 추천하여 고객의 기대에 부응한다. 이를 통해 아마존은 고객의 다양한 니즈를 충족시키고, 불필요한 마케팅 비용을 절감하며, 효과적인 타깃팅을 통해 마케팅 효율성을 극대화하고 있다.

결과적으로, 아마존은 AI와 초개인화 전략을 통해 지능형 디지털 마케팅에서 혁신을 이루어냈다. 고객의 모든 행동 패턴을 인지하고 학습하여 구매 확률을 분석하고, 주문 전에 상품을 미리 발송하는 시스템을 통해 고객 경험을 극대화했다. 이러한 혁신은 물류 시스템과 결합되어 고객이 기대하는 수준 이상의 서비스를 제공하며, 아마존을 디지털 마케팅의 선두 주자로 자리매김하게 했다.

아마존의 초개인화 마케팅은 단순한 데이터 분석을 넘어, 고객의 일상 속에서 그들의 필요를 예측하고 맞춤형 솔루션을 제공하는 데 중점을 두고 있다. 이처럼 아마존은 고객 한 명 한 명을 세심하게 배려하는 전략으로 유통 업계를 선도하며, 앞으로도 많은 기업들에게 영감을 주는 사례이다.

차원이 다른 플레이, 지능적 속공 플레이

생성형 AI는 경기의 흐름을 주도하며 속도를 높이기 위해 재설계된 워크플로우와 데이터플로우를 지능화하고 자동화함으로써 빠른 의사결정을 지원한다. 각 업무의 특성에 맞추어 로코드Low-code와 노코드No-code 도구를 활용하여 개인의 역량을 증강시키고, 적은 인원으로도 신속한 고객 대응이 가능하도록 한다. 미들오피스에서는 AI를 활용하여 리스크 관리와 언더라이팅을 가속화하며, 백오피스에서는 생성형 AI를 통해 재무, 인사, IT 등 통합 헬프 데스크 허브 Help Desk Hub를 제공하여 업무 및 데이터 사일로 문제를 적극적으로 해결한다. 이러한 전방위적인 초가속화는 기업이 시장의 급변하는 요구에 신속히 대응할 수 있게 하며, 이를 통해 리그에서 초혁신을 실현하고, 전설적인 슈퍼 팀으로 거듭나게 한다. 생성형 AI는 운영

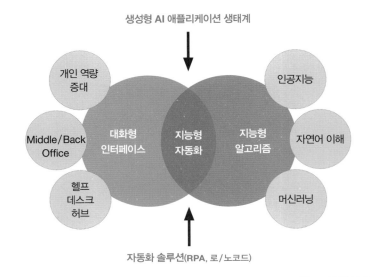

생성형 AI 애플리케이션 생태계

개인 역량
증대

인공지능

Middle/Back
Office

대화형
인터페이스

지능형
자동화

지능형
알고리즘

자연어 이해

헬프
데스크
허브

머신러닝

자동화 솔루션(RPA, 로/노코드)

인터페이스, 지능형 알고리즘, 자동화, 생태계 기능의 조합

방식과 경쟁력 자체를 혁신하며, 미래의 일하는 방식을 새롭게 제시
할 것이다.

슈퍼 개인으로 역량 확대, 증강

AI 중심의 디지털 초혁신을 성공적으로 이끌기 위해서는 고객 경
험의 증강뿐만 아니라, 비즈니스 프로세스의 초자동화도 필수적인
요소로 논의되어야 한다. 그러기 위해서는 디지털 초혁신의 출발점
인 디지털 프로덕트에서부터 증강이 이루어져야 한다. 디지털 프로
덕트의 자동화는 개인 역량의 증강과 밀접하게 관련되어 있으며, 이

를 통해 전통 기업이 맞닥뜨릴 선택적 주의의 역설을 현명하게 극복할 수 있다. 디지털 초혁신의 핵심은 소프트웨어적으로 고객에게 제공하는 가치를 재설계하는 데 있다.

이를 실현하기 위해 애자일 스프린트 방식의 소프트웨어 개발 방법론을 중요하게 다루었다. 애자일 접근법은 고객의 요구에 신속하게 대응하고, 지속적인 개선을 통해 고품질의 제품을 제공하는 것을 목표로 한다. 애자일 팀은 일반적으로 프로덕트 오너PO, 스크럼 마스터SM, 개발자, 디자이너, 테스터 등으로 구성된다. 각 역할은 고유의 전문성을 가지고 있으며, 팀 내에서 효율적인 협업을 통해 프로젝트를 성공으로 이끈다.

생성형 AI를 활용한 개인 역량의 증강

생성형 AI의 도입은 애자일 팀의 구성과 역할을 새로운 차원으로 끌어올릴 수 있다. 생성형 AI는 내부 직원의 조력자이자 업무 처리의 인터페이스로서, 그리고 업무를 지능화하고 자동화함으로써 각 역할 간의 경계를 허물고 개인의 역량과 업무 범위를 확장시킨다. 이를 통해 팀의 운영 효율성과 생산성 향상을 기대할 수 있다. 디자이너는 생성형 AI를 활용해 최소한의 파이썬 코딩이나 로/노 코드 방식으로 라이브러리 자원을 활용하여 기본적인 개발 작업을 병행할 수 있다. 이렇게 하면 디자이너는 본인이 구현하려는 디자인에 맞는 기능들을 직접 프로토타이핑하거나 구현할 수 있다. 물론 개발자의 도움을 받을 수도 있지만, 이런 방식으로 업무를 진행하면 개발자의 부담이 줄어들어 더 빠른 실험과 검증의 피드백 루프가 형성될 수 있다.

개발자들도 생성형 AI를 활용해 디자인 작업을 미리 시뮬레이션하거나 자동화된 업무 프로세스에 녹일 수 있다. 이는 기존의 선형적인 개발 방식을 벗어나 동시다발적인 작업을 가능하게 하며, 그 결과 속도 면에서 일반적인 애자일 조직과 비교할 수 없을 정도로 빠른 진행이 가능하다. 또한, 개발자는 생성형 AI를 통해 데이터베이스 관리 작업을 더 효율적으로 수행할 수 있다. 최적화된 쿼리 작성, 성능 분석, 보안 강화 등의 작업을 자동화하거나 지원받음으로써 개발자는 데이터베이스 관리의 역할을 부분적으로 수행할 수 있으며, 데이터베이스 관련 문제를 신속하게 해결할 수 있다. 이는 팀이 더욱 유연하게 운영되고, 작업의 속도를 높이는 데 실질적인 도움이 된다.

마케팅 전문가도 생성형 AI의 도움을 받아 데이터 분석 작업을 수행할 수 있다. 방대한 양의 데이터를 실시간으로 분석하고 의미 있는 인사이트를 제공받아 마케팅 전략을 개선할 수 있다. 이를 통해 마케팅 전문가는 더 정교한 캠페인을 기획하고, 고객의 반응을 실시간으로 모니터링하며 제품의 성공 가능성을 높일 수 있다. 많은 기업이 과거에는 코딩을 배우는 것이 디지털 혁신의 핵심이라고 막연하게 생각했지만, 생성형 AI와 협업하면 학습된 기본적 코딩 수준으로도 실무에 활용할 기회가 많아진다. 생성형 AI의 코칭을 받아가며 실제 업무에 응용하면서 역량을 키울 수 있는 것이다. 이렇게 팀 내 구성원들이 각자의 역량을 확대하고 강화하면서, 팀 전체의 생산성과 유연성이 자연스럽게 증가하게 된다.

생성형 AI는 초혁신의 분위기를 완전히 바꾸는 요소로, 팀을 더욱 강력하고 유기적으로 만들 수 있다. 애자일과 AI의 만남은 AI 초혁신의 엔진으로 지속적인 동력을 제공한다. AI 초혁신의 시대에 우리는 상상 그 이상의 변화를 맞이하고 있다. 생성형 AI는 각자의 역할을 확장하고, 팀의 경계를 허물며, 애자일 팀을 한 몸처럼 유기적으로 움직이게 한다. 디자이너는 코드를 쓰고, 개발자는 디자인을 하며, 마케터는 데이터 분석의 전문가가 된다.

이 모든 것이 AI라는 만능 플레이어 덕분이다. 생성형 AI는 초혁신의 무대에서 각자 고유의 빛을 발하며, 함께 더 큰 빛을 만들어내도록 도와준다. 우리의 작업 방식은 더욱 유연해지고, 속도는 혁신적이며, 결과는 고품질로 거듭난다. 이 놀라운 도구는 팀을 새로운 차원으로 끌어올리며, AI와 함께하는 새로운 시대의 팀워크를 제시하고 있다.

우리가 잘 알고 있듯이, 애자일 프로세스는 짧은 스프린트와 지속적인 피드백을 통해 제품을 개선해나가는 방식이다. 이 과정에서 생성형 AI는 집사처럼 팀의 손발이 되어준다. 스프린트 계획 단계에서는 백로그 아이템의 우선순위를 자동으로 제안하고, 각 작업의 예상 소요 시간을 예측해 팀이 더 정확한 계획을 세우고 리소스를 효율적으로 배분할 수 있도록 도울 수 있다. AI는 데일리 스크럼에서 팀원들의 진행 상황을 실시간으로 모니터링하고 발생할 수 있는 장해물을 예측해 해결 방안을 제시한다. 스프린트 리뷰에서 AI는 개발된 기능의 자동화 테스트를 수행하고 결과를 분석해 버그나 성능 문제를 찾아내며, 스프린트 회고에서는 팀의 작업 패턴을 분석해 개선 가능한 영역을 제안함으로써 팀의 지속적인 발전을 도와준다.

생성형 AI의 이러한 지원은 개인의 역량을 증강시키고, 팀 전체의 개발 생산성을 크게 향상시킬 수 있다. 신속한 프로토타이핑, 효율적인 리소스 관리, 지속적인 개선, 고품질 제품 등 구체적인 성과로 이어질 수 있다. 디자이너와 개발자는 생성형 AI의 도움을 받아 빠르게 프로토타입을 제작하고 즉각적인 피드백을 받을 수 있으며, 자동으로 작업을 분해하고 우선순위를 설정함으로써 리소스를 최적화할 수 있다. 생성형 AI의 분석과 제안을 통해 팀은 지속적으로 프로세스를 개선하고 더 나은 결과를 도출할 수 있게 된다. 자동화된 테스트와 코드 리뷰를 통해 코드 품질을 유지하고 버그를 사전에 방지할 수도 있다.

슈퍼 개인의 역량 확대, 증강

커서: AI 기반의 혁신적인 코드 편집기

커서Cursor는 AI 기반의 코드 편집기로, 코딩 작업을 혁신적으로 간소화하는 도구다. 이 도구는 비개발자나 초보 개발자가 복잡한 프로그래밍 작업을 쉽게 수행할 수 있도록 지원하며, 사용자의 역량을 증대시키고 업무 속도를 향상시키는 데 중점을 두고 있다.

커서의 주요 기능으로는 코드 작성 지원, 코드 리뷰 및 디버깅, 코드 생성이 있다. 사용자는 커서를 통해 실시간으로 자동 완성 제안을 받아 빠르고 정확한 코드를

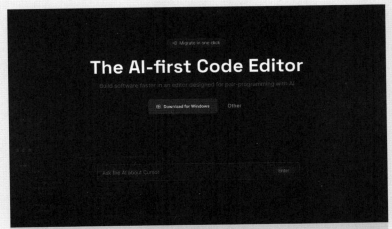

AI 기반 코드 생성기, 커서
코드 작성 지원, 코드 리뷰 및 디버깅, 코드 생성 등 코드 작업 전반에 대해 포괄적인 지원을 제공한다.
출처: 커서 홈페이지

작성할 수 있으며, 코드의 잠재적인 오류나 비효율적인 부분을 자동으로 분석하여 디버깅 시간을 단축할 수 있다. 또한, 사용자가 원하는 기능을 설명하면 커서는 이를 기반으로 코드를 생성해준다. 이를 통해 비개발자도 복잡한 프로그래밍 지식 없이 기본적인 개발 작업을 수행할 수 있다.

커서와 깃허브 코파일럿GitHub Copilot은 모두 AI 기반 코드 도우미이지만, 접근 방식에는 차이가 있다. 깃허브 코파일럿이 주로 코드 자동 완성 및 제안에 중점을 둔 반면, 커서는 코드 작성, 디버깅, 코드 리뷰 등 코딩 작업 전반에 걸쳐 포괄적인 지원을 제공한다. 커서는 사용자가 코드 작성 과정에서 마주하는 다양한 문제를 해결할 수 있도록 도와주며, 개발 프로세스 전체를 더 효율적으로 만든다.

커서는 비개발자가 개발 작업을 더 쉽게 접근할 수 있도록 돕는다. 사용자는 단순한 명령어 입력이나 설명만으로도 원하는 기능을 구현할 수 있으며, 커서는 이를 바탕으로 필요한 코드를 생성해준다. 또한, 코드의 오류를 자동으로 검출하고 수정 제안을 제공함으로써 비개발자도 코드의 품질을 유지하면서 개발 작업을 진행할 수 있다.

이처럼 커서는 개인의 코딩 역량을 크게 증대시키고, 비개발자도 쉽고 빠르게 개발 작업을 수행할 수 있도록 도와준다. 개발자에게는 복잡한 코딩 작업을 자동화함으로써 리소스를 최적화할 기회를 제공한다. 이를 통해 업무의 속도가 향상되고, 프로젝트의 전체적인 생산성이 극대화된다.

버블과 AI 통합 사례

버블Bubble은 비개발자도 복잡한 웹 애플리케이션을 구축할 수 있도록 돕는 노코드 웹 개발 플랫폼으로, 최근 여러 스타트업이 버블과 AI 모델을 결합해 사용하면서 그 가능성을 더욱 확장하고 있다. 특히 오픈AI와 같은 AI 모델의 통합은 버블 사용자들이 웹 개발의 한계를 뛰어넘어, 더 정교하고 개인화된 웹 경험을 제공할 수 있도록 돕는다.

버블과 생성형 AI의 통합은 웹 개발 과정을 단순화하고, 마케팅 전문가나 비개발자

버블 × 챗GPT 통합
기존의 노코드 플랫폼에서 한 걸음 더 나아가 사용자가 AI를 통해 더욱 풍부하고
개인화된 경험을 제공할 수 있도록 돕는다.
출처: 옐로우이미지

도 손쉽게 웹 애플리케이션을 구축할 수 있게 한다. 한 스타트업은 버블을 사용해
고객 맞춤형 웹 페이지를 자동으로 생성하는 시스템을 개발했다. 이 시스템은 고객
이 입력한 정보와 요구사항을 분석해, 그에 맞는 콘텐츠를 자동으로 생성하고, 이
를 웹 페이지에 즉시 반영하는 방식으로 작동한다. 이를 통해 마케팅 팀은 코딩 지
식 없이도 고객의 요구에 맞춘 맞춤형 웹 페이지를 신속하게 제작할 수 있었다.

또한, 생성형 AI의 자연어 처리 능력을 활용해 고객과의 상호작용을 더욱 향상시킬
수 있다. 예를 들어, 웹사이트 내에서 AI 기반의 챗봇을 통해 고객 문의에 실시간으
로 응답하거나, 고객의 행동 패턴을 분석해 맞춤형 제안을 제공하는 기능을 쉽게
구현할 수 있다. 이러한 기능은 기존의 노코드 플랫폼에서 한 걸음 더 나아가, 사용
자가 AI를 통해 더욱 풍부하고 개인화된 웹 경험을 제공할 수 있도록 돕는다.

이러한 통합은 특히 마케팅 전문가들에게 큰 이점을 제공한다. 마케터는 웹 개발에
대한 전문 지식 없이도 버블을 통해 원하는 기능을 쉽게 구현할 수 있으며, AI의 도

움으로 고객 맞춤형 콘텐츠를 제공할 수 있다. 이는 팀 내에서의 역량 확장을 가능하게 하며, 비개발자들도 복잡한 개발 작업에 참여할 기회를 제공한다.

버블과 생성형 AI의 결합은 비개발자와 개발자 간의 협업을 촉진하며, 더 나은 결과물을 더 짧은 시간 안에 생성할 수 있도록 돕는다. 결과적으로, 팀은 더 많은 프로젝트를 더 빠르게 진행할 수 있게 되고, 이는 전체적인 생산성과 효율성을 높이는 데 기여한다. 특히, 스타트업과 같은 소규모 팀에서는 이러한 도구의 활용이 필수적이며, 팀의 성장을 가속화하는 데 중요한 역할을 한다.

이러한 혁신은 인력 부족으로 애자일 조직을 자체적으로 운영하기 어려웠던 전통 기업이나 중소기업에게 새로운 기회를 제공한다. 최소한의 인력으로도 진정한 형태의 애자일 조직으로 거듭날 가능성을 열어주며, 자연스럽게 타 업무에 대한 OJT On the Job Training 가 이루어져 직원들의 디지털 역량을 확대하는 계기가 될 수 있다. 생성형 AI는 개인의 직무를 대체하는 것이 아니라, 개인의 직무를 확대하고 강화시키는 교육의 수단으로 활용될 가능성을 가지고 있다. 이제는 생성형 AI를 우리와 함께 일하는 동료, 파트너, 부사수로서 어떻게 같이 협업해나갈 것인지 고민해야 한다.

AI 부사수와 함께 프로세스 지능형 자동화

AI 초혁신의 핵심은 전사적인 비즈니스 프로세스를 자동화하는 것, 즉 '초자동화'에 있다. 초자동화는 대화형 인터페이스, 지능형

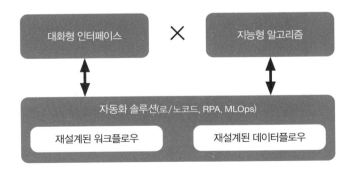

비즈니스 프로세스 초자동화
세부적으로 대화형 인터페이스, 지능형 알고리즘, 자동화로 나누어 생각해야 한다. AI 초혁신의 가장 중요한 부분이다.

알고리즘, 자동화 솔루션을 재설계된 워크플로우와 데이터플로우에 통합해 구현한다. 생성형 AI는 사람 간의 자연스러운 대화를 반영하며, 직관적인 인터페이스를 통해 기술 기능을 최적화한다. 이를 통해 고객, 직원, 조직을 하나로 연결하는 독특한 경험을 제공한다. 사용자는 인터페이스의 존재를 의식하지 않고도 필요한 정보를 자연스럽게 얻을 수 있다.

생성형 AI를 비즈니스에 적용하면, 간단한 대화를 통해 원하는 작업을 신속하게 처리할 수 있다. 하지만 이 마법이 제대로 작동하려면, 그 뒤에 있는 비즈니스 프로세스가 완전히 자동화되어 있어야 한다. AI 초혁신의 성공은 생성형 AI 자체뿐만 아니라, 이 기술이 기존의 비즈니스 프로세스와 얼마나 잘 통합되고 자동화되었는지에 달려 있다. 만약 비즈니스 프로세스가 초자동화되지 않았다면, 생성형 AI는 단순한 규칙 기반 챗봇에 지나지 않는다.

따라서 AI의 능력을 최대한 발휘하려면, 다양한 시스템과 솔루션이 잘 연결되어야 하며, 인간의 개입을 최소화해 완벽한 자동화를 이루는 것이 중요하다. 생성형 AI의 진정한 힘은 무대 뒤에서 이루어지는 통합과 조율에 있다. 애플리케이션, 데이터베이스, 시스템이 통합적으로 연결되지 않으면, 아무리 뛰어난 AI 기술이라도 그 잠재력을 충분히 발휘할 수 없다.

고객이 웹사이트나 모바일 앱을 통해 문의를 접수하면, 대화형 AI가 이를 자동으로 처리한다. 생성형 AI는 고객의 문제를 이해하고 필요한 정보를 추출하며, 문제의 심각도와 유형에 따라 최적의 해결 방안을 제안한다. AI가 자체적으로 해결할 수 없는 문제는 자동으로 적절한 워크플로우에 배정된다. 이 과정에서 각 워크플로우는 다양한 시스템과 데이터를 연동해 문제를 해결한다. 실시간 고객 정보는 CDP에서, 주문 정보는 ERP 시스템에서 가져오며, 고객은 문제 해결의 진행 상황을 실시간으로 확인할 수 있게 된다.

이러한 경험이 효과적으로 작동하려면, 대화형 인터페이스와 다양한 시스템, 솔루션, 프로세스가 유기적으로 연결되고 자동화되어야 한다. 고객이 원하는 정보를 즉시 제공받고, 문제를 신속하게 해결하려면 필수적인 요소이다. 이를 위해서는 조직 내부의 업무를 자동화하고, 비즈니스 프로세스를 통합적인 관점에서 재구성해야 한다. 초자동화는 알고리즘과 비즈니스 프로세스 자동화 솔루션을 조화롭게 연결하는 종합 기술이며, 이를 가능하게 하는 핵심 요소로 공유된 정보 라이브러리와 코드 프리 개발 도구의 활용이 있다.

진정한 AI 초혁신을 이루기 위해서는 가능한 많은 업무를 연결해 초자동화를 구현해야 한다. 이를 위해서는 기업이 오픈소스를 기반으로 프로세스 시퀀싱과 솔루션 통합 작업을 수행해야 한다. 또한, 프로세스의 각 단계를 모듈화해 재사용 가능하게 만들면, 복잡한 워크플로우도 효율적으로 관리할 수 있다. 다양한 조건문을 통해 프로세스 흐름을 제어하면 비즈니스 운영은 더욱 유연해진다.

그러나 현실적으로 기업들이 직면한 가장 큰 문제 중 하나는 기존 솔루션의 폐쇄성이다. 과거 대기업형 솔루션 업체들은 독자적인 시스템을 구축했고, 이종 솔루션을 연동하는 것은 매우 어려웠다. 이 문제를 해결하려면 다양한 외부 시스템과의 통합이 필수적이다. 기업은 다양한 시스템 간에 데이터를 원활하게 교환하고 처리할 수 있어야 하며, 시스템을 하나의 워크플로우에 통합할 수 있어야 한다. 서로 다른 시스템 간의 데이터 형식을 변환해 호환성을 보장하는 것도 중요하다.

공통 라이브러리는 자주 사용하는 비즈니스 프로세스 기능과 모듈을 미리 준비해 제공한다. 이를 통해 개발자뿐만 아니라 비개발자도 복잡한 워크플로우를 쉽게 구성할 수 있다. 모듈화된 기능은 재사용 가능해 개발 속도를 높이고, 다양한 비즈니스 요구에 맞게 확장할 수 있다. 로코드와 노코드 도구를 활용하면 누구나 코드 작성 없이 애플리케이션을 개발해 복잡한 비즈니스 프로세스를 자동화할 수 있다.

초자동화를 실현하는 과정은 잘 조율된 오케스트라와 같다. 각 구성원이 자신의 역할을 수행하면서도 전체 조화를 고려해야 한다. 초자동화는 기존 애자일 방식보다 더 유연하고 조직 전체가 민첩하게 움직이는 사고방식과 문화를 요구한다. 비즈니스 프로세스와 조직 문화를 재설계하는 것이 필수적이다. 지능형 알고리즘, 생성형 AI, 자동화 솔루션을 활용하면 지속적으로 발전하는 지능형 자동화가 가능해진다. AI와 RPA를 결합해 개별 업무뿐만 아니라 전체 프로세스를 재정의하고, 조직 전체를 엔드 투 엔드로 자동화할 수 있다. 이는 기존 RPA 1.0을 넘어서는 RPA 2.0으로의 진화를 의미한다.

생성형 AI, RPA, 프로세스 마이닝, 데이터 카탈로그 등을 결합하면 전사적인 초자동화가 실현되어 기업은 운영 효율성을 극대화하고 경쟁에서 우위를 점할 수 있다. 로코드 및 노코드 도구를 활용한 개발이 보편화되면서 비개발자도 쉽게 복잡한 애플리케이션을 만들고 시스템을 통합할 수 있게 된다. 생성형 AI가 다른 기술과 결합하면 직원들의 문제 해결 능력을 크게 향상시키고, 업무 속도를 획기적으로 변화시킬 수 있다. 엔트그룹은 AI를 활용해 대출 승인, 재무 자문, 의료비 승인 등 다양한 업무를 자동화해 경쟁력을 강화하고 빠르게 성장할 수 있었다.

초자동화가 성공하려면 대화형 인터페이스와 시스템, 솔루션, 프로세스가 완벽하게 통합되어야만 고객이 원하는 정보나 서비스를 즉시 제공할 수 있다. 이를 위해서는 조직 내 업무를 자동화하고, 비즈니스 프로세스를 최적화해야 한다. 초자동화가 진행되는 과정에서 경험이 풍부한 직원들은 생성형 AI의 성능을 개선하고 신뢰성을 높이는 데 직접 참여할 수 있다. AI가 단순히 업무를 자동화하는 도구를 넘어 인간의 업무 능력을 보완하고 증강하는 역할을 하게

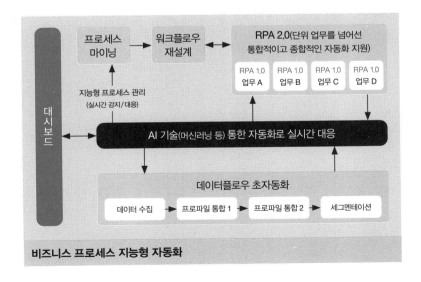

비즈니스 프로세스 지능형 자동화

AI와 RPA가 결합한 프로세스 지능형 자동화

블루프리즘: RPA의 선구자, AI와의 통합으로 비즈니스 자동화 혁신

블루프리즘Blue Prism은 로보틱 프로세스 자동화RPA 시장의 초기 개척자로, 기업들이 업무 효율성을 높이고 디지털 트랜스포메이션을 촉진할 수 있는 자동화 솔루션을 제공한다. 블루프리즘은 AI와 머신러닝을 결합한 지능형 자동화 기능을 통해 기업들이 복잡한 비즈니스 프로세스를 자동화하고, 효율성을 극대화할 수 있도록 돕는다. 특히, 블루프리즘은 엔터프라이즈급의 안정성과 확장성을 갖춘 플랫폼으로, 다양한 산업에서 성공적으로 적용되고 있다.

플랫폼의 핵심 기능

블루프리즘의 플랫폼은 기업이 비즈니스 프로세스를 자동화할 수 있는 강력한 툴셋을 제공한다. 블루프리즘의 디지털 워커는 데이터 입력, 처리, 분석 등을 자동화하여 반복적인 작업에서 인력을 해방시키고 더 중요한 업무에 집중할 수 있게 한다. 또한, 이 플랫폼은 AI와의 통합을 통해 더욱 지능적인 프로세스 자동화를 가능하게 하며, 자연어 처리, 예측 분석, 데이터 인식 등의 기능을 제공한다.

기업 적용 사례: HSBC 은행

HSBC 은행은 블루프리즘의 RPA 솔루션을 도입해 전 세계적으로 분산된 금융 서비스 운영을 최적화하고 있다. HSBC는 다양한 규제 요구사항을 준수하면서도, 고객 서비스 품질을 유지하기 위해 많은 반복적인 업무를 수행해왔다. 이러한 업무의 자동화를 통해 HSBC는 운영 효율성을 높이고, 직원들이 더 전략적인 업무에 집중할 수 있는 환경을 조성했다.

프로세스 자동화의 구체적 사례

HSBC 은행은 블루프리즘의 RPA를 활용해 다음과 같은 주요 업무를 자동화했다.

신용 평가 및 대출 승인: HSBC는 고객의 신용 정보를 분석하고 대출 승인을 진행하는 과정에서 많은 데이터를 처리해야 한다. 과거에는 이 작업이 수작업으로 이루어졌으나, 블루프리즘의 디지털 워커가 도입되면서 데이터 수집, 분석, 보고서 작성 등이 자동화되었다. 이를 통해 대출 승인 시간이 단축되고, 오류 발생 가능성이 감소했다.

AML(자금 세탁 방지) 규정 준수: HSBC는 글로벌 금융기관으로서 AML 규정을 엄격하게 준수해야 한다. 블루프리즘의 RPA 솔루션은 의심스러운 거래를 실시간으로 모니터링하고, 이상 징후가 발견될 경우 자동으로 보고서를 생성하여 규제 당국에 제출할 수 있도록 지원한다.

고객 서비스: HSBC는 고객 서비스 센터에서 반복적으로 발생하는 문의에 대해 RPA를 도입했다. 기본적인 고객 문의는 디지털 워커가 자동으로 처리하고, 더 복잡한 문의는 적절한 부서로 자동 전환된다. 이를 통해 고객 서비스 응답 시간이 단축되고, 고객 만족도가 높아졌다.

성과와 결과

HSBC 은행은 블루프리즘의 RPA 솔루션을 통해 전반적인 운영 효율성을 크게 향상시켰다. 자동화된 프로세스를 통해 업무 처리 시간이 단축되고, 인적 오류가 줄어들며, 고객 서비스의 품질이 개선되었다. 또한, 규제 준수와 관련된 작업이 자동화되면서 규제 리스크를 효과적으로 관리할 수 있게 되었다. 이 사례는 블루프리즘의 RPA 솔루션이 어떻게 대규모 금융기관에서 운영 효율성을 높이고, 디지털 초혁신을 촉진할 수 있는지를 보여준다. 블루프리즘의 강력한 자동화 기능은 다양한 산업에서 복잡한 비즈니스 프로세스를 혁신할 수 있는 잠재력을 지니고 있다.

어뎁트와 원리치를 결합한 지능형 자동화

어뎁트: 복잡한 웹사이트 조작을 자동화하는 혁신적인 솔루션

어뎁트Adapt는 복잡한 웹사이트와의 상호작용 작업을 자동화하는 데 특화된 기술을 제공하는 플랫폼으로, 하이퍼오토메이션이나 RPA 프레임워크 내에서 중요한 구성요소로 자리 잡고 있다. 특히, 어뎁트는 원리치와 같은 대화형 AI 플랫폼과 병행하여 사용될 때 더욱 강력한 자동화 솔루션을 구현할 수 있다.

1. 하이퍼오토메이션과 RPA 프레임워크에서의 활용

어뎁트의 기술은 사용자 인터페이스와 상호작용하며, 복잡하고 반복적인 웹사이트 작업을 자동화하는 데 중점을 둔다. RPA의 주요 기능 중 하나는 인간이 수행하는 반복적인 작업을 자동화하는 것인데, 어뎁트는 특히 웹사이트와 같은 복잡한 시스템에서의 작업을 자동화하는 데 강점을 보인다. 하이퍼오토메이션의 목표는 다양한 자동화 도구를 통합하여 비즈니스 프로세스를 효율적으로 자동화하는 것이며, 이 맥락에서 어뎁트는 사용자 인터페이스를 관리하는 데 중요한 역할을 한다.

어뎁트는 복잡한 웹 양식 작성, 다단계 인증 절차 처리, 여러 웹 페이지에 걸친 데이터 추출 및 입력 등의 작업을 자동으로 수행할 수 있다. 이러한 기능은 RPA 툴이 웹사이트 작업을 다루는 능력을 크게 향상시키며, 복잡한 비즈니스 프로세스를 더욱 간단하고 효율적으로 자동화할 수 있게 한다. 기업은 어뎁트를 통해 수작업으로 처리해야 했던 복잡한 웹사이트 조작을 완전 자동화하여 인적 오류를 줄이고 작업 속도를 높일 수 있다.

2. 원리치와의 병행 활용

원리치Onereach는 대화형 AI와 하이퍼오토메이션 솔루션을 제공하는 혁신적인 플랫폼으로, 기업들이 고객 서비스, 내부 운영, 비즈니스 프로세스를 자동화하여 효율성을 극대화할 수 있도록 돕는다. 이 플랫폼은 AI, RPA, 자연어 처리, 그리고 머신러닝을 결합하여 복잡한 작업을 자동화하며, 사용자 경험을 개인화하는 데 중점을 두고 있다.

원리치의 핵심 기능은 대화형 AI를 통해 자동화된 고객 상호작용을 구축하고, 이 상호작용을 통해 고객의 요구에 실시간으로 대응할 수 있도록 돕는다. 고객 문의 처리, 문제 해결, 주문 관리, 예약 시스템 등 다양한 업무를 자동화할 수 있으며, 복잡한 상호작용도 자연스럽게 처리할 수 있다. 이 플랫폼은 고객과의 대화 내용을 학습하여 점점 더 정교하고 맞춤형 응답을 제공하는 능력도 갖추고 있다.

가상 시나리오

사용자 지원: 고객이 원리치의 대화형 AI를 통해 특정 작업을 요청하면, 어뎁트가 해당 웹사이트에서 필요한 작업을 자동으로 수행한다. 예를 들어, 고객이 AI에게 특정 양식을 제출해달라고 요청하면, 어뎁트는 웹사이트를 탐색하고, 필요한 정보를 입력한 후, 양식을 제출하는 모든 단계를 자동으로 처리한다.

비즈니스 프로세스 자동화: 원리치가 고객의 복잡한 요청을 이해하고, 그에 따라 어뎁트가 다수의 웹사이트에서 여러 단계를 거치는 작업을 자동으로 처리한다. AI가 고객의 금융 정보를 확인하고, 어뎁트가 여러 금융 웹사이트에서 필요한 데이터를 수집하여 보고서를 자동으로 작성하는 시나리오를 상상해볼 수 있다.

비즈니스 효과

어뎁트와 원리치의 통합은 복잡한 웹 조작 작업의 자동화를 가능하게 함으로써 기업이 제공하는 서비스의 효율성과 정확성을 크게 향상시킨다. 이러한 자동화는 수작업으로 진행되던 복잡한 작업을 신속하고 정확하게 처리할 수 있도록 하여, 기업의 전반적인 운영 효율성을 극대화한다. 또한, 고객의 요구에 실시간으로 대응할 수 있는 능력을 제공하여 고객 만족도 역시 크게 향상된다.

특히, 어뎁트와 원리치의 조합은 기업이 하이퍼오토메이션 전략을 실행하는 데 필요한 중요한 예시로서, 비즈니스 프로세스 자동화를 단순히 반복적인 업무에 국한하지 않고, 복잡하고 다단계의 웹 조작 작업까지 포함하는 데 큰 역할을 할 수 있다.

되는 것이다. 이 과정에서 직원들은 AI를 훈련시키는 '사수' 역할을 맡고, AI는 '부사수'처럼 인간의 지도를 받으며 더 발전하게 된다. 인간의 피드백을 통해 초자동화 시스템은 점점 더 정교해지고, 중요한 의사결정에서는 여전히 인간의 판단이 중요한 역할을 할 것이다. 인간과 AI가 협력하는, 일종의 사수-부사수 관계가 일반화되는 날도 머지않았다.

이 변화의 주인공은 바로 우리 모두다. 우리는 AI와 함께 새로운 시대를 열어가고 있으며, 그 과정에서 업무의 미래는 혁신으로 가득 채워질 것이다. AI와 인간이 함께 만들어가는 이 놀라운 이야기는 이제부터다.

초전도 데이터의 지능형 자동화

AI 중심의 초혁신의 핵심은 비즈니스 프로세스의 재설계를 통해 내부와 외부 생태계를 소프트웨어적으로 처리하고 연계하는 것이다. 이는 조직이 변화하는 환경에 신속히 대응하고, 경쟁력을 유지할 수 있도록 하는 중요한 뼈대 역할을 한다. 이러한 비즈니스 프로세스의 재설계는 프로세스 마이닝과 데이터 카탈로그를 활용해 더욱 효과적으로 이루어질 수 있으며, 생성형 AI의 등장으로 인해 업무의 흐름이 한층 더 가속화될 수 있다.

많은 기업이 데이터가 이질적이고 비정형적이며 작업하기 어렵다는 이유로 AI 도입을 주저해왔다. 그러나 최근 활용되는 생성형 AI는 비정형 데이터를 포함한 다양한 유형의 데이터를 학습시키고 처

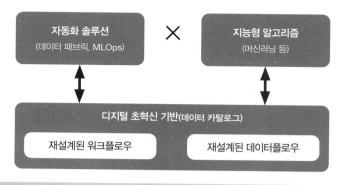

자동화 솔루션
(데이터 패브릭, MLOps)

×

지능형 알고리즘
(머신러닝 등)

디지털 초혁신 기반(데이터 카탈로그)

재설계된 워크플로우

재설계된 데이터플로우

데이터플로우의 증강

리할 수 있는 능력을 갖추고 있어, 이러한 문제를 해결하고 있다. 이는 AI 도입을 더 수월하게 만들어주며, 기업이 더 큰 가치를 창출할 기회를 제공한다. 특히, 데이터 정제 프로세스를 자동화하고 합성 데이터를 생성하는 능력은 AI 도입의 진입 장벽을 낮추고, 기업이 데이터플로우를 재설계하여 초자동화를 실현하는 데 중요한 역할을 한다.

AI의 세계에서 데이터의 중요성이 점점 커지고 있는 가운데, 데이터 거버넌스의 자동화는 생성형 AI를 통해 즉각적인 성과를 낼 수 있는 분야다. 기업이 데이터 카탈로그와 데이터 패브릭을 통해 데이터를 체계적으로 관리하고, 이를 기반으로 MLOps를 적용하면, 다양한 애플리케이션의 개발과 배포 과정이 훨씬 효율적이고 효과적으로 이루어질 수 있다.

디지털 경제가 고도화될수록 반정형·비정형 로그뿐만 아니라 클라우드에 산재되어 있는 데이터를 식별하고 접근하며 분류하는 작업은 점점 더 어려워지고 있다. 데이터 카탈로그는 이러한 데이터를 누구나 볼 수 있도록 진열대 위에 올려놓는 역할을 한다. 생성형 AI 는 비정형 데이터를 포함한 다양한 유형의 데이터를 자동으로 처리 하여, 모든 데이터 저장소를 검색하거나 광범위한 데이터를 카탈로 그화하여 지원할 수 있다. 또한, 데이터 정제 프로세스를 자동화하 고 합성 데이터를 생성함으로써 데이터 자산 분류와 관련된 수작업 을 크게 줄여준다. 이러한 자동화는 데이터의 출처와 변경 관리를 실시간에 가깝게 할 수 있도록 돕는다.

AI의 머신러닝이 접목된 메타 데이터 관리는 기하급수적으로 증 가하고 있는 데이터를 관리하고, 메타 데이터 간의 차이를 조정하 는 데 중요한 역할을 한다. 과거의 정적인 메타 데이터 관리 방식은 데이터의 저장, 사용, 흐름에 대한 실시간, 동적인 모니터링과 수집 의 필요성에 대응하지 못했다. 데이터의 양과 중요성이 증가함에 따 라 데이터 관리 툴은 데이터베이스에서 데이터 웨어하우스, 데이터 마트, 데이터 댐, 데이터 레이크로 진화해왔다. 이러한 진화는 데이 터를 물리적으로 이동시켜 대량으로 보관할 수 있는 저장소 개념을 기반으로 한다. 그러나 물리적인 데이터 이동은 데이터 거버넌스, 데이터 품질, 데이터 사일로와 같은 문제를 발생시킬 수 있다.

이러한 문제를 해결하기 위해 최근에는 데이터 패브릭Data Fabric 개념이 주목받기 시작했다. 데이터 패브릭은 물리적으로 데이터를 모으지 않고, 필요한 순간에 필요한 데이터를 어디서든 가져와 사용 할 수 있는 방법론이다. 이는 데이터 사일로를 극복하고 필요한 사 람에게 필요한 데이터를 제공하는 기술로, 필요한 데이터가 어느 장소에 있든지 상관없이 통합적인 체계에 의해 관리된다. 데이터 패브릭은 보안이 보장된 상태에서 데이터를 쉽게 접근하고 공유할 수 있는 환경을 제공하며, 이를 통해 데이터를 인공지능 기법으로 학습하고 시각화하여 다양한 오픈소스 툴과 결합할 수 있다. 데이터 가상화를 통해 데이터를 물리적으로 한곳에 모으지 않고, 필요한 메타데이터만 통합한 형태로 가상 데이터 계층을 구축하거나, 다양하게 흩어져 있는 데이터 소스를 단일화된 관점에서 통합할 수 있는 체계를 구성할 수 있다.

AI로 증강된 데이터 카탈로그는 현업 실무자, 데이터 분석가, 개발자 등이 필요한 데이터를 쉽게 찾고 활용할 수 있게 하여, 머신러닝을 통한 예측, 최적화, 추천 또는 BI 툴과의 연계를 통한 시각화 등 데이터 활용이 활성화된다. 데이터 모델링은 AI와 머신러닝 애플리케이션 지원을 위해 필요성이 높아지고 있으며, 데이터 세트에서 주요 데이터 특성을 도출하거나 다양한 유형의 모델 선택을 지원하며, 학습 데이터가 부족한 경우 유사한 합성 데이터를 생성하는 등 다양한 역할을 수행한다. 머신러닝 모델의 성능은 데이터의 품질에 크게 의존한다. 따라서 데이터 관리에는 데이터 수집, 정제, 변환, 저장, 그리고 데이터 카탈로그의 구축이 포함된다. 데이터 관리의 중요성은 특히 데이터의 출처와 변환 이력 추적에서 나타나며, 이는 데이터 신뢰성을 높이고 데이터 과학자들이 신뢰할 수 있는 데이터를 제공하는 데 필수적이다.

이렇게 자동화된 데이터 거버넌스 체계 위에서 코드, 데이터, 모델을 관리하는 일련의 프로세스를 자동화하는 것이 바로 MLOps

다. MLOps는 데브옵스, 데이터옵스, 모델옵스가 결합된 개념으로, 코드, 데이터, 모델과 같은 머신러닝 자산, 그리고 전반적인 라이프 사이클을 관리한다. MLOps의 핵심 목표는 머신러닝 모델을 개발하고 배포하는 과정을 자동화하며, 지속적인 통합 및 배포CI/CD를 통해 모델의 유지보수와 업데이트를 원활하게 하여 고객 가치 창출을 극대화하는 것이다.

MLOps는 데이터 과학자, 머신러닝 엔지니어, 데브옵스 엔지니어 등 다양한 역할을 포함하며, 이들 간의 협업을 통해 모델의 전 수명 주기를 관리한다. 머신러닝 모델은 개발 후에도 지속적인 관리와 업

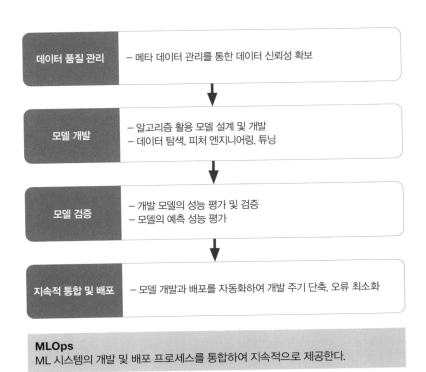

데이트가 필요하기 때문에 MLOps는 이를 자동화하고 최적화하는데 중점을 둔다. 이러한 접근 방식은 ML 시스템의 개발 및 배포 프로세스를 통합해 새로운 버전을 지속적으로 제공하고 표준화하는 고성능 모델을 통해 이루어진다.

MLOps의 전체 프로세스를 재설계하고 최적화하기 위해서는 프로세스 마이닝과 데이터 카탈로그를 적극적으로 활용하는 것이 필요하다. 프로세스 마이닝, 데이터 카탈로그, MLOps는 각각 다른 목적과 기능을 가지고 있지만, 상호 보완적인 관계를 형성할 수 있다.

데이터 카탈로그는 데이터 자산 관리, 데이터 출처 및 이력 추적, 데이터 검색 및 탐색을 주요 기능으로 하며, 데이터의 접근성과 일관성을 보장하고 신뢰성을 높인다. MLOps는 머신러닝 모델의 개발, 배포, 모니터링 및 관리를 자동화하여 개발 주기를 단축하고 오류를 최소화한다. 프로세스 마이닝과 데이터 카탈로그의 메타 데이터를 활용해 MLOps 파이프라인을 효율화할 수 있다. 머신러닝을 활용해 데이터 카탈로그의 기능을 강화하면서, 데이터 검색과 의미적 연결을 향상시켜 데이터 과학자들이 더 나은 인사이트를 얻도록 돕는다. 데이터패브릭과 데이터 카탈로그를 기반으로 생성형 AI를 적용하면, 조직은 더 빠르고 역동적인 혁신을 이룰 수 있다. 이 과정은 데이터를 인사이트로, 프로세스를 혁신으로 전환하는 초가속화의 여정을 제공하게 된다.

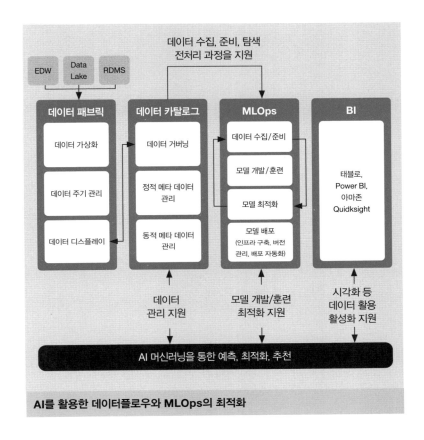

AI를 활용한 데이터플로우와 MLOps의 최적화

프로세스 지능형 자동화의 조미료, 로/노코드

생성형 AI는 기존의 디지털 혁신을 넘어서는 초혁신을 이끌며, 다양한 분야에서 그 가능성을 발휘할 것으로 기대된다. 초개인화 서비스, RPA와 프로세스 마이닝이 결합된 비즈니스 프로세스의 초자동화, 가상 비서와 같은 대화형 고객 지원 서비스 등 다양한 영역에서 생성형 AI는 핵심적인 역할을 할 것이다. 특히, 자연어 기반의 생성형 AI가 로/노코드와 결합되면서 프로세스 자동화가 급속히 진행될 것이며, 그 확산 속도와 파급력은 상상을 뛰어넘을 것으로 예상된다. 로/노코드는 개발 생산성과 개선 속도를 높여 디지털 고객의 요구사항에 적시에 대응할 수 있는 중요한 자동화 수단으로 자리 잡고 있다.

로/노코드는 어느 날 갑자기 하늘에서 뚝 떨어진 도구가 아니다. 4세대 프로그래밍 언어에서 진화한 형태로, 애플리케이션 구성요소를 마우스로 배치해 개발하는 드래그 앤 드롭 방식은 오랜 기간 사용되어왔다. 이러한 도구들을 비주얼 프로그래밍이라 부르며, 코딩 지식 없이도 애플리케이션을 만들 수 있게 도와준다. 이로 인해 비개발자도 자동화에 직접 참여할 수 있어 IT 리소스와 개발자 시간을 절약하고, 조직 내 개발자 부족 문제를 완화하는 데 크게 기여할수 있다. 또한, 로/노코드는 복잡한 비즈니스 프로세스 통합을 처리할 수 있어, 조직 전체에 걸쳐 수많은 타사 애플리케이션과 데이터베이스를 연결해 초자동화 상태로 전환하는 데 중요한 역할을 할 것이다.

로/노코드는 크게 두 가지 주요 영역에서 활용된다. 첫째, 비즈니스 프로세스 초자동화 영역에서 고객의 요구사항을 해결하기 위해 전사적으로 비즈니스 프로세스와 관련된 솔루션, 데이터베이스, 시스템, 애플리케이션을 연결하고 자동화하는 데 사용된다. 이는 워크플로우 단위로 한정되었던 RPA의 한계를 넘어 지능형 비즈니스 프로세스 자동화로 나아가게 한다. 둘째, 로/노코드는 단위 업무의 고도화에도 활용된다. 프로그래밍, 데이터 분석, AI 모델링 등 고도화된 업무에 로/노코드를 적용하여 업무 효율성을 극대화할 수 있다. 미국의 퀄트릭스는 SAP의 빌드앱Build Apps이라는 비주얼 프로그래밍 도구를 사용해 고객들이 쉽게 레퍼런스를 등록하고 업계 사람들과 교류할 수 있는 모바일 앱을 만들었다.

대표적인 로/노코드 UI 개발의 주요 이점 중 하나는 개발 시간을 단축할 수 있다는 점이다. 드래그 앤 드롭 기능과 사전 구축된 요소를 사용해 인터페이스를 신속하게 만들 수 있어 개발 속도가 크게 빨라진다. 또한, 전문 개발자 없이도 기본 기술 지식을 가진 팀원이 UI를 개발할 수 있어 인건비를 절감할 수 있다. 자동화된 프로세스를 통해 복잡한 코딩을 줄여 기술 부채를 감소시키고, 요구 사항 변경 시에도 쉽게 수정할 수 있다. 디자이너와 개발자가 실시간으로 협력하며 UI를 개발할 수 있어 더 일관된 최종 제품을 만들 수 있다. 프로그래밍 지식이 없는 사람들도 UI 개발에 참여할 수 있어 다양한 아이디어와 창의력을 활용할 수 있다. 코딩을 몰라도 미니앱을 만들 수 있는 편집기를 제공하는 경우가 있는데, 제넥서스, 라쿠텐 미니앱 편집기는 웹 기반 도구로 인터넷에 연결할 수 있는 장치를 통해 어디서나 편하게 사용이 가능하다.

로/노코드 UI 플랫폼의 주요 기능에는 드래그 앤 드롭 디자인이 포함된다. 이는 구성요소를 쉽게 조합해 UI를 구성할 수 있게 해준다. 다양한 템플릿을 제공하여 빠르게 인터페이스를 만들고 수정할 수 있으며, 실시간 협업, 댓글 달기, 버전 제어 기능을 통해 팀워크를 촉진한다. 또한, 반응형 디자인 기능을 제공해 다양한 장치와 화면 크기에서 최적의 사용자 경험을 제공할 수 있다. 마지막으로, API,

데이터베이스, 결제 프로세서 등과 쉽게 통합할 수 있는 기능도 갖추고 있다.

로/노코드 UI 개발을 효과적으로 하기 위해 몇 가지 모범 사례를 따르는 것이 중요하다. 디자인 전에 전체 사용자 흐름과 앱 구조를 계획해 원활한 사용자 경험을 보장해야 한다. 기능에 맞는 UI 구성요소를 선택해 인터페이스를 설계하고, 웹 애플리케이션이 다양한 장치에서 잘 작동하도록 모바일 친화적이고 반응형으로 설계해야 한다. 사용자로부터 피드백을 받아 UI를 개선하고 혼란스러운 요소를 제거하며, 템플릿을 활용하되 브랜드와 앱 목적에 맞게 사용자 정의해 독창적인 디자인을 만들어야 한다. UI 요소를 지속적으로 테스트하고 피드백을 반영해 반복적으로 개선하는 것이 중요하다.

또한 플랫폼 선택 시 과제와 제한사항을 고려하여 프로젝트 요구사항에 가장 적합한 도구를 선택하는 것이 중요하다. 이를 통해 기업은 빠르고 효율적으로 사용자 기대를 충족하는 웹 애플리케이션을 설계할 수 있을 것이다.

로/노코드 UI 개발은 많은 이점을 제공하지만 몇 가지 도전 과제와 한계도 있다. 복잡하거나 독특한 프로젝트의 경우 원하는 수준의 사용자 정의가 어려울 수 있다. 사용 편의성을 우선시하는 로/노코드 플랫폼은 성능 문제를 겪을 수 있으며, 플랫폼의 기능과 인터페이스에 익숙해지는 데 시간이 필요할 수 있다. 로/노코드 플랫폼의 보안 기능을 충분히 이해하고, 추가 조사를 통해 취약점을 보완할 수 있어야 한다.

헬프 데스크 허브, 사무의 지능형 자동화

기업의 경쟁력은 단순히 제품이나 서비스의 품질에 의해 결정되지 않는다. 내부 운영의 효율성과 신속성 또한 중요한 요소로 작용한다. 특히, 금융 산업에서 리스크 관리와 준법 감시 같은 미들오피스 업무와 인사, 재무, IT 지원 등 다양한 백오피스 업무가 원활하게 처리되지 않으면, 전체 조직의 효율성과 속도가 저하되어 AI 초혁신 시대에서의 경쟁력에 부정적인 영향을 미칠 수 있다. 이러한 문제를 해결하기 위해 Type 1 대화형 인터페이스와 Type 2 지능형 알고리즘, Type 3 지능형 자동화, 그리고 자동화 솔루션을 활용한 헬프 데스크 허브Help Desk Hub의 도입이 혁신적인 대안으로 떠오르고 있다. 이 헬프 데스크 허브는 미들오피스와 백오피스의 다양한 업무를 효율적으로 인터페이스하고 전사적인 자동화를 실현하는 것을 목표로 한다.

헬프 데스크 허브는 조직 내부의 다양한 업무를 지원하는 통합 플랫폼이다. 먼저, Type 1 대화형 인터페이스는 사용자가 자연스럽게 질문을 하고 필요한 정보를 얻을 수 있도록 돕는다. 이 인터페이스는 직관적이며, 복잡한 명령어 없이도 사용자가 원하는 정보를 신속하게 제공할 수 있다. 또한, Type 2 지능형 알고리즘은 대량의 데이터를 실시간으로 분석하고, 사기 탐지와 같은 복잡한 패턴을 학습하여 비정상적인 거래나 리스크 요소를 자동으로 분류하고 탐지한다. 과거의 데이터에서 유사한 사기 패턴을 학습한 AI 모델은 새로운 데이터에서도 이러한 패턴을 빠르게 인식하고 사전에 경고를

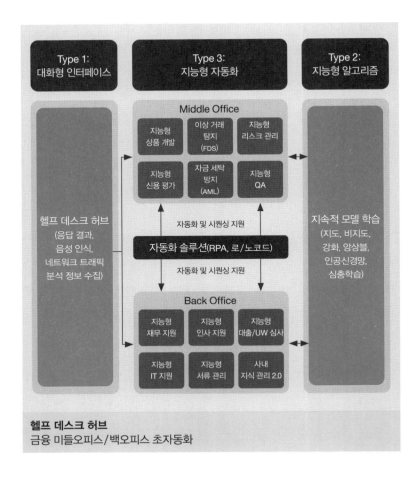

헬프 데스크 허브
금융 미들오피스/백오피스 초자동화

발송할 수 있다. 이는 리스크 관리와 준법 감시와 같은 미들오피스 업무에서 중요한 역할을 하며, 정확성과 신속성을 크게 향상시킨다.

이러한 기능에 더해, 헬프 데스크 허브는 RPA와 노코드 솔루션을 통해 다양한 백오피스 업무의 자동화도 가능하게 한다. 이 솔루션들은 반복적인 작업을 자동화하는 것뿐만 아니라, 여러 시스템 간의 연계와 시퀀싱을 관리하여 전체 작업의 효율성을 극대화한다.

지출 승인 워크플로우를 자동화하면서, 재무 시스템과의 데이터를 실시간으로 동기화하고, 필요한 경우 여러 시스템 간의 연계 작업을 자동으로 처리할 수 있다. 이러한 자동화 솔루션은 헬프 데스크 허브의 중심에서 작동하며, 조직의 운영을 더욱 민첩하고 효율적으로 만드는 데 기여한다.

이와 같은 미들오피스와 백오피스의 자동화는 금융 산업 전반에 걸쳐 혁신적인 변화를 가져올 것이다. 자금 세탁 방지AML와 리스크 관리 같은 중요한 업무에 AI가 적극적으로 활용되고 있다. HSBC 은행은 AI 기반의 AML 시스템을 도입하여 연간 수백만 달러의 불법 거래를 사전에 차단하는 성과를 거두었다. 이 시스템은 방대한 거래 데이터를 실시간으로 분석하고, 비정상적인 패턴을 감지하여 자금 세탁 활동을 신속하게 식별한다. 과거 자금 세탁 사례를 학습한 AI는 유사한 패턴을 인식하고, 이를 통해 새로운 자금 세탁 시도를 사전에 차단할 수 있다. 또한, 의심스러운 거래가 발견되면 생성형 AI는 즉시 경고를 발송하여 관련 부서가 빠르게 대응할 수 있게 한다. 이와 같은 실시간 경고 시스템은 금융기관이 자금 세탁 위험을 최소화할 수 있도록 돕는다.

DBS 은행 역시 AML 시스템인 '크루즈CRUISE'를 도입하여 자금 세탁 방지와 금융 사고 예방에서 큰 성과를 거두었다. 이 시스템은 머신러닝과 빅데이터를 활용하여 대량의 데이터를 신속하게 처리하고, 의심 거래를 실시간으로 분석하여 경고를 발송한다. DBS의 크루즈는 고객 확인 절차KYC와 규제 업무 자동화, 그리고 금융 소비자 보호에도 활용되며, 60개 이상의 시스템 데이터를 결합하여 종합적인 데이터 분석을 제공한다. 이를 통해 자금 세탁 시도를 사전에 차단하고, 금융 사고를 예방하는 데 기여하고 있다. 이러한 사례들은 미들오피스에서 AI 도입이 리스크 관리와 준법 감시 업무의 효율성을 크게 향상시킬 수 있음을 보여준다.

백오피스 업무에서도 AI의 도입은 필수적이다. 인사, 재무, IT 지원 등에서 AI 기반 헬프 데스크 허브는 조직의 효율성을 극대화하는 역할을 한다. 인사관리에서는 AI가 채용 과정에서 후보자 선별, 인터뷰 일정 관리, 채용 진행 상황 추적 등을 자동화하여 인사관리를 효율화한다. 또한, 신입 직원의 온보딩 과정에서 AI는 필수 문서와 교육 자료를 자동으로 제공하고, 관련 담당자를 연결해줌으로써 신입 직원이 신속하게 업무에 적응할 수 있도록 돕는다. 이는 채용과 온보딩 과정에서 발생하는 시간을 단축하고, 인사관리의 효율성을 높인다.

재무관리에서도 AI는 경비 청구 워크플로우와 지출 승인 워크플로우를 자동화함으로써 지출 관리를 효율적으로 지원한다. 예산 신청과 실시간 예산 추적, 예산 초과 경고 기능을 통합하여 개별 사용자에게 알람을 제공하면, 예산 관리는 더욱 철저해진다. 자동 회계 기록과 재무 보고서 생성 역시 자동화하여 재무 업무의 정확성과 효율성을 높일 수 있다. 이는 재무 부서가 더욱 전략적인 재무 계획과 분석에 집중할 수 있도록 돕는다.

IT 지원 분야에서는 AI가 실시간 문제 해결과 티켓 관리 시스템을 운영하여 헬프 데스크를 효율적으로 관리한다. IT 인프라를 실시간으로 모니터링하며, 문제 발생 시 자동 알림을 제공하고, 이를 통해 신속한 대응이 가능해진다. 또한, 사이버 보안 위협 탐지 및 대응, 정기적인 보안 업데이트를 통해 IT 보안 관리도 강화할 수 있다. 이러한 IT 지원의 자동화는 조직 전체의 디지털 인프라를 안정적으로 유지하며, 운영 효율성을 높이는 데 기여한다.

통합 헬프 데스크 허브는 사내 지식 관리 시스템을 통해 조직의 정보를 체계적으로 관리하고 활용할 수 있게 한다. 이 시스템은 업무 매뉴얼, FAQ, 베스트 프랙티스 등의 지식 데이터베이스를 구축하여 필요한 정보를 쉽게 찾을 수 있도록 돕는다. 문서 작성 및 검토 기능을 통해 문서 작성 시간을 줄이고, 자동화된 문서 분류와 검색 기능을 통해 문서 관리 효율성을 높인다. 팀 간 지식 공유를 위한 포럼과 토론 게시판을 제공하여 지식의 확산과 활용을 촉진하며, 최신 정보를 자동으로 수집하고 업데이트하는 지식 관리 자동화 기능은 직원들의 검색 기록과 요청을 기반으로 관련 자료를 추천하는 데 중요한 역할을 한다.

AI 기반 헬프 데스크 허브를 성공적으로 도입하기 위해서는 백오피스 프로세스를 철저히 분석하고 요구사항을 정확히 파악하는 단계가 필요하다. 주요 목표와 KPI를 설정하고, 시스템 아키텍처를 설계하며, 지능형 알고리즘과 자동화 솔루션을 통합하여 구현해야 한다. 사용자 인터페이스를 설계하고 파일럿 테스트를 통해 피드백을 수집하여 수정하며, 단계별 배포 계획을 수립하고 실행해야 한다. 또한, 사용자 교육 프로그램을 개발하고 실행하며, 지속적인 지원과 유지보수 계획을 마련하는 것도 중요하다.

커패시티Capacity는 AI 기반 헬프 데스크 솔루션 제공 업체로, AI

를 통해 직원과 고객 간의 상호작용을 학습하고 실시간으로 프로세스와 결정을 자동화하는 기술을 제공한다. 이 회사의 헬프 데스크는 반복적인 작업을 자동화하여 직원들이 더 높은 수준의 전략적 사고와 의사결정에 집중할 수 있도록 돕는다. 머신러닝을 사용하여 지속적으로 학습하고 개선하며, 내외부 고객 서비스 요청을 신속하게 처리할 수 있다. 이 회사의 솔루션은 자연어 처리를 사용하여 내외부 고객의 질문을 이해하고, 적절한 답변을 제공한다. 또한, 다양한 기업 시스템과 통합하여 서비스 데이터를 중앙에서 관리할 수 있도록 지원한다. 이를 통해 기업은 고객 상호작용에 대한 전체적인 그림을 얻고, 데이터를 기반으로 한 인사이트를 도출할 수 있다. AI를 통해 내외부 고객 서비스의 효율성과 효과를 극대화하는 것이다.

구글과 마이크로소프트는 이러한 통합 헬프 데스크 허브의 성공적인 도입 사례를 잘 보여준다. 구글은 생성형 AI와 RPA를 활용해 반복적인 작업을 자동화하고, 실시간 협업과 문제 해결을 지원하는 내부 도구와 시스템을 운영하고 있다. 마이크로소프트는 디지털 전환을 통해 재무, 인사, IT 지원 등 백오피스 업무를 자동화하고, 실시간 데이터 분석과 예측을 통해 문제를 사전에 예방하고 신속하게 대응하고 있다. 애저Azure AI와 파워 오토메이트Power Automate를 활용해 다양한 백오피스 프로세스를 자동화함으로써 운영 효율성을 크게 향상시켰다.

이처럼 AI 기반 헬프 데스크 허브를 도입하면 백오피스와 미들오피스의 업무를 혁신적으로 변화시킬 수 있다. 초자동화를 통해 직원들은 더 가치 있는 업무에 집중할 수 있으며, 조직은 운영 효율성을 극대화하고, 빠르게 변화하는 시장 환경에 민첩하게 대응할 수 있다. AI 도입은 비용 절감, 리스크 관리 효율화, 그리고 더 나은 고객 경험을 제공함으로써 금융기관의 장기적인 경쟁력을 확보할 수 있는 핵심적인 요소로 작용할 것이다.

구단과 리그를 넘는
혁신적 가치 연계

    AI와 디지털 초혁신 기반을 활용하여 초혁신에 근접했다면, 이제는 생성형 AI의 생태계를 활용하여 새로운 형태의 서비스와 비즈니스 모델로 연계, 확장해야 한다. 시카고 불스가 창의적이고 독창적인 전략과 독보적인 지원으로 NBA를 지배했듯이, 생성형 AI는 재설계된 초혁신 기반과 생성형 AI 생태계를 활용하여 새로운 고객가치를 이끌어낼 수 있어야 한다. 이는 전통 기업들이 과거에 겪었던 플랫폼 비즈니스의 한계를 극복하고 새로운 플랫폼 비즈니스 시대를 열어갈 수 있도록 해준다. 생성형 AI의 생태계가 다양한 기술과 시스템, 그리고 비즈니스 모델을 연결하여 확장함으로써 기존에 볼 수 없었던 완전히 새로운 형태의 속도감 있는 'Test & Learn' 플레이가 가능하게 된다. 이렇게 될 때, 비로소 생성형 AI는 창의적인

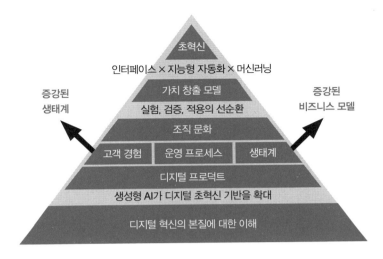

AI 초혁신 구성도
AI는 생태계를 활용하여 다양한 서비스와 비즈니스 모델을 실험, 검증하여 새로운 가치 창출을 구현하는 초혁신 단계에 이른다.

혁신적 연계 플레이로 가치 창출의 판을 바꾸는 레전드 슈퍼스타가 될 것이다.

연결되고 확장된 무대

앞서 필자는 디지털 혁신을 넘어 초혁신을 달성하기 위해 단일 기업의 내부 자원만으로는 부족하다는 점을 강조했다. 외부 자원과 기술을 적극적으로 활용하면서 API, 블록체인, 클라우드와 같은 ABC 기술을 통해 속도감 있게 확장과 연계를 이루어낼 수 있도록 생태계를 재설계하는 것이 필요하다고 언급했다. 이러한 기반 위에서 기업은 소프트웨어적 기능을 확장하여 더 다양한 서비스와 비즈니스 모델을 연계하고 확장할 수 있다. 그러나 이러한 노력만으로는 치열한 AI 초혁신 시대에서 경쟁우위를 지속적으로 유지하기에는 충분하지 않다.

지속적인 경쟁력을 확보하기 위해서는 AI 기반 기술을 추가로 활용하여 빠르게 연계하고, 실험하며, 확장할 수 있는 능력이 필수적이다. 생성형 AI의 생태계를 적극 활용하여 기존의 ABC 기술로 재설계된 생태계를 더욱 강화하고, 이를 통해 기업은 내부의 디지털 초혁신 기반을 최대한 활용하여 외부의 서비스와 비즈니스 모델을 신속하게 검증하고 실험할 수 있다. 궁극적으로, 생성형 AI를 통해 초연결된 생태계를 구축함으로써 변화하는 시장 환경에 유연하게 대응하고 지속적인 혁신을 이끌어낼 수 있다.

생성형 AI는 내부 솔루션과 프로세스의 인터페이스뿐만 아니라, 외부 서비스나 비즈니스 연계의 인터페이스로도 기능할 수 있다. 이를 통해 전통 기업들은 고객의 요구를 빠르게 반영하고 더 나은 서비스를 적시에 제공할 수 있는 강력한 도구를 얻을 수 있다. 예를 들어, A 회사의 B 서비스에 생성형 AI를 도입해 외부의 C 서비스를 연계하면, B 서비스의 고객은 자연스럽게 C 서비스를 이용할 수 있게 된다. 생성형 AI는 다양한 외부 애플리케이션 생태계를 연결하는 관문 역할을 하여, B 서비스가 다양한 서비스를 동시에 제공하는 것처럼 보이게 한다. 이로 인해 특별한 API 연계 없이도 고객의 니즈를 빠르게 반영한 서비스를 적시에 제공할 기회를 갖게 된다.

이러한 접근은 JP모건체이스의 사례에서 잘 드러난다. 이 글로벌 금융 기업은 내부 금융 프로세스를 자동화하기 위해 RPA를 도입해 거래 처리 시간을 크게 단축하고 비용을 절감했다. 그러나 JP모건은 여기서 멈추지 않고, 외부 생성형 AI 플랫폼과의 연계를 통해 고객 서비스 프로세스를 혁신했다. AI를 활용한 COiN_{Contract Intelligence} 시스템을 도입해 계약서 검토 시간을 몇 초로 단축하고, 복잡한 법적 문서 작업도 자동화했다. 또한, 맞춤형 금융 상담 AI를 통해 고객에게 개인화된 금융 서비스를 실시간으로 제공함으로써 고객 만족도와 유지율을 극대화했다.

이러한 사례들은 전통 기업이 많은 비용과 리소스를 추가로 투입하지 않고도 생태계나 서비스의 범위를 손쉽게 확장할 수 있음을 보여준다. 특히, 빅테크가 접근하기 어려운 산업 고유의 데이터를 활용하여 버티컬 서비스를 구축함으로써 거대 플랫폼과의 경쟁 속에서도 생존할 방안을 모색할 수 있다. 이는 전통 기업이 생태계의 중요한 일부로 자리 잡을 기회를 제공하며, 다른 디지털 혁신 기업들과 동일한 조건에서 경쟁할 수 있게 만든다. 고객이 특정 서비스만의 고객이 아니라 다양한 서비스의 고객으로 확장될 수 있기 때문에, AI와 결합된 지능형 CDP 등을 통해 고객의 다양한 요구를 분석하고 세밀한 세그멘테이션을 통해 초개인화된 서비스를 제공할 수 있다. 이로 인해 고객 경험과 만족도가 동시에 증대될 수 있다.

생성형 AI는 초혁신을 대표하는 기술로서, 초자동화된 내외부 프로세스와 생성형 AI 생태계를 결합하여 새로운 고객, 서비스, 기능 및 데이터의 확장과 새로운 비즈니스 모델의 실험 및 검증을 도울 수 있다. 이를 통해 다양한 서비스, 고객, 비즈니스, 생태계와의 초연결을 통해 새로운 가치를 창출할 수 있게 된다. 생성형 AI를 활용한 비즈니스 확장은 높은 수준의 연계성을 확보하여 빠르게 변화하는 시장 환경에 유연하게 대응할 기회를 제공한다. 고객의 요구에 신속하게 대응하고 맞춤형 서비스를 적시에 제공하여 고객 만족도를 높일 수 있으며, 생태계 내의 상호작용을 원활하게 하여 기업 간 협력을 강화하고 새로운 서비스 조합의 기회를 확대할 수 있다. AI로 증강된 생태계는 외부 파트너와의 협력을 촉진하고 다양한 고객, 서비스와 비즈니스 모델을 통합하여 고객에게 더 나은 가치를 제공할 수 있게 된다.

이러한 발전은 슈퍼앱 2.0과도 밀접하게 연관된다. 전통 기업이 생성형 AI 생태계와 슈퍼앱의 개념을 결합하면, 기존 산업의 경계를 넘나드는 유연한 초혁신 기업으로 업그레이드될 수 있다. 챗GPT의 플러그인 생태계가 이러한 가능성을 잘 보여주고 있다. 챗GPT는 플러그인 생태계를 통해 기존의 기능적 한계를 극복하고, 다양한 외부 애플리케이션을 통해 기능을 확장해왔다. 마찬가지로, 전통 기업들도 플러그인 생태계를 활용해 다양한 외부 애플리케이션을 통합함으로써 다양한 서비스를 제공하는 것처럼 느끼게 할 수 있다. 이는 고객에게 매끄러운 경험을 제공하고, 기업이 빠르게 변화하는 시장 환경에 유연하게 대응할 수 있도록 돕는다.

이제 고객의 요구가 디지털 프로덕트에 반영되어야 진정한 가치를 지닐 수 있는 시대가 되었다. 단일 비즈니스 모델에 집중하는 방식은 진화하는 고객의 요구를 폭넓게 만족시키는 데 한계가 있을 수밖에 없다. 모든 기업은 다양한 비즈니스 모델 포트폴리오를 개발하고 관리해야 빠르게 변화하는 시장에서 살아남을 수 있다.

디지털 초혁신 기반 위에서 다양한 디지털 비즈니스 모델들이 협업할 가능성이 커지면서 새로운 서비스 조합이나 모델이 탄생할 수 있다. 생성형 AI는 디지털 생태계 구성원들의 상호작용을 통해 끊임없이 진화하고, 고객과 내부 및 외부 파트너에 빠르게 대응할 수 있는 선순환 구조를 만들 수 있다. 다양한 파트너와의 협력을 통해 외부 기능을 소프트웨어적으로 연결하여 혁신적인 서비스를 확대하고, 리소스를 효율적으로 활용해 새로운 가치와 비즈니스 기회를 창출할 수 있다.

생성형 AI 생태계를 활용한 초연계 플레이는 기업의 제품, 서비스, 프로세스 등 전체적인 구조와 운영 방식을 근본적으로 변화시켜 더 나은 가치를 창출하고 새로운 가치를 생산하는 힘을 보여줄 것이다. 생성형 AI의 생태계는 다양한 비즈니스 모델을 효과적으로 연계하고 통합하는 데 강력한 역할을 한다. 이러한 생성형 AI 생태계를 활용한 혁신적 가치 연계가 실제로 어떻게 실험되고 적용될 수 있는지 구체적으로 살펴보자.

혁신적 가치 연계

전통적인 기업들은 여전히 제품의 구매·제조·중개·판매에 주력하며 단일한 비즈니스 모델을 유지하고 있다. 이들은 자본을 조달해 상품을 생산하고, 이를 새로운 시장으로 확장하는 방식으로 사업을 운영한다. 이러한 방식은 고객에게 제품이나 서비스를 직접 또는 간접적으로 제공하는 파이프라인 비즈니스 모델을 따르며, 제조와 마케팅의 효율성이 수익성을 유지하는 핵심 요소가 된다. 그러나 디지털 시대의 빠른 변화에 대응하기에는 이러한 전통적인 모델은 한계가 있다.

디지털 시대에 주목받는 플랫폼 모델은 전통적인 접근 방식과는 다른 혁신적인 비즈니스 모델을 제시했다. 이 모델은 고객과 다양한 생태계 참여자들이 가치를 교환할 수 있는 디지털 공간을 제공하며, 주로 앱이나 웹과 같은 디지털 프로덕트를 기반으로 사용자들이 이 공간에서 상호작용하고 비트 기반의 정보, 상품, 서비스, 통화 등을 교환하는 방식을 취했다. 플랫폼 비즈니스 모델은 수요와 공급을 연결하여 양측이 모두 이익을 얻도록 하는 동적인 사업 모델로, 사용자가 많아질수록 더 많은 데이터를 수집하고, 이를 바탕으로 더 나은 서비스를 제공하여 다시 사용자 수를 증가시키는 선순환 구조를 만들어낸다.

그러나 이러한 플랫폼 모델도 도전 과제에 직면해 있다. 진입과 모방이 용이하고 차별화가 어렵다는 점이 주요 문제이다. 넷플릭스와 같은 스트리밍 플랫폼은 경쟁이 심화되면서 신규 고객을 확보하거나 유지하는 비용이 급증하고 있다. 특히 수익성에 민감한 전통 기업들에게는 플랫폼 모델로의 전환이 더욱 어려운 과제가 된다. 성공적인 플랫폼 비즈니스 모델로 전환하기 위해서는 기술적 인프라 구축, 데이터 활용, 치열한 경쟁, 규제와 법적 문제 등 여러 난관을 극복해야 하며, 동시에 단기적이며 정량적인 성과를 보여야 하는 이중의 부담을 안고 있다.

지난 15년간 디지털 서비스의 성장 모델은 애플의 아이폰 출시와 함께 시작되었으며, 이 기간의 주된 전략은 먼저 사용자 기반을 확보하고, 그 후에 수익을 창출하는 방식이었다. 스타트업들이 초기 단계에서 막대한 적자를 감수하며 사용자 확보에 집중한 이유는, 충분한 사용자 규모가 곧 서비스의 경쟁력을 결정짓고 다른 기업들이 진입하기 어렵게 만드는 장벽으로 작용했기 때문이다. 페이스북, 카카오톡, 네이버의 라인 등도 초기에는 대규모 적자를 감수하고 빠르게 사용자를 늘리는 전략을 취했으며, 이를 통해 거대한 플랫폼 기업으로 성장하며 수십조 원의 가치를 창출할 수 있었다.

그러나 AI 초혁신 시대가 도래하면서, 이러한 디지털 시대의 성장 방식이 더 이상 효과적이지 않을 가능성이 커지고 있다. 챗GPT의 사례에서 볼 수 있듯이, 사람들이 반응하는 서비스가 확산되는 속도는 과거와 비교할 수 없을 정도로 빨라졌다. 이는 사용자 수가 더는 기업의 지속적인 경쟁력을 보장하지 않을 수 있다는 것을 의미한다. 서비스의 생명 주기 역시 매우 짧아졌고, AI 기술의 발전으로 인해 서비스 복제가 훨씬 쉬워졌다. 렌사 AI가 한 달 만에 인기를 잃은 것도 유사한 서비스들이 일주일 만에 전 세계에 퍼진 결과이다. 결국, AI 초혁신 시대에는 사용자 수나 네트워크 효과가 더 이상 강력한 경쟁우위로 작용하지 않을 수 있다.

그러나 이러한 도전 과제 속에서도 전통 기업은 이미 상당한 고객 기반을 확보하고 있다는 강점을 가지고 있다. 전통 기업들은 기존 고객 기반을 활용해 핵심 플랫폼을 구축하고, 생성형 AI 생태계를 통해 다양한 서비스와 수익형 플랫폼을 확장하는 변형된 형태의 플랫폼 전략 도입을 고려해볼 수 있다. 새로운 디지털 프로덕트나 플랫폼을 추가하지 않더라도, 생성형 AI가 다양한 애플리케이션을 연결하는 허브 역할을 수행하면서 비즈니스 모델을 빠르게 확장할 수 있는 것이다. 이는 사용자 규모에 의존하지 않고도, 서비스와 모델을 유연하게 확장하는 데 도움이 된다.

이와 같은 접근은 보쉬Bosch와 같은 전통 기업의 사례에서 잘 나타난다. 보쉬는 오랫동안 전통적인 제조업 기반의 비즈니스를 운영해왔으나, 최근 몇 년간 디지털화와 사물인터넷 기술을 적극적으로 도입하여 플랫폼 비즈니스 모델로 전환하고 있다. 특히, 보쉬 아이오티 스위트Bosch IoT Suite라는 플랫폼을 통해 다양한 산업용 IoT 솔루션을 제공하고 있다. 이 플랫폼은 제조, 에너지, 스마트홈, 모빌리티 등 다양한 분야에서 데이터를 수집하고 분석하여 효율성을 높이고 새로운 서비스를 창출하는 데 기여하고 있다. 보쉬 아이오티 스위트는 스마트 빌딩 관리 솔루션을 제공하여 건물의 에너지 소비를 최적화하고, 유지보수 작업을 자동화하며, 운영 비용을 절감하는 데 도움을 준다. 또한, 이 플랫폼을 통해 다양한 외부 파트너와 협력하여 새로운 서비스를 빠르게 개발하고 시장에 출시할 수 있는 생태계를 구축하고 있다. 이러한 디지털 혁신은 보쉬가 전통적인 제조업에서 벗어나, 플랫폼 기반의 비즈니스 모델로 성공적으로 전환하는데 중요한 역할을 하고 있다.

플랫폼 비즈니스 모델은 과거에 큰 성공을 거두었지만, 앞서 말한대로 차별화와 수익성을 유지하는 데 어려움을 겪고 있다. 그러나아마존, 애플, 마이크로소프트, 네이버와 같은 선도 기업들은 이러한 문제를 해결하기 위한 독특한 전략을 사용하고 있다. 이들 기업은 여러 플랫폼을 운영하면서도 그중 하나를 핵심 플랫폼으로 삼아 사용자 기반을 확보하고, 이를 바탕으로 다른 플랫폼으로의 유입을 유도하는 소위 '크로스 플랫폼' 방식을 취한다.

이들 기업은 핵심 플랫폼에서 사용자 기반을 늘리기 위해 수수료를 낮추거나 무료 서비스를 제공하는 등의 전략을 사용한다. 이렇게 확보한 사용자들은 통합된 계정을 통해 다른 서비스 플랫폼을 쉽게 이용할 수 있게 하고, 이는 신규 고객 확보 비용을 줄이며 동시에 높은 수익성을 제공하는 수익 플랫폼Profit Platform으로 이어진다. 또한, 이들은 멤버십 서비스를 통해 고객이 여러 플랫폼을 지속적으로 이용하게 만들고, 이를 통해 더욱 높은 수익을 창출한다. 이처럼 플랫폼의 역할에 따라 두 가지 전략을 병행하는 방식은 단일 플랫폼의 한계를 극복하고, 다각적인 고객 데이터를 활용하여 맞춤형

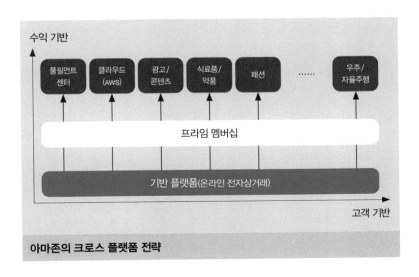

아마존의 크로스 플랫폼 전략

서비스를 제공할 수 있게 한다. 아마존 프라임 서비스는 아마존의 주요 플랫폼 사용자들을 결속시키는 핵심적인 역할을 하고 있다. 아마존은 프라임 서비스를 통해 고객들에게 무료 배송, 스트리밍 서비스, 특별 할인 등의 혜택을 제공함으로써 사용자를 다른 아마존 서비스로 유도하고 있다. 이 전략은 아마존의 다른 플랫폼들과 통합된 고객 경험을 제공하여, 신규 고객 확보 비용을 줄이면서도 높은 수익성을 유지하는 데 기여하고 있다.

이와 같은 접근은 전통 기업들에게도 적용될 수 있다. 전통 기업들은 기존 고객 기반을 활용해 핵심 플랫폼을 구축하고, 생성형 AI를 통해 다양한 서비스와 수익형 플랫폼을 확장하는 변형된 형태의 '크로스 플랫폼 전략'을 도입할 수 있다. 새로운 디지털 프로덕트나 플랫폼을 추가하지 않더라도, 생성형 AI가 다양한 애플리케이션을 연결하는 허브 역할을 수행하면서 비즈니스 모델을 확장할 수 있게 되는 것이다. 이러한 AI 기반의 접근을 통해 전통 기업들은 다양한 서비스와 비즈니스 모델을 조합하여 빠르게 실험하고, 새로운 기회를 창출할 수 있다. 이는 생태계 내 상호작용을 원활하게 하고, 기업 간 협력을 강화하여 새로운 서비스 조합의 기회를 확대하는 중요한 실행 방안이 된다. 생성형 AI를 활용한 크로스 플랫폼 전략은 '플랫폼 비즈니스 2.0'으로 불릴 수 있으며, 이는 기존 비즈니스 모델의 한계를 극복하고, 유연하고 통합적인 AI 초혁신을 이루는 데 중요한 역할을 할 수 있다. 전통 기업들 역시 이러한 AI 기반의 접근을 통해 기존의 내외부 프로세스와 생태계를 재구성하고, 플랫폼 비즈니스 2.0으로 나아갈 수 있다. 이를 통해 AI 초혁신은 연계·확장된 서비스 수준을 넘어, 비즈니스 모델 자체의 재설계와 혁신을 이끌어낼 수 있다.

생성형 AI 생태계는 재설계된 디지털 초혁신 체계를 활용하여 플랫폼 비즈니스 모델을 구현할 수 있도록 도와준다. 비즈니스 모델은 가치를 생성하고, 전달하며, 수익을 어떻게 창출할 것인지에 대한 계획과 구조로, 비즈니스 모델의 설계가 단순히 이론적 차원에서 끝나는 것이 아니라, 실제로 수익 실현이 가능한 형태까지 구체화되어야 의미가 있다. 비즈니스 모델의 구현은 다양한 모델을 연계하고 실험할 수 있는 환경을 구축해야 비로소 비즈니스 모델의 실험·변형·재설계가 가능해진다.

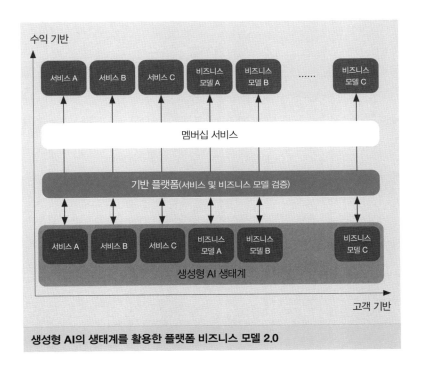

생성형 AI의 생태계를 활용한 플랫폼 비즈니스 모델 2.0

혁신적 가치 모델 설계 방법

비즈니스 모델은 가치를 어떻게 생성하고, 전달하며, 수익을 창출할 것인지에 대한 계획과 구조를 의미한다. 《비즈니스 모델을 혁신하는 5가지 길》이라는 책에서 저자 은종성은 경쟁/비경쟁 관점, 기업/고객 관점, 그리고 종합적인 관점에 따라 비즈니스 모델을 다양한 버전으로 정리하였고, 이를 '5BM-Innovation ways'로 제시하고 있다.

경쟁 관점은 마이클 포터 교수의 경쟁우위 이론에 기초하는데, 이 이론은 원가우

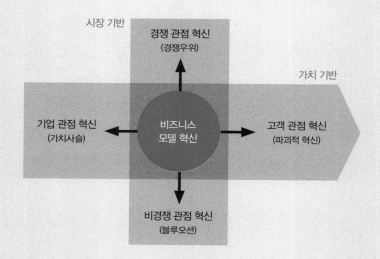

5BM-Innovation ways
세로축의 시장 기반 경쟁/비경쟁 관점 혁신과 가로축의 가치 기반 기업/고객 관점 혁신, 그리고 이의 교차점인 비즈니스 모델 혁신으로 구성되어 있다.
출처: 《비즈니스 모델을 혁신하는 5가지 길》 응용

위, 차별화, 집중화를 비즈니스 전략으로 활용한다. 반면, 비경쟁 관점은 김위찬 교수가 제안한 블루오션 전략이 대표적이다. 이 전략은 미사용자를 사용자로 전환함으로써 차별화와 원가우위를 동시에 달성할 수 있다는 것을 강조한다. 그러나 디지털 비즈니스의 급격한 변화 속에서, 경쟁과 비경쟁이라는 두 축은 정적인 시장과 경쟁자를 기반으로 한 전략이기 때문에 그 중요성이 다소 퇴색되고 있다. 가로축 중 기업 관점의 혁신은 물리적 제품의 가치를 높이기 위한 내부 제조와 유통 역량의 혁신에 초점을 맞춘다. 이는 마이클 포터의 가치사슬 이론과 밀접하게 연관된다. 고객 관점의 혁신은 크리스텐슨 교수가 주장한 고객의 문제 해결을 통한 가치 창출에 중점을 두며, 현재의 디지털 혁신 기업들이 추구하고 있는 방향과도 일치한다. 두 관점 모두 가치를 기반으로 한 혁신 모델을 지향한다.

하지만 디지털 비즈니스의 급격한 변화 속에서 전통적인 경쟁과 비경쟁의 이분법적 접근만으로는 한계가 있다. 기업 관점의 혁신은 물리적 제품의 가치를 높이기 위한 내부 제조와 유통 역량의 혁신에 중점을 둔다. 반면, 고객 관점의 혁신은 고객의 문제 해결을 통한 가치 창출에 초점을 맞춘다. 이를 디지털 혁신과 연계하려면 보다 유연하고 통합적인 접근이 필요하다.

디지털 시대의 급변하는 환경에 대응하기 위해 기업들은 과거의 단일하고 정적인 비즈니스 모델에서 벗어나 동적인 포트폴리오 관리로 전환해야 할 필요성이 점점 높아지고 있다. 이를 위해서는 비즈니스 모델의 설계, 실험, 그리고 검증이 신속하게 일상적으로 이루어져야 하며, 다양한 관점에서 입체적이고 동적인 비즈니스 모델 포트폴리오 관리가 절대적으로 필요하다. 이러한 과정에서 린 캔버스 방식의 모델링은 매우 유용한 도구가 될 수 있다. 린 캔버스는 비즈니스 모델을 실험하고 검증하는 과정에서 수정과 커뮤니케이션을 용이하게 해주며, 이를 통해 기업은 더 효과적인 방법으로 혁신을 이룰 수 있게 해준다.

이와 같은 혁신적 접근은 고객 관점의 가치 기반 모델링에서 특히 중요하다. 경제·사회·기술 환경에 대한 정확한 분석과 인식을 통해 명확한 고객의 페인 포인트Pain Point를 도출하고, 이를 해결할 수 있는 비즈니스 모델을 설계하는 것이 필요하다. 이를 위해 디자인 씽킹과 같은 방법론을 통해 고객의 문제를 찾아내고, 이 문제를 해결할 수 있는 모델로 변환하여 빠르게 실험하고 검증하는 과정이 중요하다. 이 과정을 반복하면서 기업은 고객의 진정한 필요와 요구를 깊이 이해할 수 있게 된다. 그러나 대부분 기업은 지엽적이고 피상적인 고객 문제에 초점을 맞추다 보니, 시장에서 외면받는 수준이 낮은 솔루션으로 비즈니스 모델이 구현되는 경우가 적지 않았다. 이렇게 정의된 고객 문제를 바탕으로, 고객군을 정확하게 특정하는 것이 중요하다. 이 과정에서 유저User와 커스터머Customer, 즉 사용자와 구매자를 명확히 구분하는 것이 필요하다. 플랫폼 비즈니스 모델에서 서비스 모델과 수익 모델이 분리되어 있을 때, 두 모델 간의 연결고리를 찾지 못하면 비즈니스는 실패할 가능성이 크다. 따라서 서비스 모델과 수익 모델의 실험은 꾸준히 이루어져야 하며, 이를 통해 비즈니

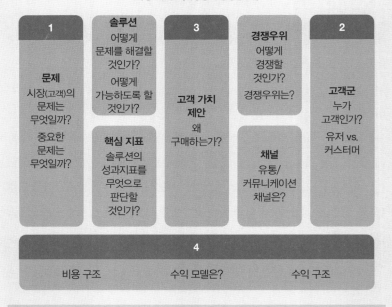

시장 매력도(시장성과 성장성은?)

1	솔루션	3	경쟁우위	2
문제 시장(고객)의 문제는 무엇일까? 중요한 문제는 무엇일까?	어떻게 문제를 해결할 것인가? 어떻게 가능하도록 할 것인가? **핵심 지표** 솔루션의 성과지표를 무엇으로 판단할 것인가?	**고객 가치 제안** 왜 구매하는가?	어떻게 경쟁할 것인가? 경쟁우위는? **채널** 유통/커뮤니케이션 채널은?	**고객군** 누가 고객인가? 유저 vs. 커스터머

4		
비용 구조	수익 모델은?	수익 구조

린 캔버스 방식의 모델링
다양한 관점에서 입체적인 동적인 비즈니스 모델 설계 및 포트폴리오 관리가 가능하다.
출처: 《비즈니스모델 사용설명서》(은종성)

스 모델의 성공 가능성을 높일 수 있다.

비즈니스 모델 설계에서 AI 초혁신으로 나아가는 주요한 관문은 가치 창출과 관련된 솔루션과 수익 모델의 연계이다. 전통 기업들은 내부 역량을 활용해 가치를 생성하는 가치사슬 모델을 활용할 수 있다. 반면, 플랫폼 기업은 변형된 가치사슬을 통해 공급자와 수요자 간의 가치 교환에 집중한 가치 전달 다이어그램 등을 활용할 수 있다. 고객 가치 제안은 서비스와 제품을 사용하거나 구매해야 하는 이유를 제시하는 것으로, 단순히 기능적이고 물리적인 혜택을 넘어 고객이 그 이상의 가치를 느낄 수 있도록 해야 한다.

비즈니스 모델 설계에서 가장 어려운 것은 수익화 영역이다. 새로운 문제 해결 방법으로 서비스 모델을 그려낼 수 있지만, 사용자를 구매자로 전환하는 수익 모델을 설계하는 것은 매우 어려운 과제이다. 디지털 초혁신 기반과 생성형 AI를 결합한 초혁신의 단계에서는, 과거의 이론적 또는 개념적 수익 모델을 보다 빠르게 실험하고 검증할 수 있다. 전통 기업이 가치사슬에 근거해 비즈니스 모델을 구체화해온 방식을 플랫폼 모델로 전환하는 것은 매우 중요한 과제이며, 이를 위한 실무적 이해와 적용이 필요하다.

아울러 AI 중심의 디지털 초혁신을 이루기 위해서는, 디지털 프로덕트를 중심으로 소프트웨어적 프로세스와 생태계가 갖춰져야 한다. 이러한 기반은 다양한 서비스와 모델을 연계해 실험과 검증을 가능하게 해준다. 이 과정에서 기업은 디지털 초혁신 기반 – 생성형 AI의 활용 – 비즈니스 모델 실험 및 검증 – 플랫폼 모델의 경험 – 디지털 초혁신 기반의 강화라는 순환 구조를 만들어낼 수 있다.

기업들은 린 캔버스를 통해 가설적인 비즈니스 모델을 구체화하고, 생성형 AI로 강화된 소프트웨어 기반을 활용해 비즈니스 모델을 실험하고 검증할 수 있다. 특히 전통 기업의 경우, 기존 고객 기반을 활용해 빠르게 문제의 정의, 고객, 가치 전달 방식 등을 검증할 수 있다. 이와 같은 속도감 있는 가설 – 실험 – 검증의 순환 과정을 통해 성공과 실패의 경험 데이터가 쌓이며, 디지털 혁신과 AI 초혁신의 선순환이 가능해질 것이다.

이제까지 혁신적 가치 연계와 실험이 어떻게 기업들에게 실질적인 변화를 가져다줄 수 있는지를 살펴보았다. 이러한 접근법이 산업별로 어떻게 적용되며, 더 나아가 산업별 초혁신을 이끌어낼 수 있는지에 대해 살펴보도록 하자.

산업별 초혁신 플레이

생성형 AI는 디지털 초혁신을 가속화하는 강력한 요소로서, 다양한 비즈니스 모델을 실험하고 검증할 수 있는 도구를 제공한다. 이를 통해 기업들은 변화하는 시장 환경에 더욱 신속하고 유연하게 대응할 수 있다. 특히, AI를 중심으로 한 디지털 초혁신은 각 산업에서 조금씩 다르게 나타나지만, 플랫폼 비즈니스 2.0이라는 새로운 단계에서는 산업 간의 경계가 점점 더 희미해질 가능성이 크다. 이러한 변화 속에서 기업들은 단순히 흥미를 끄는 '일회성 서비스'를 출시하는 데 그치지 않고, 사용자들의 실질적인 니즈를 해결하는 지속 가능한 서비스와 사업 모델을 만드는 데 집중해야 한다.

챗GPT의 거센 영향력에 대응하여, 전 세계 기업들은 생성형 AI 도입에 발 빠르게 나서고 있으며, 이를 통해 디지털 초혁신 기반을 강화하고 디지털 역량을 증강해나간다. 생성형 AI 서비스에 하드웨어를 접목하거나, 패스트 팔로워 전략을 통해 로컬 고객을 확보하는 방식으로 경쟁력을 갖춘다. 또한, 오픈AI가 접근하지 못하도록 고급 데이터를 활용해 특정 산업에 특화된 버티컬 서비스를 개발하는 사례도 늘어나고 있다.

AI 중심의 디지털 초혁신은 특히 전통적인 기업들에게 중요한 의미를 가진다. 기존의 디지털 혁신에서 어려움을 겪고 있는 이들 기업은 생성형 AI를 통해 새로운 가능성을 모색할 수 있다. 이를 위해 기존 고객 기반을 활용하여 서비스와 모델을 빠르게 확장해가는 변형된 형태의 플랫폼 전략이 필요하다. 기존의 사용자 수나 네트워크 효과에 의존하던 성장 방정식 대신, AI를 활용한 새로운 전략이 요구된다.

이 글에서는 전통 기업들이 AI를 활용해 어떻게 디지털 혁신을 이끌어갈 수 있을지, 그리고 산업별로 AI 초혁신이 어떤 모습으로 나타날지를 세 가지 측면에서 살펴본다. 이 세 가지 측면은 대화형 인터페이스를 활용한 내외부 서비스 연계, 지능형 자동화로 인한 초자동화, 그리고 생성형 AI 생태계를 활용한 가치 혁신 모델이다. 각 측면에서 AI가 어떻게 기존의 한계를 극복하고, 새로운 기회를 창출할 수 있는지에 대해 구체적으로 설명하려고 한다.

이렇게 세 가지 측면을 통해 생성형 AI가 다양한 산업에 어떤 변화를 가져올 수 있는지, 그리고 이러한 변화가 전통적인 기업들에게 어떤 기회를 제공할 수 있는지를 상상하는 데 도움이 될 것이다.

금융 산업

금융 산업은 AI 초혁신이 가장 활발하게 진행될 영역으로 꼽을 수 있다. 금융 산업은 지난 10여 년간 디지털 혁신의 최전선에서 다양한 시도를 이어왔다. 디지털 뱅킹의 확산과 함께 클라우드, 빅데이터, 블록체인, 인공지능 등 최신 기술이 도입되면서, 금융 서비스의 본질이 근본적으로 변화하고 있다. 핀테크의 출현은 결제, 송금, 투자, 보험 등 금융의 모든 영역에서 혁신적인 변화를 이끌어냈고, 이는 고객의 일상 속 깊숙이 자리 잡게 되었다. 그러나 이러한 혁신의 이면에는 법적·규제적 도전, 사이버 보안, 개인정보 보호, 디지털 소외와 같은 난제들이 여전히 존재하고 있다. 특히, 업무망과 인터넷망을 분리하는 망 분리 제도는 금융 데이터의 보안을 강화하는 데 기여하지만, 동시에 디지털 혁신의 속도를 저해하는 요소로 작용하고 있다.

이러한 복잡한 상황에서 생성형 AI의 등장은 금융 산업의 판도를 크게 뒤흔들고 있다. 최근 몇 년간 잠시 주춤했던 금융 산업 내 AI 활용에 대한 관심은 다시금 급격히 상승했다. 디지털 혁신이 여전히 진행 중인 금융기관들은 이제 AI를 새로운 성장 동력으로 삼기 위해 데이터와 알고리즘을 자산으로 인식하고, 이를 정비하는 작업에 몰두하고 있다. AI는 금융 산업의 디지털 혁신을 새로운 단계로 끌어올릴 수 있는 잠재력을 지니고 있으며, 대화형 인터페이스, 지능형 자동화, 그리고 새로운 가치 창출 모델의 세 가지 측면에서 살펴볼 수 있다.

먼저, 대화형 인터페이스를 통해 금융 서비스에서 고객 지원 방식이 혁신될 수 있다. 초개인 가상 비서는 고객의 금융 관련 질문에 실시간으로 응답할 수 있으며, 고객의 데이터에 근거한 개인 맞춤형 금융상품을 추천할 수 있다. 이 과정에서 AI는 금융상품의 객관적인 비교는 물론, 혜택 등을 고려해 최적의 상품을 제안하게 된다. 고객은 음성 인식 기술을 통해 편리하게 금융 거래를 수행할 수 있으

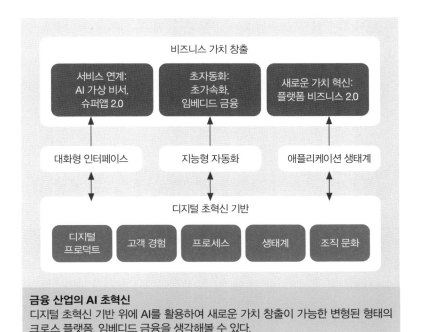

금융 산업의 AI 초혁신
디지털 초혁신 기반 위에 AI를 활용하여 새로운 가치 창출이 가능한 변형된 형태의 크로스 플랫폼, 임베디드 금융을 생각해볼 수 있다.

며, 복잡한 금융 절차도 간단히 처리할 수 있다. 이러한 대화형 인터페이스는 금융 서비스의 접근성을 높이는 동시에, 고객 만족도를 극대화할 수 있는 중요한 도구가 된다.

실제 사례로, HSBC의 AI 기반 고객 상담 시스템은 고객이 문의한 내용을 자연어 처리 기술로 이해하고, 즉각적으로 응답한다. 또한, JP모건체이스의 AI 챗봇인 COIN은 계약서 검토와 같은 복잡한 작업을 자동으로 수행하여 수천 시간의 법률 검토 시간을 절감한 바 있다. 이러한 사례들은 AI가 고객과의 상호작용을 더욱 효율적이고 개인화된 방식으로 변화시키고 있음을 보여준다.

다음으로, 생성형 AI는 금융 거래 분석, 위험 관리, 사기 탐지 등의 분야에서 지능형 자동화를 실현할 수 있다. AI의 기계학습은 거래 패턴을 분석해 비정상적인 거래를 감지하고, 사기 가능성을 예측하여 사전에 대응할 수 있다. 이를 통해 금융 시스템의 안전성을 높이는 데 기여하게 된다. 이미 페이팔과 같은 선진 회사들은 인공지능 기법을 활용해 비정상적인 패턴을 실시간으로 감지하고, 사기 거래를 예방하고 있다.

전통 금융기관에서도 AI의 활용이 활발히 진행 중이며, 뱅크오브 아메리카의 에리카와 연동된 실시간 부정 거래 탐지 시스템FDS, Fraud Detection System이나, DBS 은행의 AML 시스템 '크루즈'는 그 대표적인 사례로 꼽을 수 있다. 또한, 마스터카드는 AI를 활용하여 글로벌 금융 거래를 실시간으로 모니터링하고, 사기 거래를 즉각적으로 차단하는 시스템을 구축했다. 이를 통해 전 세계 수백만 건의 거래에서 발생할 수 있는 잠재적 위협을 실시간으로 방어하고 있다. 이러한 지능형 자동화 시스템은 고객의 자산을 보호하는 데 있어 중요한 역할을 하며, 금융 산업 전반의 신뢰성을 강화하는 데 일조할 수 있다.

생성형 AI 생태계를 통해 확장된 금융 플랫폼은 다양한 금융기관의 서비스를 통합하여 고객에게 더욱 포괄적인 종합 생활 금융 서비스를 제공할 수 있는 가능성을 열어준다. 이러한 플랫폼은 AI 기반의 투자 솔루션을 통해 고객의 투자 성향을 분석하고, 이에 맞는 최적의 포트폴리오를 추천할 수 있다. 이는 기존의 펀드 형태보다 자유도가 높고, 다양한 조합이 가능한 디지털 랩어카운트 형태로 발전할 가능성이 있다.

이 서비스는 고객의 재정 상태와 목표에 맞춰 실시간으로 최적화된 금융상품을 자동으로 추천하고, 이를 관리하는 종합적인 금융 솔루션을 제공할 것이다. 예를 들어, AI는 고객의 여유 자금을 분석하여 일정 수익률을 목표로 하는 복합 금융상품을 제안할 수 있다. 만약 고객이 매달 100만 원을 투자한다고 가정하면, AI는 이를 중위험 중수익을 목표로 하는 7% 수익률의 포트폴리오로 자동 관리하는 랩어카운트 서비스를 제공할 수 있다.

전통적으로 랩어카운트는 고액 자산가를 대상으로 하는 개인화된 투자 상품으로, 금액 단위가 크고 수수료가 높으며 관리가 복잡하다는 단점이 있었다. 그러나 AI 개인 비서는 이러한 랩어카운트를 실시간으로 저렴하게 제공함으로써 일반 고객들도 다양한 금융상품을 하나의 계좌에서 통합 관리할 수 있게 된다. AI는 고객의 투자 성향과 시장 상황을 실시간으로 분석해 최적의 투자 전략을 제안하며, 고객의 요구사항을 반영하여 대화 중에 자동으로 포트폴리오를 조정할 수 있다. 이를 통해 수수료를 낮추고 관리의 복잡성을 줄이며, 고객의 재정 목표 달성을 돕는 데 중요한 역할을 할 것이다.

이렇게 다양한 금융상품을 하나의 계좌에서 통합 관리할 수 있는 랩어카운트는 관리 부담이 적고 수익이 높은 초개인 맞춤형 중수익 포트폴리오 상품을 제공할 수도 있다. AI는 이 과정에서 금융 데이터 분석 도구를 제공하여 고객이 더 나은 재무 결정을 내릴 수 있도록 세심하게 지원하며, 금융 관리를 보다 간편하고 효과적으로 만들어줄 수 있다. 이미 베터먼트Betterment와 웰스프론트Wealthfront 같은 AI 기반 로보어드바이저RA, Robo-advisor 서비스는 고객의 투자 목표와 위험 선호도를 분석하여 자동으로 포트폴리오를 관리하고, 주기적인 리밸런싱을 통해 최적의 투자 전략을 제공하고 있다. 이는 투자 관리의 민주화를 촉진하고, 누구나 쉽게 투자할 수 있는 환경을 조성하는 데 기여하고 있다.

이처럼 금융 산업에서 생성형 AI는 초혁신의 핵심 동력으로 자리 잡고 있다. 이러한 AI의 도입은 금융과 타 산업 간의 경계를 허물고, 새로운 비즈니스 기회를 창출할 가능성을 열어준다. 특히 전통 금융기관들은 고급 데이터를 활용한 버티컬 서비스를 통해 시장 내에서 독자적인 경쟁력을 강화할 수 있다. 금융 데이터에 특화된 서비스나 분석 툴을 개발하여 기존 고객 기반을 유지하면서도 새로운 부가가치를 창출할 수 있다. 이러한 방식은 전통 금융기관들이 AI 시대의 도전에 대응하는 하나의 중요한 전략이 될 수 있다.

더 나아가, 생성형 AI는 변형된 형태의 크로스 플랫폼 전략을 통해 금융 서비스와 타 서비스 간의 융합을 촉진할 수 있다. 전통 금융기관들은 기존의 사용자 기반을 바탕으로 다양한 서비스와의 연계를 확대해나갈 수 있다. AI 기반 플랫폼을 활용하여 금융 서비스와 비금융 서비스를 통합하는 형태의 새로운 비즈니스 모델을 도입할 수 있다. 이를 통해 고객들은 하나의 플랫폼에서 다양한 서비스를 이용할 수 있으며, 금융기관은 고객의 다양한 요구를 충족시킬 수 있는 기회를 얻게 된다.

극단적으로는 유통, 교육, 제조, 의료 등 다양한 서비스에 생성형 AI 생태계가 완전히 임베디드되어, 고객이 다른 서비스를 이용하는 과정에서 자연스럽게 금융 거래를 수행하게 되는 B2B 형태의 인프라형 서비스로 진출할 가능성도 존재한다. 직원들이 기업 내부의 인트라넷과 연동된 AI 시스템을 통해 급여 기반의 특별 대출을 신청하는 상황을 상상해볼 수 있다. 또는 AI가 실시간 소비 분석과 현금 흐름에 따른 다이내믹한 신용 평가를 기반으로 초개인화된 대출 상품이나 맞춤형 금융상품을 적시에 제안하는 시나리오도 가능하다. 스퀘어Square의 AI 기반 결제 플랫폼은 소매 업체들이 고객의 구매 패턴을 분석하여 맞춤형 프로모션과 할인 혜택을 제공하고 있다. 고객 충성도를 높이고, 매출 증대를 촉진할 수 있다. 이러한 사례는 AI가 금융과 타 산업 간의 경계를 허물고, 새로운 비즈니스 기회를 창출할 수 있음을 보여준다.

이와 같은 생성형 AI의 발전은 금융 산업뿐만 아니라, 타 산업과의 융합을 통해 더 큰 시너지 효과를 창출할 수 있다. AI는 데이터를 기반으로 한 예측과 분석 능력을 통해 고객에게 최적의 솔루션을 제공하며, 금융 서비스가 더 이상 금융기관의 전유물이 아닌, 다양한 서비스에 녹아 있는 일상생활의 자연스러운 일부가 될 것이다. 이러한 변화는 고객 경험을 재정의하고, 금융 서비스의 접근성과 편리성을 극대화할 기회를 제공할 것이다.

그러나 이러한 혁신이 모든 문제를 해결하는 만능열쇠는 아니다. 금융 산업에서 여전히 남아 있는 법적·규제적 장해물과 보안 문제, 디지털 소외와 같은 이슈들은 AI의 도입과 활용을 제한하는 요인이 될 수 있다. 특히, 망 분리 제도와 같은 규제는 보안을 강화하는 데 기여하지만, 동시에 실시간 데이터 분석과 AI 활용을 제한하여 디지털 혁신의 속도를 늦출 수 있는 위험을 안고 있다. 따라서 금융기관들은 이러한 규제 환경 속에서 AI의 잠재력을 최대한 발휘할 방안을 모색해야 한다.

의료 산업

의료 산업은 디지털 혁신의 과정에서 환자 중심의 진단, 예방, 치료, 사후관리 등 모든 의료 가치사슬에서 혁신적인 변화를 겪고 있다. 최근 몇 년간 의료 데이터의 디지털화와 AI 기술의 발전으로 인해 의료 시스템은 더욱 정밀하고 개인화된 방향으로 진화하고 있다. 그러나 이러한 혁신 과정에서 법적·규제적 제약과 함께 의료 데이터의 관리와 활용에 대한 여러 문제점이 나타나고 있다. 특히, 금융 산업의 망분리 제도와 유사하게 의료 산업에서도 의료 마이데이터와 관련된 여러 이슈 등 리스크가 상존하고 있다.

의료 마이데이터는 환자가 자신의 건강 데이터를 소유하고 관리할 수 있도록 지원한다는 비즈니스 콘셉트이다. 이를 통해 환자는 다양한 의료기관에서 자신의 건강 정보를 쉽게 접근하고 공유할 수 있으며, 맞춤형 의료 서비스를 받을 수 있다. 한국에서는 정부 주도로 이 사업이 추진되고 있으며, 주요 병원들이 전자의무기록EMR 시스템을 도입하고 있다. 서울아산병원은 EMR 시스템을 통해 환자의 진료 기록, 검사 결과 등을 디지털화하여 의료진이 환자의 의료 정보를 실시간으로 공유하고 활용할 수 있도록 하고 있다.

디지털 헬스케어는 단순히 진단이나 치료에 국한되지 않고, 예방에서 사후관리까지 모든 의료 가치사슬에 걸쳐 적용되고 있다. 웨어러블 기기와 PHR(개인건강기록) 플랫폼을 통해 개인의 건강 상태를 모니터링하고, 이를 바탕으로 맞춤형 건강관리가 이루어지고 있다. 삼성 헬스는 디바이스를 활용하여 사용자의 운동, 수면, 심박수 등을 모니터링하여 개인 맞춤형 건강관리 솔루션을 제공하고, 이를 통해 사용자는 자신의 건강 상태를 실시간으로 확인하고 관리할 수 있다.

그러나 이러한 의료 마이데이터는 환자 중심의 맞춤형 의료 서비스를 가능하게 하지만, 데이터 접근성과 프라이버시 문제는 여전히 중요한 과제로 남아 있다. 의료 데이터는 매우 민감한 정보를 포함하고 있으며, 이를 안전하게 보호하는 것이 필수적이다. 또한, 의료 기관마다 사용하는 EMR 시스템이 다르기 때문에 시스템 간의 호

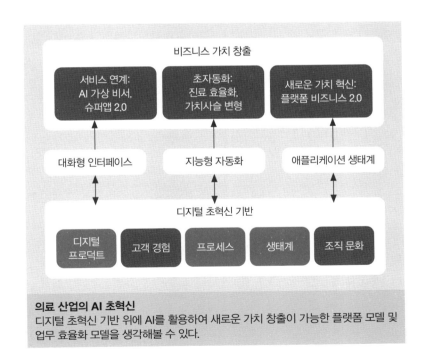

의료 산업의 AI 초혁신
디지털 초혁신 기반 위에 AI를 활용하여 새로운 가치 창출이 가능한 플랫폼 모델 및 업무 효율화 모델을 생각해볼 수 있다.

환성 문제가 발생한다. 이는 환자가 여러 의료기관을 방문할 때, 의료 데이터의 통합과 공유가 어려워지는 원인으로 작용한다. 지방 병원에서 대형 병원으로 환자가 전원될 경우, 두 병원 간의 EMR 시스템이 호환되지 않아 환자의 의료 기록을 새로 입력해야 하는 비효율이 발생할 수 있다.

이러한 문제들 속에서도 생성형 AI는 의료 산업의 여러 문제를 해결하고, 혁신적인 의료 서비스를 제공할 수 있는 강력한 도구로 주목받고 있다. 진단 과정에서 생성형 AI는 대화형 인터페이스와 지능형 자동화를 통해 의료진과 환자 모두에게 큰 혜택을 제공할 수 있다. AI 기반 진단 도구는 방대한 의료 데이터를 분석하여 질병을 조기에 발견하고, 진단 정확도를 크게 향상시킬 수 있다.

AI 지능형 자동화 영역 중 특히 1차 병원에서 가장 실무적으로 요구되는 영역은 환자와 의사 간 진료의 효율성, 효과성을 높이기 위해 의사와 환자 간 대화를 STT로 변환하여 이를 정리, 요약해서 의사가 볼 수 있는 내용으로 전달하는 것이다. 이를 통해 의사는 환자와의 상담 내용을 기록하는 행정적인 일보다 본질적인 업무에 집중할 수 있게 된다. IBM 왓슨 헬스Watson Health는 AI를 활용하여 의료 데이터를 분석하고, 의사들에게 진단 및 치료에 필요한 중요한 정보를 제공한다. 왓슨은 방대한 의료 기록과 연구 데이터를 실시간으로 분석하여, 의사들이 최적의 진단을 내릴 수 있도록 돕는다.

AI는 또한 개인의 건강 데이터를 분석하여 질병 예방에 중요한 역할을 할 수 있다. AI 기반 건강관리 플랫폼은 웨어러블 기기에서 수집된 데이터를 실시간으로 분석하고, 건강 위험을 사전에 경고하며, 개인 맞춤형 건강관리 솔루션을 제공한다. 프리놈Freenome은 AI를 활용하여 혈액 검사를 통해 암을 조기에 발견하는 솔루션을 개발하고 있다. AI 알고리즘은 혈액 내 바이오마커Biomarker를 분석하여 암의 징후를 찾아내고, 이를 통해 암을 예방하고 조기에 치료할 수 있다.

치료 과정에서도 AI는 중요한 역할을 할 수 있다. AI는 환자의 유전체 데이터를 분석하여 맞춤형 치료 계획을 세우고, 치료 효과를 극대화할 방안을 제시할 수 있다. 템퍼스Tempus는 AI를 활용하여 암 환자의 유전체 데이터를 분석하고, 맞춤형 치료 계획을 제안한다. AI는 환자의 유전적 특성과 병력을 고려하여 최적의 치료 방법을 추천한다.

사후관리에서는 AI가 환자의 치료 후 상태를 지속적으로 모니터링하고, 합병증 예방과 재발 방지를 위한 개인 맞춤형 관리 계획을 제공한다. 아이독Aidoc은 AI를 활용하여 의료 이미지를 실시간으로 분석하고, 의사들이 치료 후 환자의 상태를 모니터링할 수 있도록 지원한다. AI는 치료 후 발생할 수 있는 합병증을 조기에 발견하고, 이를 예방하기 위한 조치를 제안한다.

생성형 AI의 도입은 의료 산업의 플랫폼 비즈니스 모델에도 획기적인 변화를 일으킬 것이다. AI 생태계를 통해 확장된 의료 플랫폼은 다양한 의료기관의 서비스를 통합하여 환자에게 보다 포괄적인 종합 의료 서비스를 제공할 수 있다. 기존의 의료 플랫폼들이 개별적인 서비스 제공에 머물렀다면, AI 기반의 통합 플랫폼은 유전체 데이터, 진단 정보, 치료 기록 등을 하나의 플랫폼에서 관리하여 최적의 의료 서비스를 제공할 수 있게 된다.

바빌론 헬스Babylon Health는 AI 기반의 의료 플랫폼으로, 진단에서 치료, 그리고 사후관리까지 모든 단계를 하나의 플랫폼에서 제공하는 모델을 구축했다. 환자는 AI를 통해 자신의 건강 상태를 실시간으로 모니터링하고, 필요한 의료 서비스를 즉시 받을 수 있다. 이는 환자 중심의 맞춤형 의료 서비스를 실현하는 데 큰 기여를 하며, 의료 서비스의 접근성과 효율성을 대폭 향상시킨다.

이러한 AI 기반 플랫폼 비즈니스 2.0 모델은 단순히 진단과 치료를 넘어, 예방 의료와 건강 유지까지 포함하는 종합적인 건강관리 시스템으로 확장될 수 있다. 예를 들어, AI는 환자의 생활 습관 데이터를 분석하여 맞춤형 건강관리 계획을 제안할 수 있으며, 이를 통해 환자가 질병에 걸리기 전에 예방 조치를 취하도록 돕는다. 또한, AI는 지속적으로 환자의 데이터를 분석하여 질병의 조기 징후를 감지하고, 필요 시 신속하게 의료 서비스를 연결해줄 수 있다. 이는 환자와 의료기관 간의 상호작용을 더욱 긴밀하게 만들어, 의료 서비스의 질을 한층 더 높일 수 있다.

의료 부문은 2015년 IBM '왓슨 헬스'의 등장으로 AI의 활약이 기대되는 대표적인 산업으로 자리 잡았다. 비록 왓슨 헬스의 성능이 초기 기대에 미치지 못했지만, AI를 활용한 진단과 처방은 여전히 많은 스타트업이 도전하는 분야로 남아 있다. 현재 '의료'보다는 가벼운 '헬스케어' 키워드를 중심으로 한 다양한 서비스가 주목받고 있다. 슬립테크 스타트업 에이슬립Asleep은 수면 중 발생하는 소리를 스마트폰으로 녹음하고 AI로 분석하여 수면 상태를 측정하는

'비접촉식 수면 검사법'을 개발하여 주목받고 있으며, 한국신체정보는 3차원 체형 분석기를 통해 골반 틀어짐이나 거북목 등의 체형 문제를 진단하고, 운동 솔루션을 제공하는 서비스를 선보였다.

더 나아가, 생성형 AI는 의료 플랫폼에서 다양한 외부 서비스와의 연계를 통해 새로운 비즈니스 기회를 창출할 수 있다. 예를 들어, AI는 환자의 건강 데이터를 바탕으로 제약사와 협력하여 맞춤형 치료제를 추천하거나, 건강 보험사와 협력하여 개인의 건강 상태에 맞는 보험 상품을 자동으로 제안할 수 있다. 이렇게 다양한 외부 파트너들과의 협력을 통해 의료 플랫폼은 단일 의료 서비스 제공을 넘어, 다양한 산업과의 융합을 통해 새로운 가치를 창출할 수 있게 된다.

또한, 생성형 AI는 의료 플랫폼의 글로벌 확장을 가능하게 하는 중요한 도구로 작용할 수 있다. 언어 장벽을 초월한 AI 기반 진단 및 치료 시스템을 통해 세계 어느 곳에서도 동일한 수준의 의료 서비스를 제공할 수 있다. 이는 의료 접근성이 낮은 지역이나 개발도상국에서도 양질의 의료 서비스를 제공하는 데 기여할 것이다.

또한, 생성형 AI 생태계를 통해 초개인 맞춤형 의료 서비스가 가능해진다. AI는 환자의 모든 의료 데이터를 분석하여 개개인의 건강 상태와 유전적 특성에 맞춘 맞춤형 의료 서비스를 제공할 수 있다. 헬릭스Helix는 개인 유전자 분석을 통해 질병의 발병 위험을 평가하고, 예방적 건강관리 계획을 제공한다. AI는 유전자 데이터를 분석하여 개인 맞춤형 건강 보고서를 생성하고, 초개인 맞춤형 의료 서비스를 제공한다. 이러한 서비스는 환자의 건강관리에 있어 매우 중요한 역할을 하며, 환자와 의료진 간의 의사소통을 강화하고, 의료 서비스의 질을 향상시킬 것이다.

생성형 AI 생태계는 B2B 형태의 서비스로도 확장될 수 있다. 예를 들어, 기업 내부의 인트라넷과 연동된 AI 기반 의료 서비스는 직원들에게 특별한 건강관리 혜택을 제공할 수 있다. 한 대기업은 AI 기반의 건강관리 플랫폼을 통해 직원들에게 맞춤형 건강관리 프로그램을 제공한다. 특정 직군에 맞춘 건강관리 서비스와 예방적 건강관리를 제공하여 직원들의 건강을 유지하고, 생산성을 높일 수 있다. 이는 기업의 복지 정책과 연계되어 직원들의 만족도를 높이고, 기업의 이미지 제고에도 기여할 수 있다.

의료 산업에서 생성형 AI의 도입은 진단, 예방, 치료, 사후관리 등 모든 의료 가치사슬에서 혁신적인 변화를 가져오고 있다. 그러나 이러한 혁신의 과정에서 법적·규제적 제약과 함께 데이터 관리와 활용에 대한 여러 문제점이 나타나고 있다.

생성형 AI는 이러한 문제를 해결하고, 의료 산업의 디지털 혁신을 가속화할 수 있는 강력한 도구이다. 대화형 인터페이스와 지능형 자동화를 통해 의료 서비스를 개인화하고, 플랫폼 비즈니스 2.0 모델을 통해 더욱 포괄적이고 일관된 의료 서비스를 제공할 수 있을 것이다. 이를 통해 의료 산업은 더욱 정밀하고 개인화된 방향으로 발전할 것이며, 환자 중심의 맞춤형 의료 서비스가 실현될 것이다.

궁극적으로, 생성형 AI의 도입은 의료 산업을 넘어 유통, 교육, 제조 등 다양한 산업에 걸쳐 중요한 변화를 이끌어낼 가능성이 크다. 각 산업에서 AI는 서비스의 개인화, 효율성 극대화, 운영 비용 절감 등을 가능하게 하며, 이는 산업 전반의 경쟁력을 향상시키는 데 기여할 것이다. 그러나 이러한 변화를 성공적으로 이끌어내기 위해서는 데이터 프라이버시와 보안 문제, 규제와 법적 제약, 기술 인프라의 부족 등 다양한 도전에 대처할 수 있는 종합적인 전략이 필요하다.

교육 산업

교육 산업은 오늘날 디지털 혁신의 물결을 타고 급격한 변화를 겪고 있다. 디지털 학습 플랫폼, 인공지능 기반 교육 도구, 빅데이터 분석을 통한 맞춤형 학습 등 최신 기술들이 교육의 본질을 재정의하고 있다. 교육 산업에서 일어나는 이 혁신은 단순히 학습의 편리성을 높이는 데 그치지 않고, 교육의 접근성을 획기적으로 개선하며, 개인화된 학습 경험을 제공하는 방향으로 나아가고 있다.

특히 수학 교육 분야에서 AI의 역할은 매우 두드러지게 나타나고 있다. 한국의 스타트업 콴다QANDA는 AI를 활용한 수학 문제 풀이 앱으로, 학생들에게 개인화된 학습 환경을 제공하며 큰 성공을 거두고 있다. 콴다는 학생들이 모르는 수학 문제를 카메라로 찍으면 5초이내에 문제 풀이와 관련 유형, 개념 영상 등을 제공하는 맞춤형 교육 콘텐츠를 제공한다. 이 앱은 수식을 이미지에서 읽어내고, 방대한 데이터베이스에서 그에 대한 풀이를 찾아내는 방식으로 작동하며, 주로 수학 과목의 문제 풀이에 초점을 맞추고 있다. 이는 초중고 학생들뿐만 아니라 대학 수준의 문제까지도 다루며, 전 세계적으로 7,000만 명 이상의 누적 가입자를 확보한 상황이다.

콴다가 이처럼 빠르게 성장한 이유는 단순히 문제를 푸는 데 그치지 않고, 학생의 수준을 정확히 파악하여 적절한 힌트와 넛지를 제공함으로써 학생들이 스스로 생각하고 실력을 향상시킬 수 있도록 돕기 때문이다. 구글 같은 일반 검색엔진은 수식을 인식하지 못하는 한계가 있다. 하지만 콴다는 광학문자인식OCR, Optical Character Recognition 기술을 도입하여 4년간 1,200만 개 이상의 수학 문제 풀이 DB를 구축하였으며, 이를 기반으로 정확하고 신속한 답변을 제공하고 있다. 이처럼 콴다는 AI와 데이터베이스를 결합하여 교육의 사각지대를 해소하고 있으며, 특히 동남아시아에서 '국민 교육 앱'으로 자리 잡았다.

동남아시아의 여러 국가 중 특히 베트남에서 콴다는 '수포자(수학 포기자)의 구세주'로 불리고 있다. 베트남에서 콴다는 월간 활성 사용자 수MAU 470만 명을 기록하며, 2019년 구글 플레이 교육 부문에서 1위를 차지하였다. 베트남 교육 시장은 매우 빠르게 성장하고 있지만, 교육 인프라 부족과 교육 격차로 인해 많은 학생이 어려움을 겪고 있다. 이러한 상황에서 콴다는 개인화된 학습 경험을 제공하여 현지 학생들의 요구를 충족시키고 있다. 특히 베트남 현지 명문대 출신 선생님들이 학생들이 업로드한 문제에 몇 분 내로 답변을 제공하는 방식은 현지화 전략의 성공적인 사례로 평가받고 있다.

콴다의 성공 비결은 단순히 수학 문제 풀이에 그치지 않는다. 베트남 사회의 교육 격차를 해소하고, 교육의 사각지대에 있는 학생들에게도 학습 기회를 제공함으로써 사회적 책임을 다하는 데 중점을 두고 있다. 콴다는 베트남 소수민족인 므엉족을 위한 교육 환경 개

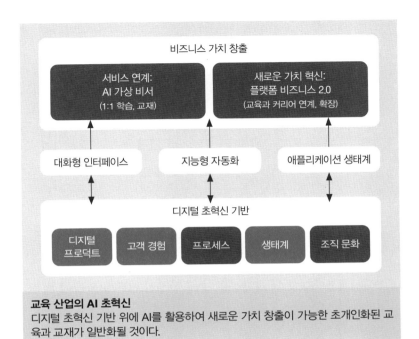

교육 산업의 AI 초혁신
디지털 초혁신 기반 위에 AI를 활용하여 새로운 가치 창출이 가능한 초개인화된 교육과 교재가 일반화될 것이다.

선 프로젝트를 진행하며, 교육 인프라가 부족한 지역에 스마트폰과 학습 도서를 기증하고, 디지털 교육 환경을 조성하기 위해 노력하고 있다. 이와 같은 사회적 기여는 단순한 비즈니스 성과를 넘어, 교육의 질적 향상을 목표로 하는 콴다의 철학을 잘 보여준다.

AI는 교육 산업에서 강력한 혁신 동력으로 자리 잡고 있다. AI 기반의 대화형 인터페이스는 학생과 교사 간의 상호작용을 강화하며, 교육의 접근성을 높이고 있다. 듀오링고Duolingo는 AI를 활용하여 사용자의 학습 패턴을 분석하고, 맞춤형 언어 학습 경험을 제공한다. 이는 학생들이 자신의 학습 속도에 맞춰 학습할 수 있도록 돕는 한편, 학습 효과를 극대화한다. 또 다른 예로 뤼이드Riiid는 AI를 활용한 맞춤형 학습 플랫폼을 제공하여, 학생들의 학습 데이터를 분석하고, 각 개인의 학습 능력에 맞춘 최적의 학습 경로를 제시하고 있다.

지능형 자동화는 교육과정의 효율성을 높이는 데 중요한 역할을 하고 있다. AI는 시험과 과제를 자동으로 채점하고, 학생들에게 즉각적인 피드백을 제공할 수 있다. 이는 교사의 업무 부담을 줄이고, 학생들이 더 빠르게 학습 성과를 확인하고 개선할 수 있도록 돕는다. 그레이드스코프Gradescope는 AI를 활용해 시험 답안을 자동으로 채점하고, 교사들에게 채점 결과를 제공하는 솔루션을 구현하고 있다. 이는 채점의 속도와 정확성을 크게 향상시키며, 교사들이 더 효과적으로 학생들을 지도할 수 있게 한다.

생성형 AI 생태계를 통해 확장된 교육 플랫폼은 학생들에게 더욱 포괄적이고 개인화된 학습 경험을 제공할 수 있는 광범위한 가능성을 열어준다. AI 기반의 교육 플랫폼은 단순히 다양한 학습 콘텐츠를 통합하는 데 그치지 않고, 학생들의 학습 스타일, 관심사, 학습 속도 등을 분석하여 맞춤형 교육을 제공할 수 있다. 이러한 플랫폼은 학생들에게 최적의 학습 환경을 제공하고, 학습 효율성을 극대화할 수 있는 도구로 자리 잡을 것이다.

코세라Coursera나 에드엑스edX와 같은 온라인 교육 플랫폼은 이미 AI를 활용해 학생들의 학습 데이터를 분석하고, 맞춤형 강의를 추천하며, 학습 진도를 체계적으로 관리할 수 있도록 지원하고 있다. 이러한 접근은 학생들이 자신에게 가장 적합한 학습 경로를 선택하고, 필요한 경우 즉시 피드백을 받을 수 있도록 하여 학습 경험을 크게 향상시킨다.

그러나 플랫폼 비즈니스 2.0의 개념을 도입하면, 이러한 교육 플랫폼이 더욱 확장될 가능성이 커진다. 생성형 AI를 통해 교육 플랫폼은 단순한 콘텐츠 제공을 넘어, 다양한 외부 교육 리소스와 서비스를 통합하여 학생들에게 전방위적인 교육 경험을 제공할 수 있다. 이는 단순한 강의 추천을 넘어, 학생들의 개별 학습 목표에 맞춘 멘토링, 실습 기회 제공, 또는 맞춤형 커리어 개발 프로그램을 연계하는 등의 기능을 포함할 수 있다.

또한, 생성형 AI는 교육 플랫폼이 학생들의 학습 경험을 실시간으로 분석하고 개선할 수 있게 한다. AI는 학생들이 특정 주제에서 어려움을 겪고 있는지를 실시간으로 파악하고, 이에 따라 추가 학습 자료를 제공하거나 학습 방법을 조정할 수 있다. 이는 교육의 개인화를 한 단계 더 진화시키며, 학생들이 자신만의 학습 여정을 효과적으로 설계할 수 있도록 돕는다.

플랫폼 비즈니스 2.0에서는 AI를 통해 교육과 관련된 다양한 서비스들이 통합됨에 따라, 학생들은 단일 플랫폼 내에서 모든 학습과 관련된 필요를 충족할 수 있게 된다. 예를 들어, AI는 학생이 학습한 내용을 바탕으로 관련 자격증 과정이나 인턴십 기회를 추천할 수 있으며, 이를 통해 교육과 실제 직무 경험이 자연스럽게 연결될 수 있다. 이러한 접근은 학생들에게 더 나은 학습 결과를 제공할 뿐만 아니라, 교육기관과 산업계 간의 연계를 강화하여 더 나은 인재양성에 기여할 것이다.

특히, 변형된 크로스 플랫폼 전략을 활용하여 학생들이 다양한 학습 리소스와 서비스를 통합적으로 활용할 수 있도록 하는 것이 중요하다. AI는 기존의 교육 플랫폼에서 생성된 데이터를 바탕으로 학생들의 학습 경로를 최적화할 수 있을 뿐만 아니라, 외부의 교육 자원과 연계하여 더욱 풍부한 학습 경험을 제공할 수 있다. 콴다와 같은 수학 교육 플랫폼은 AI 기반의 문제 풀이와 더불어, 다른 학습 플랫폼과의 협업을 통해 과학, 언어, 역사 등 다양한 과목에서 맞춤형 학습 솔루션을 제공할 수 있다. 이러한 크로스 플랫폼 전략은 학생들이 단일 학습 플랫폼을 넘어, 다양한 학습 자원을 통합적으로 활용할 수 있게 함으로써 교육의 효과를 극대화하고, 더 나은 학습 결과를 도출할 수 있도록 돕는다.

또한, 생성형 AI는 교육 플랫폼이 글로벌 교육 생태계와 연결될 수 있는 가능성도 제공한다. 전 세계의 다양한 교육 콘텐츠, 강사, 학생들이 하나의 플랫폼에서 연결될 수 있으며, AI는 이를 통해 글로벌 학습 커뮤니티를 조성하고, 문화적 차이를 초월한 학습 경험을 제공할 수 있다. 이는 학생들이 다양한 관점과 접근 방식을 배우고, 글로벌 리더로 성장할 기회를 확대할 것이다.

이처럼 AI는 교육 산업에서 단순한 도구를 넘어, 교육의 일원으로 자리 잡고 있다. AI는 학생들의 학습 경험을 개인화하고, 교육의 질을 높이며, 나아가 교육의 접근성을 확대하는 데 기여하고 있다.

유통 산업

유통 산업은 오늘날 디지털 혁신의 중심에서 빠르게 변화하고 있다. 이커머스의 확산, 옴니채널 전략의 도입, 그리고 인공지능과 빅데이터의 활용은 유통 산업을 근본적으로 재편하고 있다. 이러한 변화는 단순히 판매 방식의 변화에 그치지 않고, 고객 경험의 개선과 공급망 효율성의 극대화를 목표로 하고 있다. AI는 유통 산업의 판도를 크게 뒤흔들며, 새로운 비즈니스 모델과 고객 경험을 창출하고 있다.

먼저, AI는 고객 경험을 개인화하고 개선하는 데 중요한 역할을 하고 있다. AI 기반의 추천 시스템은 고객의 구매 패턴과 선호도를 분석해 맞춤형 상품을 추천한다. 이는 고객이 필요로 하는 상품을 더 쉽게 찾을 수 있게 하며, 구매 전환율을 높이는 데 기여한다. 아마존은 AI를 활용하여 고객의 구매 이력을 분석하고, 개인 맞춤형 상품 추천 서비스를 제공한다. 아마존의 추천 알고리즘은 고객이 관심을 가질 만한 상품을 예측해 제안함으로써 고객의 쇼핑 경험을 개선하고 있다. 이로 인해 아마존은 고객의 재방문율을 높이고, 매출을 극대화할 수 있었다.

또한, 넷플릭스의 추천 엔진은 고객의 시청 이력을 분석해 맞춤형 콘텐츠를 제안하는데, 이를 통해 사용자 경험을 최적화하고 있다. 이처럼 AI는 고객의 데이터를 기반으로 맞춤형 경험을 제공함으로써 유통 산업 전반에서의 개인화된 서비스 제공을 가능하게 하고 있다.

AI의 지능형 자동화는 유통 산업에서 운영 효율성을 극대화하는 데 있어 핵심적인 도구로 자리 잡고 있다. AI는 물류와 공급망 관리 전반에 걸쳐 혁신적인 변화를 이끌어내며, 비용 절감과 시간 단축을 실현하고 있다. 월마트는 AI를 활용해 물류 센터에서 재고 관리의 자동화를 구현하고, 공급망의 모든 단계에서 실시간 데이터 분석을 통해 효율성을 극대화하고 있다. 이와 함께 월마트는 드론과 자율주행 차량을 도입하여 상품을 더 빠르고 효율적으로 배송함으로써 고객에게 더욱 향상된 서비스를 제공하고 있다.

국내 유통 업계에서도 이러한 AI 기반 자동화의 도입이 활발히 이루어지고 있다. 이마트는 AI 기술을 활용해 매장 내 재고 관리를 혁신하고 있다. 이마트의 AI 시스템은 매장 내 제품의 판매 데이터를 분석해 재고 수준을 실시간으로 조정하며, 수요 예측을 통해 적절한 시점에 제품을 주문할 수 있도록 지원한다. 이를 통해 불필요한 재고를 줄이고, 품절 사태를 방지해 매출을 극대화하고 있다. 또한, 이마트는 스마트 물류 시스템을 도입해 물류 센터에서의 작업 효율성을 크게 향상시키고 있으며, 이를 통해 배송 시간을 단축하고 고객 만족도를 높이고 있다.

롯데마트 역시 AI를 활용한 물류 혁신에 적극 나서고 있다. 롯데마트는 AI 기반의 수요 예측 시스템을 통해 소비자들의 구매 패턴을 분석하고, 이를 토대로 물류 및 재고 관리를 최적화하고 있다. 특히, 롯데마트는 자사 물류 센터에 AI 로봇을 도입해 제품의 입·출고 작업을 자동화하고, 이를 통해 인력 비용을 절감하면서도 작업 효율성을 높이고 있다. 롯데마트의 AI 시스템은 또한 최적의 배송 경로를 계산해 배송 시간을 단축하고, 이를 통해 고객에게 더욱 신속하고 정확한 서비스를 제공하고 있다.

마이크로소프트의 클라우드 기반 AI 솔루션은 소매업체들이 재고 관리와 수요 예측을 최적화하는 데 도움을 주고 있다. AI는 판매 데이터를 분석하여 미래의 수요를 예측하고, 이를 바탕으로 최적의 재고 수준을 유지할 수 있게 한다. 이를 통해 재고 부족이나 과잉을 방지하고, 운영 효율성을 극대화할 수 있다. AI를 통한 지능형 자동화는 공급망의 전반적인 성능을 향상시키고, 고객에게 신속하고 정확한 서비스를 제공할 수 있는 기반을 마련한다.

생성형 AI 생태계를 통해 확장된 유통 플랫폼은 다양한 채널을 통합하여 고객에게 보다 일관되고 포괄적인 쇼핑 경험을 제공할 수 있는 무한한 가능성을 열어준다. AI 기반의 옴니채널 전략은 온라인과 오프라인 쇼핑 경험을 완벽하게 통합하여, 고객이 어디서나 손쉽게 원하는 상품을 찾아 구매할 수 있게 한다. 이 과정에서 생성형 AI는 고객의 선호도, 구매 패턴, 위치 정보 등을 실시간으로 분석하여 개인화된 추천을 제공하고, 이를 통해 유통 기업은 고객과의 접점을 대폭 확장할 수 있다.

고객이 온라인에서 상품을 검색하거나 장바구니에 담은 상품을 오프라인 매장에서 바로 확인하고 구매할 수 있는 경험을 제공함으로써 쇼핑의 편리함을 극대화할 수 있다. 또한, AI는 고객의 이전 구매 이력과 실시간 데이터를 바탕으로 맞춤형 프로모션이나 할인 혜택을 제안할 수 있으며, 이러한 개인화된 서비스는 고객의 충성도를 높이고 만족도를 증대시킨다.

생성형 AI는 유통 플랫폼이 단순히 상품을 판매하는 것을 넘어, 고객의 전체적인 쇼핑 여정을 최적화하는 데 중요한 역할을 한다. 예를 들어, AI는 고객이 원하는 상품이 특정 매장에 재고가 없을 경우, 가까운 다른 매장에서 해당 상품을 예약하거나 온라인으로 배송받을 수 있는 옵션을 즉시 제공할 수 있다. 이는 고객에게 더욱 편리하고 일관된 쇼핑 경험을 제공하며, 유통 기업에게는 재고 관리의 효율성을 높이는 동시에 판매 기회를 극대화할 수 있는 도구가 된다.

더 나아가, 생성형 AI는 유통 플랫폼이 글로벌 고객을 대상으로 하는 맞춤형 서비스를 확장할 수 있는 가능성도 제공한다. AI는 다국어 지원, 지역별 선호도 분석, 글로벌 물류 네트워크 최적화 등을 통해 유통 기업이 전 세계 고객에게 일관된 브랜드 경험을 제공하도록 지원할 수 있다. 이는 유통 기업이 새로운 시장에 진입하고, 다양한 문화적 배경을 가진 고객층을 효과적으로 공략할 기회를 준다.

스타벅스는 AI와 빅데이터를 활용해 매장 운영을 최적화하고, 고객 맞춤형 서비스를 제공하는 데 성공한 대표적인 사례이다. 스타벅스는 AI를 활용해 고객의 주문 이력을 분석하고, 개인화된 음료 추천을 제공함으로써 고객 만족도를 높이고 있다. 또한, AI 기반의 로열티 프로그램은 고객의 재방문을 유도하고, 브랜드 충성도를 강화하는 데 기여하고 있다.

이러한 변화를 성공적으로 이끌어내기 위해서는 유통 기업들이 AI와 빅데이터를 전략적으로 활용하고, 이를 기반으로 고객 중심의 혁신을 지속적으로 추진해야 한다. AI는 단순한 기술적 도구를 넘어 유통 산업 전반에 걸쳐 혁신을 촉진하는 핵심 동력으로 자리 잡고 있으며, 앞으로의 유통 산업에서 그 중요성은 더욱 커질 것으로 예상된다.

제조 산업

제조 산업은 오늘날 디지털 혁신의 중심에서 급격한 변화를 겪고 있다. 스마트 팩토리의 도입, 인공지능, 빅데이터, 사물인터넷 등 최신 기술의 활용은 제조업의 본질을 근본적으로 재편하고 있다. 이 과정에서 제조업은 단순히 제품을 생산하는 것에서 벗어나, 데이터 기반의 지능형 생산관리, 예측 유지보수, 맞춤형 제조 등으로 진화하고 있다.

먼저, AI는 스마트 팩토리의 핵심 기술로 자리 잡으며, 제조 공정의 자동화와 최적화를 가능하게 하고 있다. 스마트 팩토리는 IoT, AI, 빅데이터를 통해 공장 내 모든 기기와 시스템이 연결되고, 실시간 데이터를 기반으로 생산 공정을 관리한다. 이는 생산 효율성을 극대화하고, 불량률을 최소화하며, 제품의 품질을 향상시키는 데 큰 기여를 한다.

GE는 AI를 활용한 스마트 팩토리를 통해 제트 엔진 부품을 생산하는 과정에서 생산 효율성을 극대화하고 있다. GE는 IoT 센서를 통해 공장의 모든 기계에서 데이터를 수집하고, AI 알고리즘을 통해 이 데이터를 분석하여 생산 공정을 최적화하고 있다. 이를 통해 GE는 불량률을 크게 줄이고, 생산 속도를 높이는 동시에 운영 비용을 절감할 수 있었다.

또한, BMW는 AI를 활용한 스마트 팩토리를 도입하여 자동차 생산의 모든 단계를 자동화하고 있다. BMW는 로봇과 AI를 활용해 차체 조립, 페인팅, 검사 등 복잡한 작업을 자동으로 수행하며, 이를 통해 생산 효율성을 극대화하고 있다. AI는 생산 데이터를 실시간으로 분석하여 공정의 문제점을 빠르게 파악하고, 개선할 수 있도록 돕는다.

지능형 자동화는 제조업에서의 운영 효율성을 극대화하는 데 중요한 역할을 하고 있다. AI는 예측 유지보수를 통해 기계의 고장을 사전에 예측하고, 이를 기반으로 유지보수 일정을 조정할 수 있다. 이는 기계의 비가동 시간을 최소화하고, 생산 공정의 연속성을 유지하는 데 중요한 역할을 한다.

지멘스Siemens는 AI를 활용하여 산업용 기계의 예측 유지보수를 가능하게 하는 솔루션을 제공하고 있다. 지멘스의 AI 기반 시스템은 기계에서 수집된 데이터를 분석하여 고장을 사전에 예측하고, 필요한 유지보수 작업을 자동으로 계획한다. 이를 통해 생산 라인의 가동 중단을 최소화하고, 운영 효율성을 크게 향상시킬 수 있다.

또한, ABB는 AI를 활용하여 로봇의 작업 경로를 최적화하고, 생산 공정에서 발생할 수 있는 오류를 사전에 감지하는 시스템을 개발하고 있다. AI는 생산 공정의 모든 단계를 실시간으로 모니터링하고, 잠재적인 문제를 빠르게 해결함으로써 생산 효율성을 극대화한다.

AI는 또한 제조업에서 맞춤형 제조의 가능성을 열어준다. 고객의 요구에 따라 제품을 개인화하고, 소량생산을 효율적으로 수행할 수 있는 능력을 제공한다. 이는 전통적인 대량생산 방식과는 달리, 고객 개개인의 요구를 반영한 제품을 신속하게 생산할 방법을 제공한다.

나이키는 AI를 활용한 맞춤형 제조 플랫폼을 통해 고객이 직접 자신의 신발을 디자인하고, 이를 맞춤 제작할 수 있는 서비스를 제공하고 있다. 고객은 온라인 플랫폼에서 신발의 디자인, 색상, 소재 등을 선택할 수 있으며, AI는 이를 기반으로 최적의 생산 방법을 제안하고, 신속하게 생산을 시작한다. 이는 고객에게 개인화된 제품을 제공하는 동시에 제조 공정의 효율성을 유지하는 방법이다.

아디다스 역시 AI와 3D 프린팅 기술을 결합하여 고객 맞춤형 신발을 제작하는 서비스를 제공하고 있다. AI는 고객의 발 모양, 걸음걸이, 사용 목적 등을 분석하여 최적의 신발 디자인을 제안하고, 이를 신속하게 제작하여 고객에게 제공한다. 이처럼 AI는 제조업에서 대량 맞춤형 생산을 가능하게 하며, 고객의 요구에 더욱 민첩하게 대응할 방법을 제공한다.

AI는 생산 공정의 자동화와 최적화를 통해 운영 효율성을 극대화하고, 맞춤형 제조를 가능하게 하며, 나아가 제조 기업들이 새로운 비즈니스 모델을 창출할 수 있도록 돕는다. 특히, 제조업에서 다양한 기기와 시스템 간의 데이터 통합은 여전히 중요한 도전 과제이다. 제조 공정에서 생성되는 데이터는 방대하고 복잡하며, 이를 효과적으로 통합하고 분석하는 것은 쉽지 않은 일이다. 또한, 제조업에서 AI를 도입하기 위한 초기 투자 비용은 상당히 높기 때문에, 중소기업에게는 이러한 기술 도입이 큰 부담이 될 수 있다.

플랫폼 비즈니스 2.0은 또한 제조 업체와 공급망 파트너 간의 연결성을 강화하여 공급망 관리의 혁신을 이끌어낼 수 있다. AI와 IoT 기술을 활용한 이 플랫폼은 공급망의 모든 단계에서 발생하는 데이터를 실시간으로 통합하고 분석함으로써 최적의 자재 조달, 생산 계획, 물류 관리 등을 가능하게 한다. 이를 통해 공급망의 유연성을 높이고, 예기치 못한 상황에서도 빠르게 대응할 수 있는 능력을 갖추게 된다. 이러한 방식은 글로벌 공급망에서의 협업을 강화하고, 다양한 지역의 파트너들과 효과적으로 연계할 기회를 제공한다.

더 나아가, 플랫폼 비즈니스 2.0은 제조 업체가 제품 생산에만 머물지 않고, 새로운 서비스와 비즈니스 모델을 창출할 기회를 마련한다. 예를 들어, AI 기반 플랫폼을 통해 제조 업체는 예측 유지보수 서비스, 원격 모니터링 서비스, 사용 기반 과금 모델 등 새로운 수익 창출 방식을 도입할 수 있다. 이러한 서비스는 고객에게 추가적인 가치를 제공하면서도 제조 업체의 수익성을 높이고, 고객과의 장기적인 관계를 구축할 수 있는 기반을 구축한다.

플랫폼 비즈니스 2.0은 또한 생태계 중심의 협업을 촉진하고 혁신을 가속화하는 데 중요한 역할을 한다. 제조 업체는 플랫폼을 통해 기술 제공자, 부품 공급 업체, 물류 파트너 등과의 협력을 강화하여 혁신적인 제품 개발과 신속한 시장 진입을 실현할 수 있다. 이러한 플랫폼은 생태계 내 모든 참여자가 정보를 공유하고, 공동으로 문제를 해결할 수 있는 환경을 제공함으로써 지속적인 혁신과 성장을 가능하게 한다.

이러한 변화를 성공적으로 이끌어내기 위해서는 제조 기업들이 AI와 빅데이터를 전략적으로 활용하고, 이를 기반으로 제조 공정의 혁신을 지속적으로 추진해야 한다.

각 산업에서의 AI 초혁신이 기업과 고객 모두에게 가져다줄 수 있는 잠재적 이점을 확인했다. 하지만 이러한 혁신이 더 큰 사회적·

경제적 변화로 이어지려면 무엇이 필요할지 AI 초혁신 이후의 미래와 그 영향에 대해 보다 심도 깊고 지속적인 논의가 있어야 할 것이다.

AI 초혁신 그 이후의 미래

생성형 AI가 등장하면서 우리 사회는 빠르게 변하고 있습니다. 이 기술은 우리의 일상에 깊숙이 스며들며, 많은 사람들에게 새로운 기회를 제공하는 동시에 도전 과제를 안겨주고 있습니다. 특히 일자리와 관련된 변화는 많은 이들의 관심을 끌고 있습니다. 물론 AI의 영향은 단순히 일자리의 변화에만 그치지 않고, 다양한 사회적 변화를 초래하고 있습니다.

AI의 도입이 가져올 가장 큰 변화는 일자리의 재편입니다. 반복적이고 일상적인 업무를 수행하는 직업들이 AI에 의해 대체될 가능성이 큽니다. 제조업에서 로봇과 자동화 시스템은 이미 인간 노동자들을 대신해 생산 효율성을 극대화하고 있습니다. 콜센터 직원이나 데이터 입력 사무원 같은 직무도 AI가 더 빠르고 정확하게 처리할 수 있게 되면서, 이러한 일자리가 점차 사라질 것이라는 예측이 현실화되고 있습니다. 이러한 변화는 생산성을 높이는 데 기여하지만, 동시에 많은 사람이 실업의 위험에 직면하게 됩니다.

하지만 AI가 단순히 일자리를 없애는 데 그치지 않는다는 점이 중요합니다. 사실, AI는 새로운 일자리와 기회를 창출하는 데도 중요한 역할을 합니다. AI 시스템을 설계하고 유지보수하는 전문가, 데이터 과학자, AI 윤리 전문가와 같은 새로운 직업들이 이미 등장하고 있으며, 이들은 고도의 기술과 전문 지식을 요구합니다. 이러한 새로운 직업들은 더 나은 임금과 근로 조건을 제공할 뿐만 아니라, 노동자들이 더 창의적이고 의미 있는 작업에 집중할 수 있도록 합니다.

그뿐만 아니라 AI는 새로운 산업과 시장을 열어 경제 성장을 촉진할 수 있습니다. AI 기반의 헬스케어 솔루션, 스마트 시티, 자율주행 차량 등은 새로운 비즈니스 기회를 제공하며, 관련 분야에서 많은 일자리를 창출할 수 있습니다. 이처럼 AI는 기존의 일자리를 대체하는 동시에, 기술의 발전에 따라 새로운 일자리를 만들어내는 이중적인 역할을 합니다.

그러나 이 모든 변화가 순조롭게 이루어지기 위해서는 노동자들이 새로운 기술과 역량을 습득할 수 있도록 지속적인 교육과 재교육이 필요합니다. 정부와 기업이 협력하여 교육 프로그램을 제공하고, 노동자들이 AI 시대에 적응할 수 있도록 지원하는 것이 중요합니다. 이는 특히 AI에 의해 대체될 가능성이 큰 직업에 종사하는 노동자들에게 중요한 과제가 될 것입니다. 제조업 노동자들이 AI와 로봇공학에 대한 지식을 습득하고, 이를 활용해 더 높은 부가가치를 창출할 수 있는 업무로 전환할 수 있도록 돕는 것입니다.

이러한 일자리 변화와 함께 AI가 불러올 또 다른 중요한 문제는 프라이버시와 보안 문제입니다. 생성형 AI는 방대한 양의 데이터를 처리하고 분석하는 데 의존하며, 이는 개인정보와 관련된 프라이버시 문제를 야기할 수 있습니다. 예를 들어, AI가 개인의 건강 데이터를 분석하여 맞춤형 의료 서비스를 제공할 때, 이러한 데이터가 유출되거나 오용될 위험이 존재합니다. 또한, AI 시스템의 보안 문제도 중요한 고려사항입니다. 해커들이 AI 시스템을 공격하여 데이터를 탈취하거나 시스템을 오작동하게 만들 수 있습니다. 이러한 보안 문제는 AI의 신뢰성과 안정성을 저해할 수 있으며, 사회적 불안을 초래할 수 있습니다.

윤리적 문제와 편향성 또한 중요한 쟁점입니다. 생성형 AI는 개발 과정에서 사용된 데이터와 알고리즘에 따라 편향성을 가질 수 있습니다. 이는 AI가 잘못된 결정을 내리거나, 특정 그룹에게 불이익을 줄 수 있다는 것을 의미합니다. 예를 들어, 채용 AI가 특정 인종이나 성별에 대해 편향된 결정을 내리는 경우, 이는 공정성과 윤리성에 심각한 문제를 초래할 수 있습니다. AI 개발자들은 윤리적 원칙을 준수하고, 편향성을 최소화하기 위해 공정한 데이터 사용과 투명한 알고리즘 설계, 지속적인 모니터링과 평가를 통해 문제를 해결해나가야 합니다.

더 나아가, AI 기술의 발전은 사회적 불평등을 심화시킬 수 있습니다. 고도의 기술과 자본을 보유한 대기업들은 AI를 활용하여 더 큰 경제적 이익을 창출할 수 있지만, 중소기업이나 저소득층은 이러한 기술에 접근하기 어려울 수 있습니다. 이는 경제적 격차를 더욱 벌어지게 만들고, 사회적 불평등을 심화시킬 가능성이 있습니다. AI 기반의 자동화는 고용 불안을 초래하고, 일부 노동자들에게 불리한 영향을 미칠 수 있으며, 이는 사회적 불만과 갈등을 증폭시키고 사회적 안정성을 저해할 수 있습니다.

기업들에게도 AI의 도입은 큰 도전 과제를 안겨줍니다. AI 혁신을 준비하지 않는 기업들은 시장에서 뒤처질 위험이 있습니다. 경쟁사들이 AI를 활용해 고객 서비스, 생산 공정, 마케팅 등을 혁신하는 동안, AI 도입에 소극적인 기업들은 고객 만족도와 시장 점유율이 감소할 수 있습니다. 또한, AI 기반의 비용 절감과 효율성 향상의 기회를 놓치게 되어 재무적인 압박을 받을 수 있습니다. 반면, 자본과 인프라를 갖춘 대기업들은 AI 연구개발에 더 많은 투자를 할 수 있으며, 이를 통해 혁신적인 솔루션을 빠르게 도입할 수 있습니다. 이러한 대기업은 시장에서 더욱 강력한 지배력을 갖추게 되며, 중소기업은 이에 대항하기 어려운 상황에 놓일 수 있습니다. 이른바 '대마불사' 현상, 즉 대기업은 절대 망하지 않는다는 믿음은 AI 시대에 더욱 강화될 수 있습니다.

그러나 AI와 인간이 공존할 수 있는 긍정적인 시나리오도 충분히 존재합니다. AI는 애자일 팀에서 특정 기능을 담당해 인간의 업무를 보조할 수 있습니다. AI는 반복적이고 시간이 많이 걸리는 작업을 대신 처리해줌으로써 최소한의 인원으로도 애자일 팀을 운영할 수 있게 합니다. 또한, 초보적인 코딩 능력을 가진 사람들이 AI의 도움을 받아 더욱 정교한 코드를 작성할 수 있게 되는 것도 가능하게 합니다. 이는 인간의 역량을 증강시켜 주는 역할을 하며, 인간이 더욱 창의적이고 전략적인 업무에 집중할 수 있도록 합니다.

또한, 인간과 AI가 함께 작업하는 환경에서는 '사수-부사수'와 같은 관계가 형성될 수 있습니다. AI가 인간에게 학습을 도와주는 역할을 하거나, 인간이 AI의 학습 과정을 관리하는 '휴먼 인 더 루프' 방식으로 협력할 수 있습니다. 이러한 협력 모델은 인간과 AI가 서로의 장점을 활용하여 더 나은 결과를 도출할 수 있게 합니다. AI가 데이터를 분석해 잠재적인 문제를 발견하면, 인간은 이를 기반으로 창의적인 해결책을 제시하는 방식입니다.

생성형 AI는 우리 사회에 많은 긍정적인 변화를 가져오고 있지만, 동시에 일자리의 변화와 다른 부정적인 측면들도 함께 초래하고 있습니다. 일자리의 감소와 대체는 많은 노동자에게 도전 과제를 안겨줍니다. 새로운 일자리 창출과 재교육이 필요합니다. 또한, 프라이버시와 보안 문제, 윤리적 문제와 편향성, 그리고 사회적 불평등의 심화 등은 AI 기술의 발전에 따라 신중하게 다루어야 할 중요한 문제들입니다. 기업들은 AI 혁신을 준비하지 않을 경우 경쟁에서 뒤처질 위험이 있으며, 대기업의 시장 지배력 강화로 인해 중소기업은 어려움을 겪을 수 있습니다. 그러나 AI와 인간이 공존하는 새로운 형태의 협력 모델이 등장함으로써 우리는 AI 시대에도 인간의 가치를 잃지 않고 새로운 기회를 창출할 수 있을 것입니다. 정부, 기업, 학계, 그리고 시민 사회가 협력하여 AI의 긍정적인 잠재력을 최대한 활용하고, 부정적인 영향을 최소화하는 방안을 모색해야 합니다. 이는 우리 사회가 더욱 공정하고, 포용적이며, 지속 가능한 미래로 나아가는 데 중요한 역할을 할 것입니다.

생성형 AI가 각 산업에서 초혁신을 이끄는 모습과 그 이후의 미래를 살펴보았습니다. 이 기술의 잠재력은 엄청나지만, 그와 함께 도래할 도전 과제도 만만치 않습니다. 결국, AI 혁신의 성공 여부는 기술 자체뿐만 아니라, 이를 어떻게 활용하고 사회에 적용하느냐에 달려 있습니다. 우리는 이제 이 여정의 시작에 서 있으며, 미래를 만들어가는 것은 우리의 손에 달려 있습니다.

현재 생성형 AI는 그야말로 디지털 초혁신의 중심에 서 있습니다. AI는 이미 여러 산업에서 중요한 역할을 하고 있으며, 그 잠재력은 아직도 무궁무진합니다. 우리는 이 책에서 AI가 어떻게 산업과 사회 전반에 걸쳐 변화를 일으키고 있는지를 보았습니다. 하지만 중요한 것은, 이 변화가 이제 막 시작되었다는 것입니다. AI는 앞으로도 계속해서 발전할 것이며, 그 발전은 우리가 상상하는 것 이상으로 빠르고 광범위하게 이루어질 것입니다. AI가 발전함에 따라 우리는 그 가능성을 최대한 활용하기 위해 준비해야 합니다. AI가 제공하는 기회를 잡기 위해서는 기술적 이해뿐만 아니라, 그것을 활용할 수 있는 전략적 기반과 활용이 절대적입니다. 앞으로의 미래는 AI와 함께할 수 있는 준비된 자에게만 열릴 것은 자명한 사실입니다.

우리는 여기서 멈추지 말아야 합니다. AI 중심의 디지털 초혁신은 단기적인 트렌드가 아니라, 앞으로도 계속해서 우리 사회와 경제를 주도할 중요한 흐름입니다. 하지만 초혁신이 지속 가능하기 위해서는 몇 가지 중요한 조건이 충족되어야 합니다. 첫째, 기술적 혁신이 사회적 가치와 연결될 수 있어야 합니다. AI가 사회 전반에 긍정적인 영향을 미칠 수 있도록 우리는 그 기술을 윤리적으로 활용할 수 있는 방안을 마련해야 합니다. 기술의 발전이 가져올 수 있는 잠재적인 위험성을 인지하고, 그것을 최소화할 방법을 모색해야 합니다. 둘째, 전통적인 비즈니스 모델과의 결합이 필요합니다. AI가 제공하는 새로운 기회를 기존 비즈니스 모델과 결합하여, 더 나은 가치를 창출할 방법을 모색해야 합니다. 새로운 기술이 기존의 구조와 어떻게 조화롭게 통합될 수 있을지, 그리고 그 과정에서 발생할 수 있는 문제들을 어떻게 해결할 수 있을지를 깊이 있게 고민해야 합니다.

또한, 기업과 개인 모두가 미래를 준비하는 데 있어 중요한 것은 변화에 대한 열린 마음과 학습의 의지입니다. AI와 같은 혁신적인 기술은 그것을 받아들이고 활용할 수 있는 사람에게만 기회를 제공합니다. 과거의 방식에 얽매이지 않고, 새로운 기술을 수용하고 그에 맞는 새로운 전략을 수립하는 것이 중요합니다. 이 책을 통해 우리는 생성형 AI와 디지털 초혁신이 가져올 미래에 대해 깊이 있게 논의했습니다. 이제 중요한 것은, 우리가 그 미래를 어떻게 준비할 것인가 하는 점입니다. 기업과 개인 모두가 변화에 대비해야 하며, 그 변화를 두려워하기보다는 기회로 받아들여야 합니다.

미래는 누구도 예측할 수 없지만, 우리가 그 미래에 대비하는 방식은 우리의 성공을 결정짓는 중요한 요소가 될 것입니다. AI 중심의 디지털 초혁신은 앞으로의 세상에서 중요한 역할을 할 것이며, 우리는 그것을 최대한 활용할 준비를 해야 합니다. 성공적인 디지털 초혁신을 위해 필요한 것은 단순한 기술적 이해를 넘어 변화하는 환경 속에서 방향을 제시할 수 있는 리더십입니다. 리더십은 변화에 대한 두려움을 줄이고, 조직이 신속하게 새로운 기술을 수용하도록 돕습니다. 또한, 리더는 조직 내에서 창의성과 유연성을 촉진하여, 변화하는 환경에서 새로운 기회를 포착할 수 있는 능력을 키워야 합니다. 성공적인 AI 초혁신을 위해서는 변화를 주도할 수 있는 리더십이 필요합니다. 또한, 변화하는 환경에 신속하게 적응할 수 있는 유연성과 창의성도 필수적입니다. AI를 활용한 성공적인 혁신 사례들을 통해 우리는 변화를 받아들이는 것이 얼마나 중요한지 배웠습니다. 이제는 그 배움을 바탕으로 실질적인 행동을 취할 때입니다.

이 책의 여정을 마무리하며, 독자 여러분께 격려의 말을 전하고자 합니다.

생성형 AI와 디지털 혁신은 우리가 상상하지 못했던 새로운 기회를 제공할 것입니다. 이 기회를 어떻게 활용할지는 전적으로 우리에게 달려 있습니다. 변화를 두려워하지 말고, 그 변화를 기회로 삼아 혁신의 여정을 함께 걸어가기를 바랍니다. AI와 함께하는 미래는 무한한 가능성을 가지고 있습니다. 그 가능성을 현실로 만들어가는 길에 여러분이 함께하길 기대합니다.

마지막으로, 많은 이들이 AI의 발전이 일자리를 위협할 것이라는 우려를 표하고 있습니다. 그러나 우리는 이 책에서 AI가 단순히 일자리를 없애는 것이 아니라, 새로운 일자리와 기회를 창출할 수 있는 잠재력을 가지고 있음을 보았습니다. AI는 반복적이고 일상적인 업무를 자동화하여 인간이 더 창의적이고 전략적인 역할에 집중할 수 있도록 돕습니다. 새로운 기술이 도입될 때마다 일자리에 변화가 생기기 마련이지만, 그 변화는 새로운 기회를 가져다줍니다. AI는 우리가 기존의 일자리를 개선하고, 새로운 분야에서 더 나은 직업을 찾을 수 있는 도구가 될 것입니다. AI로 인한 변화는 불가피하지만, 그것은 우리에게 더 나은 미래를 위한 기회를 열어줄 것입니다.

AI는 새로운 일자리를 창출할 뿐만 아니라, 기존의 일자리를 개선하는 데 중요한 역할을 합니다. 의료 분야에서 AI는 의사들이 반복적이고 시간이 많이 걸리는 업무를 자동화하여, 환자에게 더 많은 시간을 할애할 수 있도록 돕고 있습니다. 동시에 새로운 데이터 분석가, AI 윤리 전문가, 그리고 AI와 인간의 협업을 최적화하는 코디네이터와 같은 새로운 직업들이 등장하고 있습니다. 이러한 변화는 단순한 기술적 진보를 넘어, 노동시장의 근본적인 변화를 이끌어내고 있습니다. 생성형 AI의 보급으로 전문가와 비전문가의 포지션 디바이드가 일어날 가능성이 있습니다. 전문가는 생성형 AI를 활용해서 전문성을 더 강화할 것이고, 비전문가들은 전문성을 키워 갈 기회를 박탈당할 수도 있습니다. 이러한 포지션 디바이드가 일어 나지 않도록 비전문가가 생성형 AI를 통해 전문성을 키우고 개인의 역량을 증강시키면서 다양한 업무 기회에 노출될 수 있도록 해야 할 것입니다. 또한, 더욱 중요한 것은 비전문가들이 전문성을 빠르게 키우기 위해 본인들의 업무에 대해 명확한 지식화를 하는 것입니다. 그러한 지식화된 데이터를 바탕으로 생성형 AI를 학습시킨 내용으 로 비전문가가 끊임없는 학습과 실험을 추진해야 합니다.

AI가 가져올 미래는 어둡지 않습니다. 오히려 그것은 우리가 상 상할 수 있는 가장 밝은 미래 중 하나일 수 있습니다. 우리는 AI를 통해 더 효율적이고, 더 창의적이며, 더 공정한 사회를 만들 수 있습 니다. 앞으로의 도전은 우리가 AI를 어떻게 활용할 것인가에 달려 있습니다. 우리가 AI를 올바르게 활용한다면, 그것은 인류의 발전에 큰 기여를 할 것이며, 우리 모두가 더 나은 미래를 향해 나아갈 수 있게 할 것입니다.

이 에필로그를 끝으로 8개월간의 긴 여정이 끝났습니다. 처음 글 을 쓰겠다고 마음먹은 순간부터 지금 이 마지막 글을 작성하기까 지 8개월이라는 시간이 흘렀습니다. 그간 많은 변화가 있었습니다. 사랑하는 아버지께서 7월 7일 오랜 암 투병 끝에 하늘나라로 가셨 습니다. 생전에 책을 보여드리고 싶은 마음에 아침, 저녁으로 시간을 쪼개어 글을 썼으나 자연의 일은 인간의 힘으로 어떻게 안 되는가 봅니다. 글을 마무리하는 지금 아들로서 살아생전에 보여드리지 못한 죄송함이 너무나 크게 느껴집니다. 15년간 디지털 혁신 분야에서 일해오며 가지고 있던 생생한 실무 경험, 실무자로 또 전략가로서 고민했던 생각들, 그리고 그것들이 축적되어 응집된 인사이트를 차근차근 풀어내려 노력했습니다.

세상의 모든 것은 본질에 대한 이해가 가장 중요합니다. 시중에 나와 있는 디지털, AI 관련 서적 중에 디지털과 혁신의 본질 관점에서 전략적 필요 요소와 이를 실행할 수 있도록 하는 전략과 실행을 연결하는 이야기를 다룬 책은 많지 않다고 자부합니다. 미래의 전략을 수립하거나 실행할 때 참고할 수 있는 깊이 있는 인사이트를 전달하고자 최선을 다했습니다. AI 초혁신 시대에는 디지털 본질에 대한 이해, 디지털 초혁신 기반의 재설계, AI 기술에 대한 전반적인 이해의 바탕 위에 AI의 활용에 대한 방향성 및 그로 인한 결과에 대한 긍정적 확신, 추진력을 갖춘 종합적인 이해와 통찰력이 있는 리더십이 진정으로 필요한 시점이라고 생각합니다.

8개월간 주말이고 밤이고 책을 쓴다고 가족과 많은 시간을 할애하지 못한 것이 미안할 따름입니다. 부족한 아빠가 글을 마무리할 수 있도록 끝까지 응원해준 아들 재규, 아빠의 긍정 에너지 딸 재희, 나의 사랑하는 아내이자 든든한 힘이 되어준 혜민, 그리고 아낌없이 응원해주신 장인·장모님, 그리고 하늘나라에 계신 아버지, 지금

심리적·육체적으로 많이 힘들어하고 계신 어머니께 이 글을 바칩니다. 부족한 글을 끝까지 읽어준 독자분께 고마운 마음을 전합니다.

부록

모바일 핵심 기술

웹앱, 하이브리드앱, 크로스 플랫폼, 네이티브앱: 앱 개발의 네 가지 길

앱을 개발하는 방법에는 여러 가지가 있다. 각각의 방법은 저마다 장점과 단점을 가지고 있다. 이 길을 선택하는 것은 개발자의 목표, 예산, 기술적 요구사항에 따라 달라지며, 궁극적으로는 사용자에게 어떤 경험을 제공할지에 대한 깊은 고민이 담긴 결정이다.

웹앱은 쉽게 접근할 수 있는 대중교통과 같다. HTML, CSS, 자바스크립트와 같은 웹 기술로 개발되며, 모바일 웹 브라우저에서 실행된다. 그러나 이 방식은 모바일 기기의 하드웨어나 소프트웨어에 직접적으로 접근할 수 없다. 즉, 간편하게 개발할 수 있지만, 사용자가 기대하는 깊이 있는 경험을 제공하기에는 한계가 있다.

하이브리드앱은 대중교통과 자가용 사이의 절충안처럼, 웹앱과 네이티브앱의 중간에 위치한다. HTML, CSS, 자바스크립트와 같은 웹 기술을 사용하지만, 네이티브앱처럼 특정 플랫폼에 최적화되어 있다. 이 방법은 두 세계의 장점을 결합하여 비교적 간편하게 다양한 기능을 구현할 수 있다.

크로스 플랫폼은 여행을 준비할 때 다양한 목적지를 하나의 경로로 연결하는 것과 같다. 리액트 네이티브React Native, 플러터Flutter 등의 프레임워크를 이용하여 한 가지 개발 언어로 여러 플랫폼에서 사용 가능한 앱을 개발할 수 있다. 이 방식은 비용과 시간을 절약할 수 있지만, 특정 플랫폼의 독특한 기능을 모두 활용하는 데는 부족할 수 있다.

네이티브앱은 각 플랫폼을 위해 개별적으로 개발된 고급스러운 전용차와 같다. iOS와 안드로이드 같은 플랫폼을 위해 스위프트 Swift, 자바Java, 코틀린Kotlin 등의 언어로 개발되며, 최고의 성능과 안정성을 제공한다. 이는 주로 성능이 중요한 애플리케이션에 사용되며, 초기에는 크로스 플랫폼이나 웹앱으로 시작한 스타트업들도 서비스가 고도화되면 네이티브앱으로 전환하는 경우가 많다.

앱 인증 방식: 디지털 세계의 열쇠들

디지털 세계에서 사용자를 인증하는 방법은 여러 가지가 있다. 이들 방식은 다양한 열쇠들처럼, 각각의 문을 여는 데 적합한 도구이다.

기본 인증 방식은 열쇠와 같다. 사용자가 애플리케이션에 접근하기 위해 고유한 사용자 ID와 비밀번호를 입력하는 방식이다. 이는 가장 널리 사용되지만, 비밀번호를 잊거나 유출될 위험이 있다.

OAuth2는 디지털 세상의 마스터키와 같다. 사용자가 자격 증명을 입력하지 않고도 다른 애플리케이션이나 서비스에 안전하게 접근할 수 있도록 해준다. 네이버, 카카오, 구글 로그인을 통한 인증이 여기에 해당하며, 보안성이 높고 사용자가 비밀번호를 일일이 입력할 필요가 없다.

SSOSingle Sign On는 일종의 만능열쇠다. 한 번의 로그인으로 여러 애플리케이션에 접근할 수 있어, 사용자의 편의성과 보안성을 동시에 높여준다. 생체 인식은 생물학적 신호를 읽어내는 열쇠다. 지문·얼굴 인식 등을 이용하여 사용자가 빠르고 편리하게 앱에 접근할 수 있게 한다. 스마트폰 잠금 해제, 모바일 뱅킹 앱 등에서 주로 활용되며, 보안성이 뛰어나다.

2단계 인증은 이중 잠금장치와 같다. 기본 비밀번호 외에 추가로 휴대폰에 전송된 SMS 코드나 구글 인증키Authenticator 등의 인증 앱에서 생성된 코드를 입력해야 한다. 이것은 특히 금융 서비스에서 중요한 역할을 한다. 토큰 기반 인증은 한 번 발급된 후 여러 번 사용할 수 있는 디지털 토큰과 같다. 서버에서 사용자 인증 후 JSON 형태의 토큰을 발급하며, 이후 요청에서 이 토큰을 통해 인증한다. 이는 RESTful API 서비스에서 주로 사용되며, 상태를 유지하지 않고도 인증이 가능하고 확장성이 좋다.

프레임워크: 건축의 설계도

프레임워크는 소프트웨어 개발의 설계도와 같다. 건축가가 설계를 통해 건물의 골격을 잡듯, 프레임워크는 애플리케이션의 뼈대를 제공해 개발자가 쉽게 기능을 추가하고 변경할 수 있게 도와준다. 코드 재사용은 건물의 설계도를 재활용하여 다른 건물에 적용하는 것과 같다. 프레임워크를 사용하면 코드의 일관성을 유지하면서 재사용할 수 있어 개발 시간을 단축할 수 있다.

디버깅과 모니터링은 건축 중에 발생하는 문제를 빠르게 해결하는 도구들이다. 프레임워크는 내장된 디버깅 및 모니터링 도구를 제공하여 개발자가 문제를 신속하게 해결할 수 있도록 돕는다. DB 연결은 프레임워크가 제공하는 간편한 배관 시스템이다. 데이터베이스와의 연결을 간소화하여 데이터 관리가 용이하게 해준다. 보안 강화는 건축물의 방화벽과 같은 역할을 한다. 프레임워크는 보안 기능을 제공하여 애플리케이션을 더욱 안전하게 만들 수 있다.

개발 생산성 향상은 표준화와 자동화를 통해 건축을 더 효율적으로 만드는 방법과 같다. 프레임워크는 개발 과정의 표준화와 자동화를 통해 생산성을 높여준다.

라이브러리: 개발자의 도구 상자

라이브러리는 미리 준비된 도구 상자와 같다. 특정 기능을 구현하는 데 필요한 코드가 이미 작성되어 있어, 개발자는 이 도구를 꺼내어 바로 사용할 수 있다. 코드 재사용은 반복적으로 사용할 수 있는 도구이다. 라이브러리를 사용하면 반복적인 코딩 작업을 줄이고 코드를 재사용할 수 있어 개발 효율성이 높아진다. 도구 상자에서 필요한 도구를 빠르게 꺼내 쓰는 것과 같다. 라이브러리를 사용하면 특정 기능을 빠르게 구현할 수 있어 개발 속도가 빨라진다.

안정성은 검증된 도구의 신뢰성과 같다. 라이브러리는 검증된 코드로 구성되어 있어, 개발자가 안정적으로 기능을 구현할 수 있게 한다. 커뮤니티 지원은 도구 상자의 사용자들이 서로 도구를 공유하고 개선해나가는 것과 같다. 많은 라이브러리는 활발한 커뮤니티 지원을 받으며, 이를 통해 지속적인 업데이트와 버그 수정을 받을 수 있다.

SDK: 모든 것을 갖춘 공구 세트

SDK Software Development Kit 는 모든 것을 갖춘 공구 세트와 같다. 특정 플랫폼, 운영체제 또는 프로그래밍 언어에서 실행되는 코드를 만들기 위한 도구들을 한곳에 모아놓은 것이다. 개발 도구 제공은 다양한 공구들을 한 상자에 담은 것이다. SDK는 디버거, 컴파일러, 라이브러리, API 및 프레임워크 등을 포함하여 개발자가 애플리케이션을 쉽게 만들고 통합할 수 있도록 돕는다.

빠른 배포는 필요한 공구를 꺼내어 바로 사용해 빠르게 작업을 완료하는 것과 같다. SDK는 개발자가 애플리케이션을 빠르게 배포할 수 있도록 지원하며, 다양한 디바이스와 운영체제에 쉽게 배포할 수 있게 해준다. 문서와 튜터리얼 제공은 도구 사용설명서를 함께 제공하는 것과 같다. SDK는 개발자가 쉽게 따라 할 수 있는 문서, 튜토리얼 및 가이드를 제공하여 개발 과정을 지원한다.

사전 빌드된 구성요소는 이미 조립된 공구를 사용하는 것과 같다. SDK는 사전 빌드된 모듈, 구성요소 및 패키지를 제공하여 개발자가 기본 기능을 쉽게 통합할 수 있도록 한다. 디버깅 도구는 공구의 상태를 점검하고 문제를 해결하는 장치와 같다. SDK는 애플리케이션 성능을 디버깅, 모니터링 및 최적화하는 도구를 제공하여 개발자가 문제를 신속하게 해결할 수 있도록 돕는다.

API와 통합은 다양한 공구들을 하나의 작업으로 연결하는 방법이다. SDK는 다양한 API와의 통합을 지원하여 개발자가 쉽게 타사 서비스와 연동할 수 있도록 한다.

백로그: 프로젝트의 GPS

백로그는 소프트웨어 개발과 프로젝트 관리에서 팀이 앞으로 나아갈 방향을 제시하는 GPS와 같다. 이는 애자일 및 스크럼 방법론에서 주로 사용되며, 프로젝트의 진행 상황을 체계적으로 관리하고 우선순위를 설정하는 데 도움을 준다.

작업 항목은 GPS가 가리키는 특정 목표 지점과 같다. 사용자의 요구사항을 간단하게 설명하는 문장으로 작성되며, "사용자로서 나는 ~을 할 수 있다" 형식으로 표현된다. 이는 사용자 관점에서 기능을 이해하고 개발 방향을 설정하는 데 도움을 준다. 우선순위는 GPS가 가리키는 방향을 조정하는 것과 같다. 각 작업 항목의 중요도와 긴급성을 나타내며, 팀이 어떤 작업을 먼저 수행해야 하는지 결정하는 데 도움을 준다.

추정 시간은 목표 지점까지의 거리를 나타내는 것이다. 각 작업 항목을 완료하는 데 걸리는 예상 시간을 나타내며, 개발 팀이 작업 계획을 세우고 스프린트 동안 처리할 수 있는 작업량을 예측하는 데 도움을 준다. 상태는 현재 위치를 나타내는 것이다. 작업 항목의 현재 상태를 나타내며, 작업의 진행 상황을 추적하고 관리하는 데 도움을 준다.

프로덕트 백로그는 전체 항해 계획과 같다. 제품 개발 전체와 관련된 모든 작업 항목의 목록으로 새로운 기능, 개선사항, 버그 수정 등이 포함된다. 주로 제품 소유자PO가 관리하며, 지속적으로 업데이트된다. 스프린트 백로그는 특정 항해 구간을 위한 계획이다. 특정 스프린트 기간에 팀이 완료할 작업 항목의 목록으로, 프로덕트 백로그에서 선택된 항목들로 구성된다. 개발 팀이 주로 관리하며 스프린트 계획 회의에서 확정된다.

지라JIRA, 트렐로Trello, 아사나Asana, 애저 데브옵스Azure DevOps와 같은 도구들은 이 GPS를 더욱 정교하게 조정하고, 항해의 각 단계를 시각적으로 표현하는 데 도움을 준다. 지라는 애자일 프로젝트 관리 도구로서 백로그 관리, 스프린트 계획, 버그 추적 등을 지원한다. 트렐로는 칸반 스타일의 프로젝트 관리 도구로, 작업 항목을 시각적으로 관리할 수 있게 해준다. 아사나는 팀 협업 도구로, 작업 관리와 백로그 관리에 유용하다. 애저 데브옵스는 마이크로소프트의 프로젝트 관리 도구로, 백로그 관리, 파이프라인 관리, 테스트 관리 등을 통합적으로 제공한다.

디지털 마케팅 관련 기술

이벤트 코드: 앱에서의 모든 활동을 추적하는 열쇠

이벤트 코드는 앱에서 일어나는 모든 활동의 성과를 측정하는 중요한 개발 코드이다. 여기서 '이벤트'란 고객이 앱에서 할 수 있는 모든 활동을 의미한다. 예를 들어, 회원 가입, 로그인, 콘텐츠 클릭, 검색 등 다양한 활동이 모두 이벤트에 해당한다. 이 이벤트를 어떻게 정의하느냐에 따라 데이터 분석의 질이 달라질 수 있다. 그래서 꼼꼼한 앱 데이터 분석을 위해서는 분석할 이벤트를 상세하게 정의할 필요가 있다.

일반적으로, SDK를 연동하고 검증하는 기초 작업을 마친 후, 이벤트 코드 태깅이 진행된다. 분석이 필요한 모든 활동을 빠짐없이 이벤트 코드로 태깅하고, 적절한 속성값을 부여해야 한다. 이벤트를 정의하고 태깅하는 것만으로는 충분하지 않다. 이벤트와 관련된 알맞은 속성값을 부여해야 하는 또 다른 실무상의 과제가 있다.

예를 들어, 상품 조회 이벤트 코드에는 상품별 고유 코드, 상품명과 같은 속성값들이 명확하게 부여되어야 한다. 그래야 각각의 이벤트를 세부적으로 파악할 수 있다. 속성값은 분석 항목과 같은 역할을 하며, 이벤트 코드와 함께 트래킹 툴에서 속성값을 제대로 태깅하면 더욱 명확한 데이터를 얻을 수 있게 된다. 이렇게 얻은 데이터는 다양한 속성에 따라 필터링할 수 있어, 세부적인 인사이트를 확인할 수 있다.

쿠키: 웹 분석의 숨은 주역

웹로그 분석 또는 행동 데이터 분석을 논할 때, 쿠키는 빠질 수 없는 요소이다. 쿠키는 웹사이트가 사용자 정보를 저장하기 위해 사용자의 PC나 스마트폰, 태블릿과 같은 디바이스에 저장하는 작은 파일이다. 커머스를 예로 들어보자. 어떤 사용자가 상품을 장바구니에 담으면, 쿠키는 이 정보를 디바이스에 저장해둔다. 그래서 사용자가 나중에 사이트를 다시 방문하더라도 장바구니에 담긴 상품이 계속 남아 있게 된다.

쿠키는 이처럼 웹 데이터 분석 외에도 장바구니 정보 유지, ID와 비밀번호 자동 입력, 특정 사용자에게 맞춘 배너 광고 제공 등 다양한 용도로 사용된다. 쿠키는 퍼스트 파티1st Party 쿠키와 써드 파티3rd Party 쿠키로 나뉜다. 퍼스트 파티 쿠키는 사용자가 방문한 웹사이트에서 직접 저장하는 데이터이고, 써드 파티 쿠키는 외부 업체가 심는 쿠키로, 주로 리타깃팅 광고에 사용된다.

최근 구글이 써드 파티 쿠키 지원을 중단하겠다고 발표하면서,

업계는 큰 충격을 받았다. 써드 파티 쿠키는 웹 기반 광고와 데이터 분석 툴의 핵심 요소였기 때문이다. 이제 기업들은 구글 브라우저를 통한 데이터 수집에 대한 새로운 대안을 찾아야 하는 상황에 놓여 있다. 원래 웹 분석은 방문자의 사이트 탐색 궤적을 추적하기 위한 것이었는데, 누가 언제 어떤 페이지에 방문했고, 어떤 페이지로 이탈했는지를 파악하는 데 있어 쿠키는 매우 중요한 역할을 한다.

CDP와 DMP: 데이터 관리의 두 얼굴

CDP와 DMP는 모두 고객 데이터를 활용한다는 점에서 혼동되기 쉽지만, 이 둘은 사용하는 데이터와 고객 ID 활용 방식, 데이터 유지 기간에서 차이가 있다.

CDPCustomer Data Platform는 주로 퍼스트 파티 데이터를 활용한다. 퍼스트 파티 데이터는 자사 웹사이트나 앱에서 수집한 행동 데이터, CRM 데이터, 구독 데이터, 소셜 데이터 등을 포함한다. CDP는 이러한 데이터를 통해 개별 고객의 행동을 추적하고, 더 나은 인사이트를 얻는 데 중점을 둔다. 이름, 이메일 주소, 거래 데이터, 소셜미디어 상호작용 등 개인 식별 정보를 활용해 고객의 행동을 면밀히 분석하고 맞춤형 마케팅을 실행한다.

반면, DMPData Management Platform는 주로 세컨드파티 데이터로 보강된 써드 파티 데이터를 활용한다. 써드 파티 데이터는 다양한 플랫폼과 웹사이트에서 수집한 데이터를 말하며, 익명화된 데이터가 주로 사용된다. DMP의 목적은 광고 타깃팅을 지원하고, 매체 구매의 효율성을 높이는 데 있다. 광고주가 최신 데이터를 기반으로 의사결정을 내릴 수 있도록 DMP는 데이터를 짧은 기간만 보관하고 새롭게 업데이트된 익명 데이터를 사용한다.

CDP는 여러 소스에서 데이터를 가져와 다른 마케팅 시스템에서 사용할 수 있도록 구조화된 고객 프로필을 생성하는 통합 고객 데이터베이스다. 이는 기업이 모든 채널에서 개인화된 고객 경험을 제공할 수 있게 해준다. 또한, 고객 데이터를 장기간 보관하고 관리하며, 고객이 자신의 데이터에 접근하거나 삭제를 요청할 수 있도록 설계된다.

마케팅 자동화와 CDP의 결합: 더 나은 미래를 향해

CDP는 마케팅 자동화 시스템MAS과 연동하여 고급 AI 및 머신러닝 도구를 제공한다. 이를 통해 기업은 마케팅 활동을 더욱 효율적으로 수행하고, 개인화된 메시징을 통해 고객과의 관계를 강화할 수 있다. 데이터 프라이버시와 거버넌스를 준수하는 한편, 옴니채널 마케팅 활동을 지원하여 더 나은 고객 경험을 제공한다. CDP는 기업이 고객의 행동을 이해하고, 더 나은 의사결정을 할 수 있도록 돕는 강력한 도구이다. 디지털 마케팅의 복잡한 세계에서 CDP는 기업이 고객과의 관계를 강화하고, 더 나은 성과를 달성할 수 있도록 이끄는 중요한 역할을 한다. 앞으로도 CDP는 데이터 기반의 마케팅 전략에서 핵심적인 역할을 하며, 더 많은 기업이 이를 통해 성공적인 디지털 전환을 이룰 수 있을 것이다.

클라우드 기술과 생태계

클라우드 서비스 생태계를 이해하려면, 먼저 클라우드의 기본 개념과 이를 가능하게 한 핵심 기술들을 살펴보는 것이 중요하다. 클라우드는 사실상 컴퓨터와 서버가 가상의 공간에서 제공되는 서비스로, 물리적인 서버나 하드웨어를 직접 소유하지 않고도 필요한 만큼의 컴퓨팅 자원을 빌려 쓸 수 있는 방식이다. 이는 전기를 필요할 때마다 사용할 수 있는 것과 비슷하다. 하지만 이러한 클라우드 서비스가 가능해진 배경에는 몇 가지 핵심 기술이 있다.

가상화 기술: 클라우드의 뼈대를 만든 혁신

클라우드가 상용화되기 전까지 컴퓨팅 자원은 물리적인 서버에 의존했다. 이 말은 기업이 자체적으로 서버를 구축하고 그 서버의 성능에 맞추어 애플리케이션을 운영해야 한다는 뜻이었다. 하지만 모든 서버가 항상 최대 성능으로 사용되는 것은 아니었고, 이는 자원의 낭비로 이어졌다. 이때 등장한 것이 바로 가상화 기술이다.

가상화 기술은 물리적인 서버 하나를 여러 개의 가상 서버로 나누어, 각 가상 서버가 독립적으로 운영될 수 있도록 만드는 기술이다. 이를 가능하게 하는 것이 '하이퍼바이저Hypervisor'라는 소프트웨어다. 하이퍼바이저는 물리적인 서버 위에 자리 잡고, 그 서버의 자원을 효율적으로 나누어 가상머신VM들이 독립된 서버처럼 작동할 수 있도록 한다.

가상화 방식

가상화 방식은 크게 두 가지로 나뉜다.

타입 1 하이퍼바이저Bare-metal Hypervisor

이 유형의 하이퍼바이저는 물리적 서버에 직접 설치되며, 운영체제 없이 하드웨어 자원을 가상머신에 직접 제공한다. 이는 높은 성능과 효율성을 제공하기 때문에, 대규모 서버 환경에서 주로 사용된다. 대표적인 예로 VM웨어 ESXi, 마이크로소프트 하이퍼-V, KVM 등이 있다.

타입 2 하이퍼바이저Hosted Hypervisor

이 유형의 하이퍼바이저는 기존 운영체제 위에 설치되어, 그 위에서 가상머신을 실행한다. 상대적으로 설치와 관리가 간단하며, 개인용 컴퓨터나 소규모 서버 환경에서 많이 사용된다. 대표적인 예로 오라클 버추얼박스VirtualBox, VM웨어 워크스테이션Workstation, 패러렐즈Parallels 데스크톱Desktop 등이 있다.

가상화의 유형

가상화는 여러 가지 형태로 구현될 수 있으며, 그 유형에 따라 다양한 목적을 달성할 수 있다. 주요 가상화 유형은 다음과 같다.

서버 가상화 Server Virtualization: 물리적인 서버 하나를 여러 개의 가상 서버로 분할하는 기술이다. 이를 통해 서버 자원을 더 효율적으로 사용할 수 있으며, 각 가상 서버는 독립적인 운영체제를 실행할 수 있다. 서버 가상화는 서버 통합과 자원 최적화, 비용 절감 등에 주로 사용된다.

네트워크 가상화 Network Virtualization: 물리적인 네트워크 자원을 논리적으로 분할하여 여러 개의 가상 네트워크를 생성하는 기술이다. 각 가상 네트워크는 독립적으로 운영되며, 서로 간섭하지 않는다. 네트워크 가상화는 네트워크 관리의 유연성과 보안을 향상시키며, 복잡한 네트워크 환경을 단순화할 수 있다.

스토리지 가상화 Storage Virtualization: 여러 개의 물리적 스토리지를 하나의 논리적 스토리지 풀로 통합하는 기술이다. 이를 통해 스토리지 자원의 활용도를 극대화하고, 데이터 관리의 효율성을 높일 수 있다. 스토리지 가상화는 데이터 센터에서 자주 사용되며, 높은 가용성과 확장성을 제공한다.

데스크톱 가상화 Desktop Virtualization: 사용자의 데스크톱 환경을 가상 머신으로 전환하여, 중앙 서버에서 관리하고 배포하는 기술이다. 이를 통해 사용자는 어디서나 동일한 데스크톱 환경에 접근할 수 있으며, IT 관리자는 데스크톱 환경을 중앙에서 쉽게 관리하고 보안 유지할 수 있다. 대표적인 예로 VDIVirtual Desktop Infrastructure가 있다.

애플리케이션 가상화 Application Virtualization: 애플리케이션을 물리적인 하드웨어와 독립적으로 실행할 수 있도록 하는 기술이다. 이를 통해 애플리케이션이 특정 운영체제나 하드웨어에 종속되지 않으며, 중앙에서 애플리케이션을 배포하고 관리할 수 있다.

가상화의 장점

가상화 기술이 제공하는 주요 장점은 다음과 같다.

자원 활용도 극대화: 물리적인 자원을 여러 개의 가상 자원으로 분할하여 사용함으로써 자원의 활용도를 최대화할 수 있다.

비용 절감: 물리적인 서버 수를 줄이고, 자원을 효율적으로 사용할 수 있어 하드웨어와 운영 비용을 절감할 수 있다.

유연성: 가상머신을 쉽게 생성, 삭제, 복제할 수 있어, IT 환경의 유연성을 높일 수 있다.

확장성: 가상화된 환경은 필요에 따라 자원을 쉽게 확장하거나 축소할 수 있어, 변화하는 비즈니스 요구에 빠르게 대응할 수 있다.

고가용성: 가상화 기술을 활용하면, 장해 발생 시 가상머신을 다른 하드웨어로 신속히 이전하여 서비스 중단을 최소화할 수 있다.

이러한 가상화 기술 덕분에 클라우드 컴퓨팅은 본격적으로 발전할 수 있는 기반을 마련했다. 가상화는 물리적 서버, 스토리지, 네트워크 등을 추상화하여, 이를 여러 개의 독립된 가상 인스턴스로 나누어 사용할 수 있게 함으로써 자원의 활용도를 극대화하고 유연성과 효율성을 크게 향상시켰다.

API: 클라우드와 사용자 사이의 다리

가상화 기술이 클라우드의 뼈대를 만들었다면, 'API Application Programming Interface'는 그 뼈대 위에 사용자가 쉽게 접근할 수 있는 다리를 놓아주었다. API는 개발자가 클라우드 서비스에 쉽게 접근하고, 필요한 자원을 손쉽게 사용할 수 있도록 해주는 일종의 도구다. 마트에서 다양한 제품을 고르듯, API를 통해 원하는 클라우드 서비스를 선택하고 사용할 수 있다. 이로 인해 개발자들은 복잡한 설정 없이도 필요한 자원을 즉시 활용할 수 있게 되었다.

클라우드 서비스 생태계: 두 가지 주요 사업자

이제 클라우드의 기본 개념과 기술을 이해했으니, 클라우드 생태계를 구성하는 두 가지 주요 사업자에 대해 알아보자. 클라우드 생태계는 크게 클라우드 서비스 제공자CSP와 매니지드 서비스 제공자 MSP로 나뉜다.

클라우드 서비스 제공자: 클라우드의 건축가

클라우드 서비스 제공자CSP, Cloud Service Provider는 클라우드 인프라, 플랫폼, 소프트웨어, 애플리케이션 등을 제공하는 역할을 한다. 아마존 웹 서비스AWS, 마이크로소프트 애저Azure, 구글 클라우드Google Cloud와 같은 거대 기업들이 대표적인 CSP다. 이들은 기업이나 조직이 애플리케이션을 개발하고 운영할 수 있도록 필요한 모든 자원을 제공한다. 건축가가 건물의 설계도와 필요한 자재를 제공하는 것처럼, CSP는 클라우드 서비스의 모든 기초를 마련해준다.

CSP는 세 가지 유형으로 나뉜다.

퍼블릭 클라우드 제공자: AWS, 애저, 구글 클라우드처럼 다수의 고객에게 동일한 클라우드 서비스를 제공한다.

프라이빗 클라우드 제공자: 특정 기업에 맞춤형 클라우드 솔루션을 제공하며, 보안과 프라이버시가 중요한 경우에 주로 사용된다.

하이브리드 클라우드 제공자: 퍼블릭과 프라이빗 클라우드를 혼합하여, 고객의 필요에 따라 유연하게 활용할 수 있는 서비스 모델을 제공한다.

매니지드 서비스 제공자: 클라우드의 조력자

반면, 매니지드 서비스 제공자MSP, Managed Service Provider는 클라우드를 이용하는 기업이 그 자원을 최대한 효과적으로 운영할 수 있도록 돕는 역할을 한다. 이들은 클라우드 도입을 위한 컨설팅부터 클라우드로의 전환과 구축·운영에 이르기까지 모든 과정을 지원한다. 클라우드 사용 중 발생할 수 있는 문제를 해결하고, 자원을 최적화하는 것도 이들의 주요 업무다. 쉽게 말해, MSP는 클라우드를 효율적으로 활용할 수 있도록 돕는 조력자다.

MSP도 세 가지 유형으로 나뉜다.

IT 관리형 서비스 제공자: 기업의 전체 IT 인프라를 총괄적으로 관리한다.

클라우드 관리형 서비스 제공자: 클라우드 인프라와 애플리케이션을 전문적으로 관리한다.

네트워크 관리형 서비스 제공자: 기업의 네트워크 성능과 보안을 관리하고 최적화하는 역할을 한다.

MSP는 기업에게 백업과 복원, 보안 감사 및 모니터링, 애플리케이션 지원, 인프라 관리 등의 서비스를 제공한다. 쉽게 말해, CSP는 클라우드의 뼈대를 제공하고, MSP는 그 뼈대를 잘 활용할 수 있도록 도와주는 파트너인 셈이다.

클라우드의 장점과 가상화의 역할

클라우드는 이제 단순한 기술을 넘어, 기업의 성공적인 디지털 전환을 위한 필수적인 도구로 자리 잡았다. 가상화 기술 덕분에 클라우드는 물리적 한계를 넘어 더 큰 유연성과 효율성을 제공하게 되었다. 자원이 필요할 때마다 탄력적으로 사용할 수 있고, 비용을 절감하며, 기업이 급변하는 환경에 빠르게 대응할 수 있게 해준다.

이러한 클라우드의 뼈대는 가상화 기술을 통해 구축되었고, API를 통해 사용자들이 쉽게 접근할 수 있는 다리가 놓였다. 그리고 CSP와 MSP가 이 생태계를 이끌어가며, 기업들이 더 나은 미래를 향해 나아갈 수 있도록 돕고 있다.

생성형 AI와 관련된 용어 설명

일라이자

일라이자ELIZA는 1960년대에 MIT의 조지프 와이젠바움Joseph Weizenbaum이 개발한 초기 인공지능 프로그램이다. 일라이자는 사용자의 입력을 분석하고, 미리 설정된 규칙에 따라 응답하는 방식으로 동작한다. 가장 유명한 예제로는 심리상담사 역할을 하는 '닥터' 모드가 있다. 일라이자는 사용자가 입력한 문장을 단순히 반복하거나 질문을 돌려줌으로써 대화하는 듯한 느낌을 주었지만, 실제로는 이해 없이 규칙에 따라 단순히 반응하는 프로그램이었다. 일라이자는 초기 대화형 인공지능의 한계를 보여주는 동시에 사람들에게 인공지능의 가능성을 처음으로 느끼게 해준 중요한 프로그램이다.

퍼셉트론

퍼셉트론Perceptron은 1950년대에 프랭크 로젠블랫Frank Rosenblatt이

개발한 인공지능 모델이다. 퍼셉트론은 인공신경망의 가장 기초적인 형태로, 입력 데이터를 받아 간단한 계산을 통해 출력값을 도출한다. 퍼셉트론은 이진 분류 문제(예: 고양이인지, 개인지)를 해결하기 위해 설계되었으며, 특정 패턴을 인식하는 데 사용될 수 있다. 퍼셉트론은 단층 구조로 구성되어 있으며, 입력 신호에 가중치를 곱해 합산한 후, 이를 활성화 함수에 적용해 최종 출력을 생성한다. 퍼셉트론은 현대의 딥러닝 알고리즘의 기초가 되는 중요한 개념이다.

역전파 알고리즘

역전파 알고리즘Backpropagation은 1980년대에 제프리 힌튼Geoffrey Hinton 등이 개발한 학습 알고리즘이다. 역전파 알고리즘은 신경망이 학습할 때 오차를 줄이기 위해 가중치를 조정하는 방법이다. 이 알고리즘은 출력층에서 계산된 오류를 입력층으로 역방향으로 전달하며, 각 층의 가중치를 조정해 신경망이 점점 더 정확한 출력을 생성하도록 학습시킨다. 역전파 알고리즘 덕분에 다층신경망이 효과적으로 학습할 수 있게 되었고, 이는 딥러닝의 발전에 중요한 역할을 했다.

볼츠만 머신

볼츠만 머신Boltzmann Machines은 제프리 힌튼Geoffrey Hinton이 1985년에 제안한 확률적 신경망 모델이다. 이 모델은 에너지 기반 모델로, 입력 데이터의 패턴을 학습해 그 확률 분포를 모델링한다. 볼츠만 머신은 서로 연결된 뉴런들로 구성되며, 학습 과정에서 에너지를 최소화하는 방향으로 뉴런 간의 가중치를 조정한다. 이 과정은 데이터의 숨겨진 구조를 학습하는 데 유용하며, 특히 특징 추출과 패턴 인식에서 효과적이다. 볼츠만 머신은 이후 딥러닝 알고리즘의 기초가 된 심층 신뢰 신경망DBN, Deep Belief Networks 개발에 영향을 미쳤다.

홉필드 네트워크

홉필드 네트워크Hopfield Network는 존 홉필드John Hopfield가 1982년에 제안한 일종의 순환신경망이다. 홉필드 네트워크는 에너지 최소화를 통해 안정된 상태를 찾는 방식으로 동작하며, 연관 기억Associative Memory을 모델링하는 데 사용된다. 네트워크는 대칭적으로 연결된 뉴런들로 구성되어 있으며, 특정 패턴이 입력되면 해당 패턴과 가장 유사한 저장된 패턴을 출력하는 방식으로 동작한다. 홉필드 네트워크는 초기 신경망 연구에서 중요한 역할을 했으며, 신경망이 정보를 어떻게 저장하고 검색하는지를 이해하는 데 기여했다.

딥 블루

딥 블루Deep Blue는 IBM에서 개발한 체스 인공지능 컴퓨터로, 1997년 세계 체스 챔피언 가리 카스파로프Garry Kasparov를 이긴 것으로 유명하다. 딥 블루는 수천만 개의 체스 수를 계산하고 평가하는 능력을 갖추고 있으며, 이 정보를 바탕으로 최적의 수를 선택해 게임을 진행한다. 딥 블루의 승리는 인공지능이 인간의 복잡한 전략 게임에서 우위를 점할 수 있음을 보여준 역사적인 사건이었다. 딥 블루는 주로 체스에 특화된 하드웨어와 소프트웨어를 사용했으며, 이는 이후 AI 연구의 발전에 큰 영향을 미쳤다.

강화학습

강화학습Reinforcement Learning은 에이전트가 환경과 상호작용하면서 보상을 최대화하는 방향으로 학습하는 방법이다. 에이전트는 상태State에서 행동Action을 취하고, 그에 따른 보상Reward을 받으며, 이 경험을 바탕으로 더 나은 행동을 선택하도록 학습한다. 강화학습은 사람이 시도와 오류를 통해 배우는 것과 유사한 방식으로 동작하며 게임, 로봇 제어, 자율주행 등 다양한 분야에서 활용된다. 특히, 에이전트가 목표를 달성하기 위해 전략을 개발하는 데 매우 효과적인 방법이다.

TD-개먼

TD-개먼Gammon은 제럴드 테사로Gerald Tesauro가 1992년에 개발한 백개먼Backgammon 게임을 위한 인공지능 프로그램이다. 이 프로그램은 강화학습의 일종인 TDTemporal Difference 학습 알고리즘을 사용해 학습했으며, 이를 통해 인간 전문가 수준의 실력을 갖추게 되었다. TD-개먼은 게임을 반복해서 플레이하면서 학습했으며, 스스로 전략을 개발해 백개먼에서 매우 높은 수준의 성능을 보여주었다. TD-개먼은 강화학습의 잠재력을 보여준 중요한 사례로, 이후 다양한 인공지능 연구에 영향을 미쳤다.

서포트 벡터 머신

서포트 벡터 머신SVM, Support Vector Machine은 데이터 분류와 회귀 분석에 사용되는 지도 학습 알고리즘이다. SVM은 데이터를 다양한 카테고리로 나누기 위해 최적의 경계선(하이퍼플레인)을 찾는다. 이 알고리즘은 데이터를 분류할 때 가장 가까운 데이터 포인트와의 거리를 최대화하는 방향으로 경계선을 설정한다. SVM은 특히 복잡한 데이터셋에서 높은 정확도를 보이며 이미지 인식, 텍스트 분류 등 여러 분야에서 사용된다. SVM은 비선형 데이터도 분류할 수 있는 기능을 가지고 있어 다양한 문제에 적용 가능하다.

합성곱신경망

합성곱신경망CNN, Convolutional Neural Network은 이미지 인식 및 처리에 특화된 딥러닝 알고리즘이다. CNN은 입력 이미지의 패턴을 인식하기 위해 여러 계층의 필터를 사용하여 특징을 추출하고, 이를 기반으로 이미지를 분류한다. CNN의 주요 특징은 공간적 계층 구조를 활용해 이미지의 중요한 부분을 자동으로 학습하는 것이다. CNN은 이미지 분류, 객체 검출, 얼굴 인식 등에서 뛰어난 성능을 보여주며, 컴퓨터 비전 분야에서 널리 사용된다.

장단기 메모리

장단기 메모리LSTM, Long Short-Term Memory는 순환신경망의 일종으로, 시계열 데이터나 순차적 데이터를 처리하는 데 효과적이다. LSTM은 시간에 따른 데이터의 의존성을 학습하여, 장기적인 정보를 기억하고 중요한 정보를 유지하면서 불필요한 정보를 버리는 구조로 설계되었다. LSTM은 텍스트 생성, 음성 인식, 언어 번역 등에서 뛰어난 성능을 발휘하며, 특히 긴 문맥을 이해하는 데 강력한 도구로 사용된다.

딥러닝

딥러닝Deep Learning은 여러 층의 인공신경망을 사용해 데이터를 학습하는 인공지능 기술이다. 딥러닝은 대량의 데이터를 분석하여 패턴을 발견하고, 이를 통해 예측하거나 분류할 수 있는 능력을 가진다. 딥러닝은 음성 인식, 이미지 처리, 자연어 처리 등 다양한 분야에서 혁신을 일으켰으며, 특히 대규모 데이터와 강력한 연산 능력을 통해 복잡한 문제를 해결하는 데 탁월한 성과를 보여주었다.

알렉스넷

알렉스넷AlexNet은 2012년 이미지넷 대회에서 우승한 딥러닝 모델로, 이미지 인식 분야에서 획기적인 성능을 보여주었다. 알렉스넷은 CNN을 기반으로 하며, 깊고 복잡한 신경망 구조를 사용해 이미지 분류에서 높은 정확도를 달성했다. 이 모델은 딥러닝의 가능성을 전 세계에 입증했으며, 이후 딥러닝 연구의 급속한 발전을 촉발했다.

이미지넷 대회

이미지넷ImageNet 대회는 이미지 인식 분야의 대표적인 경쟁 대회로, 연구자들이 개발한 모델들이 대량의 이미지를 분류하는 능력을 겨루는 자리다. 이 대회는 컴퓨터 비전 분야에서 딥러닝의 성과를 평가하는 중요한 무대였으며, 특히 2012년 알렉스넷의 우승 이후 딥러닝 기술이 급격히 발전하는 계기가 되었다. 이미지넷 대회는 매년 최신 기술을 선보이며, 인공지능 연구의 주요 이정표 역할을 하고 있다.

생성적 적대 신경망

생성적 적대 신경망GANs, Generative Adversarial Networks은 이안 굿펠로우Ian Goodfellow가 2014년에 제안한 인공지능 모델이다. GANs는 두 개의 신경망, 즉 생성자Generator와 판별자Discriminator가 서로 경쟁하며 학습하는 구조로 이루어져 있다. 생성자는 가짜 데이터를 생성하고, 판별자는 이 데이터를 진짜 데이터와 구별하는 역할을 한다. 이 과정에서 생성자는 점점 더 현실적인 데이터를 생성하는 능력을 키우게 된다. GANs는 이미지 생성, 비디오 합성, 음악 창작 등 다양한 창작 분야에서 사용되며, 인공지능의 창의적 가능성을 보여준다.

트랜스포머 모델

트랜스포머Transformer 모델은 구글이 2017년에 발표한 자연어 처리 모델로 셀프 어텐션 메커니즘을 사용해 입력 문장에서 중요한 부분을 학습한다. 트랜스포머는 이전의 순환신경망과 달리, 병렬 처리가 가능해 대규모 데이터에서 매우 효율적으로 학습할 수 있다. 이 모델은 자연어 처리 분야에서 획기적인 성능을 보여주었다. 이후 챗GPT, BERT 등의 모델이 트랜스포머를 기반으로 개발되었다.

셀프 어텐션

셀프 어텐션Self-Attention은 트랜스포머 모델에서 사용되는 메커니즘으로, 문장의 각 단어가 다른 단어들과의 관계를 학습하도록 돕는다. 셀프 어텐션은 문장의 중요한 부분에 더 큰 가중치를 부여하여, 문맥을 더 잘 이해할 수 있게 한다. 이 메커니즘은 자연어 처리에서 문장 간의 장기적인 의존성을 처리하는 데 매우 효과적이며, 트랜스포머 모델의 핵심 요소 중 하나이다.

알파고

　알파고AlphaGo는 구글 딥마인드DeepMind에서 개발한 인공지능 프로그램으로, 바둑을 두는 능력을 갖추고 있다. 알파고는 2016년 세계 바둑 챔피언 이세돌을 이긴 것으로 유명하다. 알파고는 강화학습과 심층신경망을 결합하여, 방대한 바둑 데이터를 학습하고 스스로 실력을 향상시켰다. 이 프로그램은 인간의 직관과 유사한 방식으로 바둑을 두어, 인공지능이 창의적이고 복잡한 문제를 해결할 수 있음을 입증한 사례로 평가받는다.

참고 자료

PART 1 리그의 출범과 새로운 판도

강소제조인. 2023. 가치사슬 개념과 모델. 강소 기업 제조인.

강영식, 이보경. 2022. 경영자와 실무전문가를 위한 프로세스 마이닝. 한나래아카데미.

권혜련. 2017. 스마트폰 10년이 바꾸어 놓은 것. 조선일보.

김덕현. 2024. 디지털 혁신의 의미, 기술/관리 요소. brunch story.

김수진. 2024. 디지털 금융의 이해와 활용. 한국금융연수원.

김형택, 이승준. 2021. 그들은 어떻게 디지털 트랜스포메이션에 성공했나. 윌컴퍼니.

앤디킴. 2019. 스마트폰 때문에 사라진 것들 그리고 사라질 것들. brunch story.

이명호. 2020. 생산성의 시대에서 효율성의 시대로⋯ 경제의 룰이 바뀌고 있다. KCERN 2020년 12월호. KDI.

이성열, 양주성, 오태완. 2022. 플랫폼 비즈니스의 미래. 리더스북.

전창선. 2020. 해외 스타트업 성공사례④: 차량 공유시장의 혁신 우버(Uber). HISSTORY VENTURE INVESTMENT.

정승렬, 이정규. 2018. 4차 산업혁명 시대의 기업 혁신을 위한 비즈니스 프로세스. 한빛아카데미.

진서용. 2010. 모바일로 가치사슬을 혁신하라. DBR 64호(2010년 9월).

IOT전략연구소. 2020. Digitization, Digitalization, Digital Transformation 차이는?. 디지털 전환과 엠비언트. IOT전략연구소.

Anderson, C. 2009. *FREE: The Future of a Radical Price*. Hyperion.

Brynjolfsson, E., & Saunders, A. 2010. *Wired for Innovation: How Information Technology Is Reshaping the Economy*. MIT Press.

Friedman, T. L. 2007. *The World Is Flat: A Brief History of the Twenty: First Century*. Picador.

Ross, Jeanne W., Beath, Cynthia M., Mocker, Martin. 2019. *Designed for Digital: How to architect your business for sustained success*. MIT Press.

PART 2 리그 경쟁력 확보와 초혁신 기반

가달이. 2021. GA4(Google Analytics 4)란? Google 웹로그 분석 4의 개념 및 이점. TOKYO

AND GADAL.

강소제조인. 2019. 프로세스 혁신. 지속성장을 위하여. 강소 기업 제조인.

강소제조인. 2023. 가치사슬 개념과 모델. 강소 기업 제조인.

강승모. 2020. 운영정보로 혁신하라: 프로세스 혁신(PI/ERP) 유지와 지속적인 성과 창출 방안. SAMSUNG SDS 인사이트.

강영식, 이보경. 2022. 경영자와 실무전문가를 위한 프로세스 마이닝. 한나래아카데미.

고광범. 2021. 한 권으로 끝내는 디지털 경영. 넥서스BIZ .

고승연. 2015. "프로세스로 이끌어갈 자신이 없다면, '혁신' 이야기조차 꺼내지 마라". DBR 168호(2015년 1월).

고희숙. 2019. 디지털 탈바꿈을 위한 프로세스 설계 1부, 2부. 투이컨설팅.

금융DX. 2022. '디지털 퍼스트' 시대의 고객경험, 이렇게 달라졌어요!. LG CNS Tech.

김기홍. 2015. 디지털 경제 3.0. 법문사.

김민지, 신연선. 2021. 프로덕트 오너(PO)라는 직업을 아시나요?. 서울경제.

김영일. 2020. 디지털 트랜스포메이션, 시작은 '프로세스 마이닝'이다. CIO.

김일겸. 2021. 디지털 조직문화(Digital Culture). 월간 인사관리.

김종덕. 2016. [ET단상] 디지털 비즈니스 시대를 위한 IT 인프라 진화. 전자신문.

나주영. 2021. 클라우드, 디지털 혁신 핵심 인프라로 성장한다. 전자신문.

노지혜. 2022. 마케터를 위한 웹사이트 쿠키 동의 환경의 이해. 오소마.

도겸. 2017. 고객 경험을 이해하기 위한 도구: 고객여정지도. brunch story.

두민균. 2024. 사용자 데이터 활용을 확장하는 데이터 거버넌스 전략. Kearney Insight.

미래웹. 프레임워크와 라이브러리는 어떻게 다른가?. MIRAE WEB.

민선아. 2020. 디지털 전환 전략과 문제점은?. 매일 '선'하게.

박경하. 2023. 또 새로운 직업, 프로덕트 오너. MADTIMES

박세희. 2020. 프로덕트 오너는 어떻게 일해야 하는가. 박세희 변호사 | Startup Legal & Management.

박용후. 2018. 관점을 디자인하라. 쌤앤파커스.

부루마불. 2023. 고객 여정 지도로 고객 경험 파악하기. brunch story.

서민석. 2019. 디지털 패러다임은 어떻게 시작되었나?: 네그로폰테의 'Being Digital' 다시 읽기. 투이컨설팅.

스쿨잼. 2019. [Design Thinking] 1. 디자인 씽킹이란 무엇인가?. 스쿨잼.

시온. 2023. Cloud 클라우드 컴퓨팅과 API의 역할. A Hitchhiker's guide.

신동훈, 이승윤, 이민우. 2021. 디지털로 생각하라 관점을 바꾸면 고객이 보인다. 북스톤.

양민경. 2020. 디지털 트랜스포메이션을 시도하는 기업의 70%는 왜 실패하는가?. HR블레틴.

에드가. 2020. 네그로폰테의 Being Digital 다시 읽기. I know, I know…… but.

오승준. 2022. PI진화, Data 기반 프로세스 혁신 방법론: EPC 산업 사례 중심. S-core 인사이트리포트.

이랜서.BLOG. 2023. API란? 사용 예시부터 주의사항까지 모두 알려드립니다: IT 비즈니스의 모든 것. ZDNet Korea

이상현. 2022. 조직을 성공으로 이끄는-프로덕트 오너. brunch story.

이상호. 2024. 디지털 초격차 코드나인: 디지털 전환에 성공하는 기업의 9가지 습관. 좋은습관연구소.

이유종. 2018. 디자인 씽킹과 기업혁신. 디자인씽킹연구소.

이주호, 이선희. 2022. 데이터 드리븐 고객 경험: CDP는 어떻게 고객 경험과 비즈니스의 혁신을 만들어내는가. 바른북스.

이준희. 2023. 기업이 디지털 전환할 때 빠지는 3가지 함정. 이코노미조선.

인터비즈. 2022. 프로덕트 오너(PO)의 정의와 필수역량. 인터비즈.

장재웅, 상효이재. 2019. 네이키드 애자일: 경영의 눈으로 애자일 바로보기. 미래의창.

정승렬, 이정규. 2018. 4차 산업혁명 시대의 기업 혁신을 위한 비즈니스 프로세스. 한빛아카데미.

제이영컨설팅. 2023. DMP, DSP, SSP 뭐가 다른 걸까?. 제이영컨설팅.

조성주. 2020. 애자일 조직이란 무엇인가. 조성주.

차경진. 2022. DCX 데이터로 경험을 디자인하라: 고객 경험을 극대화하는 DCX 혁신의 비밀. 시크릿하우스.

채널톡. 2021. API란 무엇일까? API 쉽게 이해하기. brunch story.

최성호. 2024. The DX: 디지털 전환 실행 교과서. 클라우드나인.

최영현. 2018. 디자인 씽킹 ① 디자인 씽킹으로 디지털 트랜스포메이션에 날개를 달자. Samsung SDS 인사이트.

코드스테이츠. 2023. PM, PO 차이점 | 프로덕트 매니져, 프로덕트 오너 뜻, 역할, 하는 일. CODE BLOG.

크리스 리. 2019. OAuth 2.0 소개 [1부]: API경제의 인증 기술, OAuth 2.0 소개. 투이컨설팅.

피터 드러커(권영설, 전미옥 옮김). 2014. 피터 드러커의 위대한 혁신. 한국경제신문사.

해리스본스. 2022. 애자일? 스크럼? 스프린트? "애자일하게 일해보자". brunch story.

황재선. 2021. 디지털 트랜스포메이션: 조직의 습관을 바꾸는 일. 좋은습관연구소.

황치규. 2020. [데이터 경제 현장탐방] "데이터 사이언스로 프로세스 관리 혁신". 김영일 퍼즐 데이터 대표, 프로세스 마이닝으로 시장 확대 본격 시동. Digital Today.

황치규. 2020. 진화하는 기업용 IT 인프라··· OS의 시대는 저무는가. Digital Today.

효성인포메이션시스템. 2020. 뉴노멀 시대, 디지털 혁신을 위한 5단계 접근법. 효성인포메이션시스템 블로그.

후추남. 2021. 고객 경험(Customer Experience)을 기반한 고객여정지도(Customer Journey Map) 서비스 요약. 후추남집사의 블로그.

BEUSABE. 2017. 데이터 기반 '고객 여정 지도' 만들기: X, 디자인, 스타트업. Beusable Bolg.

BEUSABLE. 2018. 웹사이트 개선을 위해 반드시 필요한 분석 툴 3가지 IT, 구글애널리틱스, 데이터분석. Beusable Bolg.

BizSpring. 2023. 조직 내 단절을 유발하는 데이터 사일로. BizSpring.

Bob Violino. 2023. '데이터 사일로 허물어보니···' 기업 3곳 경험담. CIO.

Chainlink. 2020. 차세대 경제에서 데이터 및 API의 역할 이해하기. Chainlink Blog.

doozi. 2021. 프레임워크, 라이브러리, 플러그인, 모듈의 차이. Seize the day!.

Entrencg Consulting. 2024. 고객 경험이 비즈니스를 바꾼다. brunch story.

EXEM. 2021. 혁신스토리 | 디자인 씽킹과 혁신. NOW exem.

freak analyst. 2023. 구글 태그 관리자(GTM), 어떻게 쓰면 좋을까?. 요즘IT.

G해커. 2021. MMP란 무엇인가? Mobile Measurement Partner. G해커의 디지털 마케팅.

IAN BUCHANAN. 애자일과 DevOps는 어떻게 상호 연관되어 있습니까?. ATLASSIAN.

Isaac Sacolick. 2023. 디지털 혁신 실패를 예고하는 미묘한 조짐 5가지. ITWORD.

Kearney.

LG CN. 2019. 프로세스 혁신을 성공시키기 위한 조건. LG CNS 블로그.

LG CNS. 2018. 백종원의 골목식당 속의 '디자인 씽킹'. LG CNS 기술블로그.

LG CNS. 2021. 좋은 고객여정 찾기, '디자인 씽킹'만 믿으세요!. LG CNS 기술블로그.

magretjo. 2020. 데브옵스 알아가기(1): 애자일과 데브옵스. SK(주) C&C's TECH BLOG.

Microsoft Ignite. 2024. 개발하는 모바일 앱의 Single Sign-On 및 앱 보호 정책 지원. Microsoft Entra.

Proverse. 2021. 프로세스 마이닝. Proverse.

seungh0. 2021. DevOps &SRE/AWS & Cloud: 클라우드 인프라와 API의 구조 3. 클라우드를 제어하는 API의 동작 방식. will.log.

Shiftee. 2022. 조직을 애자일하게 운영하는 방법. 주식회사 시프티.

Supantha Banerjee. 2023. '실패하는 이유는'… DX의 10가지 주요 장애물과 극복 전략 5선. CIO.

TECH!T APP SCHOOL. 2023. 앱 개발 방법에 대하여 알아봅시다!. AppSchoolOfficial. log.

Thor Olavsrud. 2022. CRM · DMP와는 다르다… '고객 데이터 플랫폼(CDP)'이란?. CIO.

Verticurl. 디지털 고객 여정의 시대, 기업에 필요한 3가지 요소. Verticurl.

Waveon Team. 2023. 워크플로우 자동화란 무엇인가: 비즈니스 프로세스 간소화를 위한 툴과 모범 사례 소개. waveon.

Negroponte, Nicholas. 2009. *Being Digital*. Penguin Random House.

Pisano, Gary. P. 2019. *Creative construction*. PublicAffairs.

Ridley, Matt. 2020. *How Innovation works*. Harper.

Ross, Jeanne W., Beath, Cynthia M., Mocker, Martin. 2019. *Designed for Digital: How to architect your business for sustained success*, MIT Press.

Sarkar, Suman. 2019. *Customer Driven Disruption: Five Strategies To Stay Ahead of The Curve*. Berrett–Koehler Publishers.

PART 3 리그 슈퍼스타의 개인 역량과 진화

김영욱. 2023. 챗GPT로 시작된 생성형 AI 시대. LG전자 뉴스룸.

김지현. 2024. [All Around AI 1편] AI의 시작과 발전 과정, 미래 전망. SK Hynix newsroom.

나무위키. 2024. "산업혁명". 나무위키.

딜로이트 AI 연구소. 2023. [생성형 AI 2편], 새로운 인공지능(AI) 개척지: 생성형 AI와 비즈니스 모델 연구. Deloitte.

박상길. 2022. 비전공자도 이해할 수 있는 AI 지식. 반니.

박성순, 조광섭. 2021. Digital Transformation의 성공적 시작. SAMSUNG SDS 인사이트.

양정화. 2018. [4차 산업혁명 ②] 4차 산업혁명, 봉수에서 초연결시대로. 문화저널21.

이상진. 2020. 교양으로서의 인공지능: 비즈니스 리더를 위한 AI 활용법. 시크릿하우스.

인공지능과 디스토피아. 2018. 간단히 정리하는 인공지능의 역사. brunch story.

정상근. 2015. 인공지능과 딥러닝의 역사. 머니투데이.

정인성, 최홍섭. 2023. AI 혁명의 미래: 반도체를 넘어 인공지능으로. 이레미디어.

퀄컴 코리아. 2024. 놀라운 혁신의 궤적, 생성형 AI의 역사 톺아보기. Qualcomm Korea.

BON엘이비. 2020. 1차, 2차, 3차, 4차 산업혁명 단계 정리.

dohunieyo. 2023. 1차, 2차, 3차, 4차 산업혁명 시대의 특징. dohunieyo blog.

Lighthill, J. 1973. *Artificial Intelligence: A General Survey. In Artificial Intelligence: A Paper Symposium*. Science Research Council.

Shortliffe, E. H. 1976. *Computer-Based Medical Consultations: MYCIN*. Elsevier.

Duda, R. O., Hart, P. E., & Nilsson, N. J. 1979. *Model Design in the Prospector Consultant System for Mineral Exploration*. Stanford Research Institute.

Rumelhart, D. E., Hinton, G. E., & Williams, R. J. 1986. Learning representations by back-propagating errors. *Nature*, 323(6088). pp. 533–536.

Hinton, G. E., Sejnowski, T. J. 1986. Learning and relearning in Boltzmann machines. In Parallel Distributed Processing: Explorations. *Microstructure of Cognition*. Vol. 1.

Nilsson, N. J. 2010. *The Quest for Artificial Intelligence*. Cambridge University Press.

Weizenbaum, J. 1966. "ELIZA: A Computer Program For the Study of Natural Language Communication between Man and Machine". *Communications of the ACM*.

Rosenblatt, F. 1958. "The Perceptron: A Probabilistic Model for Information Storage and Organization in the Brain". *Psychological Review*, 65(6). pp. 386–408.

Hopfield, J. J. 1982. Neural networks and physical systems with emergent collective computational abilities. *Proceedings of the National Academy of Sciences*, 79(8). pp. 2554–2558.

PART 4 리그를 넘어 레전드로

고영경. 2021. 아세안 슈퍼앱 전쟁: 디지털 경제의 판을 흔드는 거대한 시장. 페이지2북스.

김경준, 손진호. 2021. AI 피보팅: AI는 어떻게 기업을 살리는가. 원앤원북스.

류성일, 이규남, 황동건. 2024 AI 트렌드. 딥앤와이랩스.

박은수. 2024. 생성형 AI 비즈니스 생태계 및 활용전략. 모두의연구소.

안정은. 2021. [AI시대 빅웨이브] 인공지능시대, 새로운 혁신을 위한 '조직 구조 개혁'. AI라이프경제.

윤선웅. 2021. Data Catalog 만들기: Data Lake 플랫폼의 핵심 서비스 구현. 좋은땅.

은종성. 2019. 비즈니스 모델을 혁신하는 5가지 길: 5BM-innovation ways. 책길.

은종성. 2023. 비즈니스모델 사용설명서: AI 인공지능, 기술, 트렌드를 어떻게 활용할 것인가. 책길.

이경배. 2024. 급속 진화하는 '생성형 AI'와 기업들의 딜레마. 중앙일보.

이성렬, 양주성. 2021. 플랫폼 비즈니스의 미래: 디지털 플랫폼 전쟁에서 어떻게 승리할 것인가. 리더스북.

이재훈. 2024. AI의 원래 포지션은 미드필더다. open.ads. Tech 잇슈.

이정아, 안무정. 2024. 생성형 AI 시대에 생존하라: 디지털 트랜스포메이션, 잘 나가는 기업의 프로세스 혁신 기법. 잇담.

이주호, 이선희. 2022. 데이터 드리븐 고객 경험: CDP는 어떻게 고객 경험과 비즈니스의 혁신을 만들어내는가. 바른북스.

이진형 2023. AI 비즈니스 레볼루션: 인공지능 세상의 기회, 챗GPT 활용 경영 전략. 포르체.

이현우. 2024. 적대적 AI의 역설: 진정성 있는 인간–AI 상호작용. brunch story.

임대준. 2023. 슈퍼컴 필요 없는 소형 언어모델 'sLLM' 급부상. AI TIMES.

정경문. 2024. AI를 활용하여 성과를 내는 조직. brunch story.

정두희. 2022. 한 권으로 끝내는 AI 비즈니스 모델: 아이디어 발상부터 원 페이지 비즈니스 캔버스를 만들기까지. 청림출판.

정우진. 2023. Super App! 디지털 시대의 넥스트 레볼루션. 영진닷컴.

제리강. 2024. LLM 이해하기: LLM의 기초 개념. 제리의 AI & OPS.

조성익. 2023. 경쟁 가속화시킬 'AI의 역설' 초국적 기업 규제해야. 한겨레.

조수빈. 2024. [갤럭시 언팩] "온디바이스 AI폰 구현해낸 비결은 'LLM 경량화'". 뉴스핌.

최성철. 2024. 생성형 기업의 시작: 생성형 기술로 진화하는 기업의 미래. SAMSUNG SDS 인사이트.

최태우. 2021. 하이퍼 오토메이션을 위한 핵심요소, "프로세스 마이닝을 아십니까?" ITBizNews.

카지타니 켄토(안동현 옮김). 2024. AX 시대, 기업의 승부수는 사업·서비스·조직의 AI 전환에 있다. 프리렉.

크리스 손더슨. 2023. [전문가 기고] 서비스 오케스트레이션 및 자동화 플랫폼 활용해 민첩성 향상. IT DAILY.

토마스 H. 대븐포트, 마티어스 홀웩, 댄 재번스. 2023. AI는 어떻게 비즈니스 프로세스 재설계를 돕는가. Harvard Business Review.

황치규. 2023. 퍼즐데이터, 프로세스 인텔리전스 플랫폼 SaaS 버전 '프로디스커버리 클라우드' 출시. Digital Today.

효성인포메이션시스템. 2020. 디지털 미래 생존법, 지능형 데이터 분석 플랫폼을 구축하라. 효성인포메이션시스템 블로그.

Adi Kuruganti. 2023. 새로운 생성형 AI 기반 자동화 도구를 통해 비즈니스 유저를 촉진하고, 자동화를 가속화하며, 책임감 있게 확장. Automation Anywhere 블로그.

BCG. 2023. CIO를 위한 로드맵: 생성형 AI의 6단계 활용법. BCG.

BCG. 2023. 생성형 AI 도입을 위한 생태계 활용 필요성. BCG Blog.

BCG. 2023. 생성형 AI는 어떻게 고객 서비스를 변화시키고 있는가. BCG.

DBR. 2023. 챗GPT Revolution II. 생성형 AI 생태계의 진화. DBR. No. 372.

Isaac Sacolick. 2024. '물밀듯이 추가되는 AI 비서'… 생성형 AI 코파일럿의 결과를 이끌어내는 법. CIO.

KT Enterprise. 2022. 플랫폼 경제가 비즈니스에 미치는 4가지 혁신과 의의. AICT 스토리.

LG CN. 2018. 데이터 전처리 과정을 자동화해주는 도구, SSDP. LG CNS 블로그.

LG CNS. 2022. DX시대, 떠오르는 '노코드/로우코드' 운영 전략은?. LG CNS 기술 블로그.

Linda Rosencrance. 2023. B2C를 넘어 B2B로… 사내 IT 핵심 트렌드로 부상하는 '슈퍼앱'. CIO.

Lucas Mearian, 2024. "다음 단어 예측 엔진" LLM 알고리즘의 이해. ITWORLD.

Mary Branscombe. 2023. '긴 호흡으로 차근차근' 생성형 AI를 기업에 품는 방법. CIO.

meganchung. 2024. 2024년에 AI 비서를 사용하는 3가지 방법. SAS Blogs.

MNC. 2022. [MLOps] MLOps 이해와 플랫폼 소개. 마인즈앤컴퍼니 블로그.

ozef de Vries. 2024. AI는 데이터 거버넌스에 어떤 영향을 미치는가. ITWORLD.

Patrizia Licata. 2024. IT 리더들이 전하는 '소규모 언어 모델(SLMs)에 주목하는 이유'. CIO.

PuzzleData. 2018. 프로세스 마이닝과 RPA(Robotic Process Automation). PuzzleData.

RCC AI. 2024. [딥러닝] '작지만 강한 LLM을 위한' 언어모델 경량화 테크닉. AI Tech Blog.

SAP Korea. 2023. SAP, 신규 생성 AI 비서 '쥴(Joule)' 발표. SAP Korea 뉴스센터.

Shail Khiyara. 2022. 자동화의 끝은 오케스트레이션 최적화다. CIO.

Thor Olavsrud. 2022. CRM·DMP와는 다르다… '고객 데이터 플랫폼(CDP)'이란?. CIO.

UiPat. 프로세스 마이닝이란? UiPat.

woogjin. AI 트렌드에 개념 더하기: 소형언어모델(SLM). woogjin 블로그.

Hashim, Muhammad. 2023. *AI Driven Business Transformation: Harnessing The Power of Artificial Intelligence*. Independently published.

Parker, Geoffrey G., Choudary, Sangeet Paul., Alstyne, Marshall W. Van. 2016. *Platform Revolution: How Networked Markets Are Transforming the Economy and How to Make Them Work for you*. W. W. Norton & Company.

Pill, Patrick Van Dear., Lokitz, Justin., Wijnen, Roland., Lieshout, Maarten Van. 2020. *Business Model Shifts: Six Ways to Create New Value for Customers*. Wiley.

Simon, Phil. 2023. *Low—Code/No—Code: Citizen Developers and the Surprising Future of Business Applications*. Racket Publishing.

Verster, Peter. *AI For Business: A practical guide for business leaders to extract value from Artificial Intelligence*. Rethink Press.

Wilson, Robb., Tyson, Josh. 2023. *Age of Invisible Machines: A Practical Guide to Creating a Hyperautomated Ecosystem of Intelligent Digital Workers*. Wiley.

기업의 판도를 흔드는
AI 초혁신

초판 1쇄 2024년 10월 31일

지은이 장우경
펴낸이 허연
편집장 유승현 **편집2팀장** 정혜재

책임편집 정혜재
마케팅 한동우 박소라 구민지
경영지원 김민화 오나리
본문디자인 푸른나무디자인

펴낸곳 매경출판(주)
등 록 2003년 4월 24일(No. 2-3759)
주 소 (04557) 서울시 중구 충무로 2 (필동1가) 매일경제 별관 2층 매경출판(주)
홈페이지 www.mkbook.co.kr
전 화 02)2000-2610(기획편집) 02)2000-2636(마케팅) 02)2000-2606(구입 문의)
팩 스 02)2000-2609 **이메일** publish@mk.co.kr
인쇄·제본 ㈜ M-print 031)8071-0961
ISBN 979-11-6484-723-5 (03320)